JOE BIDEN

조 바이든

Promise Me, Dad

약속해 주세요, 아버지

조 바이든 지음 | 김영정 옮김

미래지식

언론의 찬사

이 책은 진실하고, 꾸밈없고, 매우 상세한 무대 뒤 드라마다. 누군가를 잃은 사람들은 바이든의 말에서 진정한 위로를 받을 것이다.

- 뉴욕타임스(The New York Times)

정말로 공감하게 된다. 모든 부모의 마음에 와 닿을 이야기다.

- 피플(People)

활기가 느껴지고 때로는 희망을 주는 이 책은 작가의 타고난 명랑함과 어찌할 수 없는 솔직함의 결과물이다. 최근에 일어난 일이지만, 아주 멀게 느껴지는 과거의 커다란 한 부분을 얼핏 돌아보고 있다.

- 배니티 페어(Vanity Fair)

이 책은 부통령으로서 해야 할 많은 일과 또 한 번의 대통령 선거 출마에 대한 유혹 앞에서 지독한 뇌종양과 전투를 치른 한 가족에 대해 조 바이든이 들려주는 마음 아프고, 유익하고, 감동적인 이야기다. 또한, 암 특히, 자신의 아이를 엄습한 암이 빚어낸 잔혹한 현실을 애처롭게 들려준다.

- 워싱턴포스트(The Washington Post)

우리는 이 책 곳곳에서 바이든의 인간적인 모습을 엿볼 수 있다. 그는 너무 많은 약속을 한 채 아들을 떠나보낸 데 대해 자신의 감정과 연약함을 솔직하게 드러내고 있다.

- NPR

희망과 목적, 유산에 대한 기록

- 엔터테인먼트 위클리(Entertainment Weekly)

흡입력 있고 감동이 넘치는 이 책은 바이든이 아들에게 보내는 연서다. 아들에 대한 찬사와 애정이 가득하다.

- 뉴스데이(Newsday)

암과 투병하고, 자신의 포부에 대해 고심하고, 외교 정책에서 발생한 위기를 처리하는 여러 가닥의 이야기가 조화롭게 엮여 있다. 폭풍 같은 시간에 대한 이 이야기는 힘차고 여유 있지만, 바이든이 끼워 둔 일기에서 발췌한 내용의 등장으로 그의 커져가는 고통을 느낄 수 있다.

- USA투데이

조 바이든의 생애에 대한 기록이자 인생 자체에 대한 명상이라고 할 수 있는 매우 강렬한 책이다.

- 더 글로브 앤 메일(The Globe and Mail)

조 바이든은 깊은 연민을 자아내는 힘으로 이 슬픈 이야기를 들려준다. 하지만 가족 모임과 아들의 투병 기록 사이에서 공적인 위기에 대처해야 하는 자신의 중심 역할도 부각시키고 있다.

- 퍼블리셔 위클리(Publishers Weekly)

개인적인 비극과 정치적 영광을 하나하나 열거한 애처로운 기록

- 커커스 리뷰(Kirkus Review)

솔직함과 연약한 마음으로 쓴 바이든의 기록은 상상하기 힘들 정도로 고통스러웠던 시기의 가장 내밀한 순간으로 독자들을 초대한다.

- 버슬(Bustle)

정치인이자 아버지이자 가정적인 남자 바이든에 대한 찬탄과 존경 없이는 이 애절한 책을 내려놓기 어렵다.

- 허프포스트(HuffPost)

- 행복의 조건 -

할 일을 가져라, 누군가를 사랑하라, 무언가에 희망을 품어라.

임마누엘 칸트Immanuel Kant

목차
contents

❈ ❈ ❈

언론의 찬사 ✦ 3

1장
바이든 가(家)의 추수감사절 ✦ 10

2장
목적을 갖다 ✦ 36

3장
위로 ✦ 48

4장
신뢰 ✦ 74

5장
이어지는 바쁜 나날들 ✦ 100

6장
당신이어야 합니다 ✦ 136

7장
계산된 위기 ✦ 162

8장
홈 베이스 ✦ 190

9장
당신은 진실을 말해야 한다 ✦ 216

10장
변치 않으실 거죠? ✦ 236

11장
출마하세요, 조 ✦ 262

에필로그 ✦ 292

후기 ✦ 304

감사의 말씀 ✦ 338

Joe Biden

Promise me, Dad

⊗
⊗
⊗

제1장

Biden Family Thanksgiving

바이든 가(家)의 추수감사절

해가 점점 짧아지고 있었다. 관저에서 나가는 문이 활짝 열리면서 우리의 차량 행렬이 워싱턴의 미국 해군성 천문대United States Naval Observatory를 둘러싼 담장을 뒤로하고 천천히 움직이기 시작할 때 이미 날이 어둑어둑해졌다. 우리는 천문대에 있는 관저에서 앤드루 공군기지Andrews Air Force Base를 향해 차를 달리고 있었다. 자식들과 손주들은 이미 거기에 와 있었다.

질Jill과 나는 해마다 가족들과 함께하는 추수감사절을 손꼽아 기다렸다. 가족은 내가 부통령으로 재직하던 5년 반 동안 없어서는 안 될 중요한 안식처가 되어 주었다. 그들과 함께 보내는 시간은 마치 태풍의 눈 속을 비행하는 것과 같았다. 그 시간은 부통령이 되기 전에 누렸던 자연스러운 삶의 편안함과 리듬, 임기를 마쳤을 때 찾아올 평온함을 일깨워 주었다. 부통령으로서 나는 믿을 수 없을 정도로 멋진 모험을 했지만, 질과 나는 이전 삶에서 누렸던 많은 것을 그리워하며 지냈다. 우리는 윌밍턴Wilmington에 있는 우리 집을 잊지 못했고, 아무 말이나 떠들어대며 혼자 장거리 운전을 한다거나 마음대로 일정과 동선을 정하던 때도 그리워했다. 가족과 함께하는 휴가나 휴일, 축하 파티는 한숨 돌리며 평정심을 되찾는 시간이었다. 그리고 다른 가족들도 우리 부부만큼이나 이런 휴식이 필요한 듯했다.

몇 달 전, 우리 부부는 매년 했던 것처럼 여름 국립공원으로 여행을 가기로 했다. 우리는 티턴^{Teton}에서 닷새 동안 하이킹을 하고, 급류 타기를 즐기고, 느긋하게 시간을 보내며 떠들썩하게 저녁을 먹기로 계획했다. 마지막 날 질과 함께 숙소를 떠나기 위해 짐을 싸고 있는데 누군가 문을 두드렸다. 아들 헌터^{Hunter}였다. 헌터는 우리 부부 둘이서 나흘 동안 해변에서 휴가를 보낼 계획이라는 것을 알고 있지만, 시간이 좀 생겨서 함께 가고 싶은데 그래도 되느냐고 물었다. 우리는 대답했다. "물론이지!"

몇 분 뒤에 다른 아들 보^{Beau}가 찾아왔다. 외갓집에서 아이들을 봐주기로 했다고 한다. 아마 우리는 맏아들 부부가 롱 아일랜드의 해변에서 우리와 함께한다 해도 개의치 않았을 것이다. 우리는 대답했다. "물론이지!"

부부만의 시간을 포기하고 함께 보내자는 말에 기분이 내키지 않는 부모들도 있을 수 있다. 하지만 나는 이런 일들이 내가 그동안 잘 살아 왔기 때문에 맛볼 수 있는 열매로 생각한다. 성인이 된 자식들이 진심으로 우리와 함께 시간을 보내고 싶어 한다. 그렇게 우리는 8월의 해변에서 나흘 더 멋진 휴가를 모두 함께 보냈다.

11월이 되자 가족 모두가 반드시 모여야 할 일이 또 생겼다. 하지만 이번에는 다소 마음이 편치 않은 일이었다. 그 일을 염두에

둔 채 또 한 번의 추수감사절 가족 모임을 위해 아내와 함께 낸터 킷Nantucket 섬으로 연례 휴가를 나섰다.

우리는 천문대의 문을 통과했다. 그리고 방탄 처리된 관용 리무진은 언제나 그렇듯 부드럽게 매사추세츠 가로 들어섰다. 우리가 지나갈 길을 내기 위해 도로의 교통이 모두 통제되어 있었다. 나는 진입로 맨 끝에 서 있는 작은 건물을 언뜻 보았다. 관저로 이주하고 나서 아마 천 번도 넘게 그 건물을 보았을 것이다. 빨간색 숫자들이 메트로놈같이 완벽한 박자로 깜박이며 번쩍거렸다.

5:11:42, 5:11:43, 5:11:44, 5:11:45

이 시간은 국가 표준시로 거기서부터 100m도 채 떨어져 있지 않은 미국 해군성 천문대의 마스터 클락Master Clock에서 제공된다. 1,000분의 1초까지 동기화되는 이 표준시는 전 세계 여러 지역에 군대와 기지를 보유하고 있는 미국 국방성에 작전상 필요하다.

5:11:50, 5:11:51, 5:11:52

우리가 탄 리무진이 모퉁이를 돌아 속도를 내자 몸이 갑자기 등 뒤의 부드러운 가죽 시트 쪽으로 살짝 젖혀졌다. 시계는 계속 시간을 보여 주면서 순식간에 시야에서 사라졌다.

5:11:58, 5:11:59, 5:12:00

자동차 행렬은 아치를 그리며 천문대를 둘러싼 원의 아랫부분인 남동쪽으로 향했다. 그리고 잎이 다 떨어진 나무들을 휙 통과하면서 관저의 불빛이 보였다. 나는 사람들에게 며칠간 관저를 떠나 있을 거라고 얘기하는 게 좋았다. 우리가 여행을 간다는 것은 관저에서 일하는 해군 병사 중 많은 이가 가족들과 함께 온전히 자유롭게 휴가를 보낼 수 있다는 의미였으니까.

공원 도로에 이르러 우리 행렬이 속도를 내자 호송 오토바이들이 다른 차들을 양옆으로 물러나게 했다. 우리는 알링턴 국립묘지Arlington National Cemetery와 링컨 기념관Lincoln Memorial, 멀리 뒤편으로 백악관이 보이는 워싱턴 기념탑Washington Monument과 제퍼슨 기념관Jefferson Memorial, 국회의사당과 같은 역사적 건축물과 공공건물들이 보이는 워싱턴 남부 외곽을 따라 달렸다. 나는 1973년부터 상원의원으로서 36년, 부통령으로서 6년 동안 줄곧 이 도시에서 일했다. 하지만 우뚝 솟은 이들 랜드 마크의 아름다움과 중요성에 무감각해지지는 않았다. 지금 그것들이 할로겐 불빛을 받아 은은하게 빛나고 있다. 나는 여전히 그 견고한 대리석 구조물들이 우리의 이상과 희망 그리고 꿈을 나타낸다고 생각한다.

워싱턴에서의 직장 생활은 그곳에 도착한 바로 그날부터 내게 자부심과 성취감을 안겨주었다. 거의 45년이 지난 지금도 마찬가지다. 2014년 11월 25일, 사실 현재의 업무가 정말로 힘들지만, 이제까지 정치인으로 살면서 언제나 그랬던 것처럼 나는 일을 생각하면 흥분되고 에너지가 솟는다. 부통령의 담당 업무에는 흔히 볼 수 없는 특이한 탄력성이 있다. 법이 엄격하게 정한 바로는 이 직분을 맡은 사람에게는 별로 권한이 없다. 부통령은 상원의 의장으로서 투표 의결 시 찬반 표가 같은 수로 나뉠 때 결정권을 던질 권한이 있다(하지만 나는 6년 동안 이 권한을 행사할 일이 없었다.). 그리고 대통령이 임무를 다하지 못하는 상황이 되어 그 자리를 대신해야 할 때를 대비해 특별히 하는 일 없이 기다려야 한다. 전임 부통령은 이 직무에 대해 "한 방울의 침만큼의 가치도 없다."라는 유명한 말을 남겼다(이것은 약간 순화시킨 말이다. 그는 정확히

'침'이라고 하지 않았다.). 부통령의 실제 권한은 상황에 따라 달라진다. 그것은 거의 전적으로 대통령의 신뢰와 확신에 달려있다.

버락 오바마 대통령은 첫 번째 임기 때부터 내게 상당한 권한을 주었다. 그는 내게 2009년도 국가 경기회복법안Recovery Act 이나 미치 매코널Mitch McConnell 상원의원과의 예산 협상, 이라크와의 외교 관계를 맡기고는 간섭하지 않았다. 나는 그의 신뢰를 얻고 유지할 수 있을 만큼 충분히 내 책임을 다했다고 믿는다. 2014년 말, 그는 여느 때처럼 내게 많은 조언을 구했으며 내 조언에 가치를 두는 것처럼 보였다. 내가 역사의 방향을 전보다 아주 조금이라도 더 나은 쪽으로 바꾸는 데 보탬이 될 권한을 가지고 있다고 느끼던 시절이다.

그리고 그날 저녁 워싱턴 거리를 빠른 속도로 지나가던 호송 행렬 어딘가에는 부통령의 군사 보좌관이 타고 있는 차도 한 대 있었다. 그는 항상 내 손 닿는 곳에 있어야 하는 '핵 가방nuclear football'을 지니고 있다. 나는 이 행성의 거의 모든 목표물에 핵 공격을 개시할 수 있는 암호를 통제하는 몇 안 되는 사람 중 한 명이었다. 그러니까 1년 내내 매일 24시간 동안 이 직책의 무거운 책임과 내게 주어진 신뢰를 일깨워 주는 것이 거기 있었던 셈이다. 하지만 이 모든 직책과 나의 위치로도 정작 휴가지로 향하면서 내가 가장 하고 싶었던 일은 할 수 없었다. 지나온 길 끝자락에 있었던 마스터 클락을 늦추거나, 그 깜박거리던 빨간색 숫자를 늦추거나, 나 자신과 우리 가족, 가장 중요하게 내 큰아들에게 좀 더 숨을 쉴 수 있는 시간을 주는 것 말이다. 나는 시간을 속일 수 있는 권한을 원했다.

낸터킷에서 추수감사절을 보내는 바이든 가의 전통은 1975년에 일종의 절충안으로서 시작되었다. 초임 상원의원이었던 나는 혼자 두 아들을 키우고 있었다. 보는 여섯 살, 헌터는 겨우 다섯 살이었다. 그리고 질 제이콥스Jill Jacobs와 나는 이제 막 미래를 함께 하는 것에 대해 진지하게 이야기를 나누는 단계였다. 추수감사절은 질과 내가 함께 보내는 첫 번째 명절이었다. 그런데 너무 많은 가족이 우리를 초대했다. 부모님은 윌밍턴Wilmington에서 추수감사절을 함께 보내기를 바라셨다. 질의 부모님은 펜실베이니아 윌로우그로브Willow Grove에서 우리를 보고 싶어 하셨다. 몇 년 전에 아기였던 딸과 함께 교통사고로 세상을 떠난 첫 번째 아내의 부모님은 우리에게 뉴욕주 북부로 손주들을 데려와 함께 일주일을 보내자고 하셨다. 우리가 어느 부모님을 택하든 누군가는 마음이 상할 수밖에 없는 상황이었다. 그것은 질이나 내가 바라는 바가 아니었다. 어느 날 내 상원의원 사무실에서 한 참모에게 이런 곤란한 상황을 설명했다. 그러자 그가 이렇게 말했다.

"의원님에게 필요한 건 최소한의 사람만 모이는 추수감사절이겠네요."

여기서 최소한의 가족이란 핵심 가족만을 의미한다. 그에게 우리 넷(나와 질, 보와 헌터)만 따로 떠나는 게 모든 사람을 가장 편하게 하는 길이라는 설명을 듣고 나서야 그가 무슨 말을 하는지 이해할 수 있었다. 그는 낸터킷 섬을 추천했다. 코드곶Cape Cod 남부에서 배로 한 시간 거리에 있는 곳이었다. 우리 중 누구도 그곳에 가본 적이 없었지만, 우리는 모험을 떠나기로 했다.

우리는 매사추세츠 한니스Hyannis의 페리까지 6시간 동안 달릴 것을 대비해 내 지프를 1리터당 2달러짜리 기름으로 가득 채우고 아이들과 개를 뒷좌석에 앉혔다. 6시간은 남자아이 둘이 달리는 차 뒷좌석에 묶여 있기에는 긴 시간이다. 하지만 질은 아이들을 돌볼 다양한 물건을 미리 준비해 왔다. 그녀는 찾을 수 있는 모든 장난감과 옷의 책자를 모아서 보와 헌터가 지루해서 몸을 뒤틀 때마다 뒷좌석으로 넘겨주었다. 그들 셋은 페이지를 획획 넘겨보면서 여러 시간을 보냈다. 그리고 아이들은 북극에 사는 산타클로스 할아버지에게 보낼 받고 싶은 크리스마스 선물 목록을 만들기 시작했다. 질은 아이들에게 시간을 갖고 정말 원하는 것인지 확인하라고 일렀다. 그들은 서두르지 않았다.

월밍턴의 집을 떠나 8시간 만에 낸터킷에 도착해 보니 그곳은 그렇게 해서라도 가 볼 만한 가치가 있었다. 11월 말이라 조금 추었지만, 대서양의 톡 쏘는 소금 냄새를 맡을 수 있었다. 그 계절에는 섬에 사람이 없어서 우리끼리 오붓하게 많은 곳을 즐길 수 있다. 대부분 음식점과 상점들은 문을 닫았고 시내는 조그마했다. 시내는 다섯 블록 정도 되는 것 같았다. 하지만 우리는 상점 앞에 가 봐서 문이 열려 있으면 들어가 안을 둘러보면서 여러 시간을 보냈다. 나는 여행을 가면 허락되는 범위 안에서 아이들이 원하는 것은 무엇이든 선물로 하나씩 사 주겠다고 말했다. 아이들은 시간을 갖고 둘러보았다. 보는 그 유명한 바지 '낸터킷 레즈Nantucket Reds'의 탄생지인 '머레이즈 의류 매장Murray's Toggery Shop'을 특히 좋아했다. 그 면바지는 시간이 가면서 색이 부드러운 은은한 장미색으로 바라도록 디자인된 것이었다. 헌터는 '노비 의류 매장Nobby Clothes Shop'에 빠졌다. 그곳 주인은 헌터를 아주 귀여워했다. 우리는 추수감사절 저녁 식사를 '제어드 코핀 하우스Jared Coffin House'에서 했는데 그곳은 낸터킷이 고래 산업의 상업적 중심지였던 시절에 지어진 130년 된 여관이었다. 우리는 저녁 식사를 하고 그곳에 더 머물며 장작불 옆에 앉아 체스와 비슷한 게임인 체커를 즐겼다. 다음날 우리는 '브라더후드 오브 시브즈Brotherhood of Thieves'라는 음식점에서 점심을 먹고, 시내에 있는 작은 극장에도 가 보고, 해변에서 축구공도 던지다 해마다 열리는 크리스마스트리 점등식을 보러 차를 몰아 다시 시내로 돌아왔다.

우리는 드라이브를 하며 섬을 살폈다. 그리고 꼭대기에 커다란 빨간색 등이 달린 전파 수신탑을 지나갈 때마다 뒷좌석에 있는 아이들에게 '빨간 눈 괴물'한테 들키지 않도록 납작 엎드리라고 주의를 주었다. 우리는 스콘셋 해변Sconset Beach 모래 언덕에 있는 소금 통 모양의 작은 집도 보러 가면서 즐겁게 보냈다. 우리 네 명은 그 집 현관의 '자연이여, 영원하리Forever Wild.'라고 새겨 있는 나무 표지판 아래서 사진을 찍었다. 여행을 마치고 델라웨어로 돌아오면서 다음 해에 다시 그곳에 가야겠다고 생각했다.

질과 나는 그로부터 1년 반 후에 결혼했다. 결혼 4년 후에 딸 애슐리Ashley가 태어난 다음에는 시간이 더 빨리 흐르는 것 같았다. 보와 헌터는 고등학교를 졸업했고, 대학에 간 다음 로스쿨에 입학했다. 헌터는 1993년에 캐슬린Kathleen과 결혼해서 딸을 셋 낳았다. 보는 2002년에 할리Hallie와 결혼해 1남 1녀를 두었다. 질과 나는 이제 그냥 엄마와 아빠가 아니었다. 할머니와 할아버지가 된 것이다. 애슐리는 대학원을 졸업하고 하워드Howard와 결혼했다. 해가 가면서 그렇게 우리 가족은 불어났지만, 우리는 낸터킷 혹은

'나나터킷Nana-tucket(손주들은 어려서 그곳을 그렇게 부르더니 나이가 들어서도 그렇게 불렀다.)'에서 계속 추수감사절을 보냈다.

지프 한 대로 충분했던 작은 여행은 이제 카라반 두 대나 승용 차 세 대로 점점 규모가 커졌고, 손주들은 휴게소에 설 때마다 차를 옮겨 타곤 했다. 그때는 여객선 출발 시간에 맞추기 위해 미친 듯이 뛰기도 했고, 핫 초콜릿이나 수프를 준비해 배에 오르기도 했다. 그 시절 우리는 어떤 해는 멋지게, 어떤 해는 엉망으로 휴가를 보냈지만 무슨 일이 생기거나 혹은 누가 좀 다쳤더라도 만사를 제쳐두고 낸터킷에서 추수감사절을 지냈다. 명절 여행은 우리 손주들이 뭘 좀 알만한 나이가 되었을 때부터 그들의 삶에 변함없이 존재했다. 아이들이 하는 행동을 보면, 명절 여행을 얼마나 좋아하는지 확실히 알 수 있었다. 아직 단풍이 들기도 전인 9월 초만 되면 우리 집에는 작은 메모가 나붙기 시작했다. 모두 손주들이 손으로 쓴 것들이었다.

'낸터킷 2달 전, 낸터킷 5주 전'

어떤 메모에는 우리가 머물렀던 집이나 해변도 그려져 있었다.

'낸터킷 2주 전, 드디어 낸터킷 5일 전'

시내에서 쇼핑하기, 브라더후드에서 점심 먹기, 축구공 갖고 해변에서 놀기와 같이 우리가 초기에 방문하던 때 즐겨 했던 놀이와 습관은 우리 가족의 변치 않는 전통이 되었다. 우리는 매년 그 작은 소금 통 모양의 집을 다시 찾아 '자연이여, 영원하리.'라고 새겨진 푯말 아래서 가족사진을 찍었다. 그때 찍은 사진들은 부모가 자녀의 키가 자라는 것을 문틀에 연필로 표시해 놓은 것처럼 우리 가족이 성장하는 것을 보여 주었다. 처음에는 우리 넷, 다음에는 다섯, 여덟, 열한 명 그리고 보의 아들 헌터가 2006년에 태어났고, 몇 년 후에 애슐리가 하워드^{Howard}와 결혼해 우리는 모두 열세 명의 든든한 가족이 되었다.

해마다 추수감사절 여행의 가장 큰 산물은 언제나 크리스마스 선물 목록이었다. 그것은 신중하게 생각하면서 공을 들여야 하는 일이었다. 아무도 목록을 서둘러 대충 작성하지 않았다. 상품 책자는 대개 북쪽으로 가는 길 중간쯤에 등장했다. 하지만 그것은 시작일 뿐이었다. 우리는 작은 호텔에서든 식당에서든 어디서나 저녁 식사 후에 오랫동안 목록을 작성하느라 시간 가는 줄 몰랐다. 추수감사절 다음 날 밤, 그날은 질이 최종적인 제출을 마감하기 전날이었다. 우리는 어른이나 아이 할 것 없이 모두 크리스마스 선물 중 가장 원하는 것 10개와 가장 원하지 않는 것 10개의 목록을 그녀에게 제출해야만 했다. 나는 언제나 제출이 마감될 때마다 손주들과 씨름을 했다.

"할아버지만 2개예요! 다시 하세요!"

멋진 크리스마스 선물 목록 만들기 전통에 작은 문제가 하나 생겼다. 2009년도에 내가 부통령이 된 것이다. 그해에는 우리 모두 에어포스 투를 타고 낸터킷으로 갔다. 그동안 연중 가장 붐비는 여행 주간에 인터스테이트^{Interstate}95 도로를 달렸던 터라 나는 그 변화가 꽤 반가웠다. 그리고 특히 손주들이 좋아할 거라 생각했다. 하지만 앤드루 공군 기지에서 낸터킷 메모리얼 공항으로 날아가는 데는 정확히 한 시간이 걸렸다. 그런데 그 시간으로는 카탈로그를 충분히 훑어볼 수가 없었다. 휴가가 끝난 후, 돌아오는 비행기 안에서 그해의 크리스마스 선물 목록이 모두 질의 손에 건네지고 나면, 세 살짜리 작은 헌터부터 열다섯 살짜리 나오미 Naomi 까지 손주들이 모두 에어포스 투에 있는 내 개인 객실로 한 꺼번에 몰려왔다. 아이들은 계속 조잘거리며 떠들었다. 그리고 한 목소리로 의견을 모았다. 이 새로운 여행 방식을 아이들은 좋아하 지 않았다.

"할아버지, 내년에는 다시 차 타고 가면 안 돼요?"

나오미가 아이들을 대표해 그렇게 말했다.

비밀경호국 국장이 이런 보안상 중요한 사안을 검토하는 데 있 어 크리스마스 선물 목록 정하기는 아무런 힘을 발휘하지 못할 것 같았다. 그것이 아무리 마음을 울리는 것이어도 말이다.

2014년 11월이 되자 우리 가족은 모두 누가 말하지 않아도 으 레 비행기를 타고 가려니 했다. 이번 여행은 우리가 에어포스 투 를 타고 낸터킷으로 가는 여섯 번째 비행이 될 것이다. 우리는 보 통 각자 차를 타고 앤드루 공항에 도착해 활주로에서 만났다. 우 리 부부가 25분간 차를 달려 공군 기지에 도착했을 때 이미 다른 가족들은 와 있었다. 우리의 독일인 안내인이 차에서 내려 활주로 를 서둘러 뛰어왔다. 그는 계단을 올라 바로 비행기로 갔다. 에어 포스 투의 출입문에 이르는 25개 계단의 폭은 두 명이 함께 설 수 있을 정도다. 나는 계단 왼쪽을 올라가고 있는 보를 계속 쳐다봤 다. 맏아들은 지난번에 봤을 때보다 약간 더 말라 보였다. 하지만 아들이 몇 달 전에 잃었던 오른쪽 팔과 다리의 힘을 되찾은 것 같 다는 생각이 들었다. 계단을 오르는 건 힘들어 보였지만, 그는 계 속 괜찮다고 말하면서 혼자 힘으로 올라가려고 했다. 사실 나는 아들이 15개월 전에 암 진단을 받은 후 지금까지 그가 불평하는 소리를 들어보지 못했다. 아들은 계속 "다 괜찮아요.", "매일 나아지고 있어요."라고 말했다.

나는 걱정하는 마음을 다른 사람에게 들키지 않으려고 마음을 다잡고 있었다. "아버지, 그렇게 안쓰러운 표정으로 보지 마세요." 보가 한번은 자기를 쳐다보고 있던 내게 그러지 말라고 주의를 주었다. 그는 단호했다. "아버지, 제 기분이 어떤지 아세요? 그런 눈으로 보지 마세요."

에어포스 투에 오른 지 2시간 만에 우리는 섬에 있는 친구의 집에 도착해 침실을 배정하고 있었다. 연장자 우선 원칙은 침실을 정하는 데 있어 우리 가족의 전통이었다. 먼저 질과 내가 침실을 정한 다음, 보와 할리, 헌터와 캐슬린, 애슐리와 하워드를 거쳐 손주들에게로 차례가 넘어갔다. 백악관 커뮤니케이션 팀은 이 집에 이미 방을 하나 확보해 두었다. 부통령은 집무실을 떠날 수는 있어도 업무를 떠날 수는 없다. 통신 보좌관들은 긴급 통화나 국제 통화를 할 수 있도록 보안 전화선을 연결하고, 만일에 대비해 백악관 상황실과 보안 화상회의도 연결해 두었다.

추수감사절 이틀 전인 화요일 저녁에 우리는 식사를 함께했다. 그러고 나서 나는 자리에 남아 마피아 추리 게임을 하자고 조르는 손주들에 둘러싸여 있었다. 어린아이들이 자러 간 후 남은 사람들은 옛이야기를 나누며 둘러앉아 있었다. 보와 헌터는 거의 40년 전 내가 사과를 해변에 가져가지 말라고 했는데, 그걸 가져갔다가 떨어뜨렸더니 내가 모래 묻은 사과를 보에게 먹으라고 했던 게 기억나느냐고 물었다. 헌터에게 '전날 잔뜩 먹은 추수감사절 음식 때문에 안 그래도 속이 더부룩한데 아침에 눈을 뜨자마자 보와 애슐리가 코 위에 매달아 둔 닭 다리를 본 게 언제였죠? 우리가 모래언덕을 처음 뛰어넘은 적은?' 이런 질문들을 한참 받고 나서 질과 내가 마침내 잠자리에 든 것은 한밤중이 지나서였다. 우리는 행복했다. 거의 40년 동안 우리에게 기쁨을 주었던 공간에 온 가족이 모여 있었다. 하지만 질과 나는 잠자리에 들기 전에 이번 여행은 일정을 조정해야 하지 않을까 하는 이야기를 나눴다. 보가 아무것도 바뀐 게 없다고 하긴 했지만, 아마도 그를 위해서 활동 속도를 조절해야 할 것 같았다.

"전 다 괜찮아요." 보는 그렇게 말했다. "다 괜찮다니까요."

아무도 대놓고 말하지 않았다. 그럴 필요가 없었다. 하지만 이번 추수감사절은 평소와 달랐다. 마치 그냥 우리가 되라는 압력이 느껴졌다. 우리는 오래 지켜온 의식을 하나하나 다 그대로 했다. 항상 그랬듯 우리는 할머니가 밖으로 나가라고 재촉할 때까지 늦잠을 자며 느긋하게 수요일 아침을 보냈다. 그러다 시내로 차를 몰고 나가 거의 40년 동안 들르던 거리와 상점을 따라 산책을 시작했다. 가족들은 벌써 나에게 뭘 사달라고 해야 할지 열심히 찾고 있었다. 해마다 그랬던 것처럼 나는 여전히 가족들에게 선물을 하나씩 사 주었다. 우리는 언제나처럼 '노비 의류 매장'에 먼저 들렀다. 그리고 예전처럼 사장인 새미Sammy는 우리가 섬에 왔다는 소식을 듣고 기다리고 있었다. "헌터는 어디 있어요?" 내 둘째 아들이 대학생 딸이 있는 어른이 아니라 아직도 부끄럼 많은 여덟 살짜리 아이인 것처럼 그렇게 물었다. 그런 다음, 늘 그랬던 것처럼 우리는 오랫동안 보와 헌터, 애슐리를 알고 지내던 전설의 서퍼이자 서프보드 디자이너인 스파이더 라이트Spyder Wright가 소유

한 시계 상점과 어린 아이들이 가장 좋아하는 기념품 가게 성큰 쉽Sunken Ship, 그리고 머레이즈 의류 매장으로 이동했다.

우리는 따로 움직였다. 몇 명씩 나뉘어 가고 싶은 상점으로 들어갔다. 나이가 많은 손주들은 동생들을 데리고 다녔다. 나는 허브Hub에 들러 커피 그리고 신문을 사고 싶었다. 애슐리와 질은 낸터킷 캐시미어Nantucket Cashmere에 가고 싶어 했다. 챔프는 혼자서 자기랑 가장 같이 있고 싶어 하는 사람들과 함께 돌아다녔다. 여러 시간 동안 상점을 뒤지는데 휴대전화가 울렸다.

'오셔서 건강 체크를 받으셔야 합니다……' 그 전 해부터 우리와 함께 여행하기 시작한 나의 백악관 주치의인 케빈 오코너Kevin O'Connor는 화려한 볼거리를 둘러보자니까 싫다고 했다. "아, 뭐라고요? 상점들이 네다섯 블록이나 된다고요?" 그는 이렇게 말하곤 했다. "전 1시간 동안 이 동네를 다 둘러보았습니다. 부통령님은 지금까지 뭘 하고 계셨습니까?"

하지만 휴일 인파 속으로 다시 나와 대부분 사람이 하는 걸 따라 하는 것은 아주 기분 좋은 일이다. 비밀경호국 요원들은 낸터킷에서 우리와 적당한 거리를 두었다. 그래서 진짜 자유롭다는 착각을 하게 되었다. 잠시 동안 모든 것이 좋았다. 모든 것이 정상적인 듯했다.

우리는 악수를 청하거나 미국 부통령의 포옹을 받으려는 사람, 혹은 셀카를 찍는 사람들 때문에 천천히 움직였다. 보 바이든은 민주당원들에게 이미 떠오르는 스타였다. 아들은 델라웨어주의 법무부 장관으로서 두 번째 임기를 막 마친 상태였고, 이미 2016년 주지사 선거에 출마하겠다고 선언했다. 그의 선언으로 모든 것이 결판났다. 델라웨어로 돌아와 보에게 도전하기 위해 민주당 경선을 준비하는 사람은 아무도 없었다. 그는 전반적으로 델라웨어주에서 가장 인기 있는 정치인이었다. 심지어 아버지인 나보다도 더 인기가 있었다. 델라웨어 사람들은 아들에게서 나를 보았다. 보 바이든은 45세에 조 바이든 2.0이 된 셈이었다. 그는 내 장점은 다 취하고, 버그와 결함은 모두 처리했다. 그리고 훌륭한 연설문 작성자이자 신뢰받는 조언자라는 점에서는 헌터를 닮기도 했다. 나는 보가 언젠가 대통령 선거에 나갈 수 있으며, 그때 동생이 도와준다면 당선될 수 있다고 확신했다. 버락 오바마와 내가 2012년에 재선되었을 때 나는 두 번째 임기를 마치면 정계에서 물러나 우리 가족의 중심을 보의 정치적 미래로 옮기는 게 어떨지 진지하게 생각하기 시작했다.

언제부터 그랬는지 잘 모르겠지만, 나는 내 아들들이 존경스럽기 시작했다. 아들들은 공직에 대해 한 가지 믿음을 공유하고 그에 맞게 행동하는 선하고 소신 있는 사람들이었다.

헌터는 대학에서 2학년을 마치고 예수회 자원봉사단Jesuit Volunteer Corps의 단원으로서 벨리즈Belize에서 아이들에게 영어를 가르치며 그해 여름을 보냈다. 대학 졸업 후 처음 1년 동안은 JVC의 일로 오리건주 포틀랜드에서 지내며, 그곳 빈곤 지역의 응급 구조 센터에서 일했다. 예일대 로스쿨을 졸업한 후, 그는 윌밍턴에 있는 어느 대형 은행의 예비 임원으로 첫 직장 생활을 시작했다. 그는 거기서 승승장구했다. 그러나 불과 몇 년이 지난 어느 날 밤 아들이 내게 찾아와 좀 더 의미 있는 일을 해야겠다고 말했다. 그러더니 정부에서 할 일을 찾겠다고 고액 연봉을 주는 그 좋은 직장을 나왔다. 결국, 헌터는 2014년 추수감사절에 미국 세계 식량 계획 World Food Program USA 이사회 의장으로서 세 번째 해를 맞고 있었다.

보도 강철 같은 소신과 의무감으로 비슷할 길을 택했다. 그는 연방 검찰청의 검사로서 코소보 Kosovo 전쟁 지역에 새로 생긴 공화국이 법률 체계를 개발하고 법원을 구성하는 것을 돕기 위해 자원해서 그곳으로 갔다. 그는 35세의 나이에 육군 주 방위군 Army National Guard 에 입대했고, 5년 후 자신의 부대가 이라크에 배치되자 함께 가겠다고 고집했다. 하지만 그가 이라크에서 자신의 임무에 모든 에너지를 쏟으려면 펜타곤 Pentagon 의 법무부 장관직을 잠시 내려놓아야만 했다. 아들은 기꺼이 그렇게 했다. 위험한 곳으로 다시 가려는 아들을 보고 행복했다고 말할 수는 없지만, 적어도 놀라지는 않았다. 그가 이미 전장에서 복무해 봤고, 다시는 그것을 하고 싶지 않을 수도 있다는 사실을 일깨워 줄까도 생각했다. 하지만 나는 아들이 뭐라고 말할지 잘 알고 있었다.

"이미 서명했어요, 아버지. 부하들을 실망시킬 수는 없어요. 그게 제가 할 일이에요."

보는 좋은 아버지가 되려고 노력했다. 내 보좌관들 사이에 회자되는 이야기가 하나 있다. 낸터킷 여행 초기에 일어난 일이었다. 보는 아들 헌터와 함께 차를 타고 차량 행렬과 함께 숙소로 돌아오다가 급히 머레이즈 의류 매장에 들러 새 낸터킷 레즈 한 벌을 사기로 했다. 그의 아내, 할리가 보는 너무 보수적이어서 화려한 레즈를 정말로 입지는 못해도 그런 바지 한 벌쯤 옷장에 가지고 있는 건 좋아한다고 농담을 했던 것이다. 그날 아침 보가 탄 차가 머레이즈로 우회하기 위해 차량 행렬에서 벗어나자 뒷좌석 카

시트에 앉아 있던 어린 헌터가 소리를 질렀다.

"이보세요, 운전사! 이 길이 아니잖아요!"

"차 좀 잠시 멈춰 주세요." 보가 운전을 하고 있던 에단 로젠츠 바이크Ethan Rosenzweig에게 말했다. 에단은 애틀랜타의 에모리 로스쿨Emory Law의 입학처장이었지만, 시간이 자유로운 휴일에 우리를 위해 자원봉사 하는 걸 좋아했다. 에단은 보를 오랫동안 알고 지냈다. 그래서 그는 보에게 괜찮다고 말했다. "보, 나는 괜찮아요. 애가 뭘 알고 그랬겠어요." 그렇지만 보는 차를 세워달라고 했다. 보는 어린 헌터에게 가르침을 주고 싶었던 것이다. 에단이 갓길에 차를 세우자, 보는 차에서 내려 뒷문을 열고 아들에게 엄하게 말했다. "헌터, 저분의 이름은 에단이야. 우리 친구지. 너는 다른 사람을 '운전사'라고 부르면 안 된단다. 다른 사람을 그 사람이 하는 일로 부르면 안 되는 거야. 그건 예의가 아니야. 알겠니? 무슨 말인지 알겠지? 사랑해, 아들."

보는 낸터킷에서 첫날은 계속 혼자 있었다. 그를 경호하는 비밀경호국 요원들은 아들한테서 사람들을 떼어 놓는 데 아주 능숙해졌다. 아들은 쉽게 피곤해졌고, 점점 사람들과 소통하기 힘들어했다. 게다가 오른팔은 점점 감각을 잃어가고 있었다. 제대로 악수를 할 수 없을 정도로 팔에 힘이 없었다. 아들은 실어증이라 불리는 증상과도 씨름하고 있었다. 방사선과 항암 치료가 사물의 이름을 부르는 능력을 관장하는 뇌의 영역에 약간의 손상을 주었다. 인지 능력은 정상적으로 유지되었지만, 적절한 명사를 생각해내는 게 힘들어진 것이다. 그는 팔에 힘을 되찾고 실어증을 극복하기 위해 지옥 훈련을 하고 있었다. 아들은 거의 매일 필라델피아에서 1시간 동안 항암 치료와 함께 물리 치료와 작업 치료를 받은 후 언어 치료를 1시간 더 받고 있었다. 애슐리는 오빠가 근력과 유연성 훈련을 하거나 사진 카드로 단어 연습을 하는 동안 함께 있어 주려고 거기서 그를 만나곤 했다. 애슐리는 오빠가 법무부 장관으로서 일과를 하러 가기 전에 그를 데리고 나가 식사를 하곤 했다. 그는 모든 사람에게 자신이 병을 이길 수 있으며, 점점 나아지고 있다는 것을 보여 주려 했다. 그리고 나는 아들을 믿었다.

인간의 뇌는 놀랄 만큼 예민하다. 보는 그야말로 이름 부르기 기능을 회복하기 위해 그의 언어 중추에 인접한 다른 영역을 말 그대로 훈련하고 있었다. 회복이 더뎠지만 그는 좌절하는 모습을 보여 주지 않았다. 가족이나 친구, 법무부 장관 사무실 보좌관 중 아무도 그가 화를 내거나 우울해하는 것을 본 적이 없었다. 그가 시장이라는 단어를 생각해내지 못할 때는 그저 약간의 인내심과 단어 몇 개가 더 필요할 뿐이었다. "있잖아. 시를 운영하는 사람 말이지." 혹은 디너롤의 경우, "그거 말이야, 당신이 버터를 바르는 갈색 음식."

낸터킷 가족 여행의 좋은 점 중 하나는 어쩔 수 없이 고립된다는 것이었다. 상원의원 시절에는 이 여행에서 아무도 휴대전화를 쓰지 않았다. 나는 긴급하고 심각한 상황이 아니면 업무를 보지 않았다. 덕분에 자식들과 손주들이 나를 독차지할 수 있었다. 하지만 2014년이 되자 그것은 다소 빛바랜 전통이 되었다. 부통령으로서 나는 일에서 완전히 벗어날 수 없었다. 심지어 추수감사절

당일에도.

예를 들어, 나는 그 주 수요일에 시내로 함께 나가지 못하고 숙소로 돌아와 우크라이나 총리 아르세니 야체뉴크Arseniy Yatsenyuk와 보안 통화를 했다. 그는 그날 키이브Kyiv에서 발생한 일에 대해 새로운 정보를 알려 주려고 했다. 나는 이전에 우크라이나의 수도인 키이브에 4일간 짧게 머무른 적이 있었는데, 상황이 매우 위태로워 보였다. 이 놀라운 민족이 '독립광장Maidan Nezalezhnosti'이라고 불리는 키이브의 한 광장에서 일으킨 '존엄을 위한 혁명Revolution of Dignity'은 힘을 잃어가고 있었다. 우크라이나 사람들은 민주주의와 독립을 위한 투쟁에서 패배하고 있는 듯 보였다.

블라디미르 푸틴Vladimir Putin 러시아 대통령은 혁명이 전개되면서 불안정해진 시국을 기회로 삼아 우크라이나의 크림반도 지역을 점령하려고 군사력을 동원해 계속 압박을 가했다. 그리고 최근에는 국경을 넘어 러시아 탱크와 군대를 우크라이나 동부의 다른 지역으로 보내 위협을 가하고, 우크라이나에 대한 천연가스 공급을 차단하겠다고 으름장을 놓고 있었다. 그것은 안 그래도 이미 흔들리고 있는 이 나라의 경제를 더욱 불안정하게 만들었다. 새로 선출된 우크라이나의 민주 정부는 푸틴이 자기네 이익만 생각하고 가하는 압력의 무게를 견디지 못하고 무너질 위험에 처해 있었다.

한편, 우크라이나의 새 대통령과 총리는 계속 서로 신뢰하지 못했다. 페트로 포로셴코Petro Poroshenko 대통령과 야체뉴크 총리는 경쟁 정당 출신이었으며, 최근 치러진 치열한 선거는 분열을 조장한 채 끝났다. 그들이 속한 정당은 통치보다는 정치적 점수를 얻는 데 더 많은 투자를 하고 있는 상태였다. 포로셴코와 야체뉴크 파벌은 헌법을 제정하고 푸틴에 대항할 수 있는 국방군을 조직하고 있어야 할 때 서로 다투느라 에너지를 낭비하고 있었다.

우크라이나는 포로셴코가 대통령으로 취임한 지 6개월이 지난 11월 말에도 여전히 일을 할 수 있는 연립정부를 구성하지 못했다. 그 문제를 빨리 해결하지 못하면 조기 선거를 치러야 했으며, 그것은 문제가 생긴다는 것을 의미했다. 푸틴의 정보원들이 친러시아계 후보의 선거 운동에 돈을 쏟아부어 아마도 우크라이나의 진정한 독립에 대한 희망을 짓밟아 버릴 것이 분명했다. 게다가 유럽연합과 나토Nato는 가망이 없다는 이유로 우크라이나를 포기할 가능성이 높았다. 그러면 이 나라는 러시아의 가혹한 영향권으로 빨려 들어가게 될 것이다. 존엄 혁명에서 그렇게 많은 우크라이나 사람들이 보여준 용기와 희생이 물거품이 될 위기에 놓였다.

나는 몇 달간 포로셴코, 야체뉴크와 통화하면서 소속 정당에 충성하기보다 국가에 충성하라고 한 사람 한 사람 설득했다. 나는 바로 전 주에 포로셴코와 야체뉴크에게 서로 협력하지 않으려고 고집하는 게 얼마나 위험한지 이해시키기 위해 꼬박 이틀을 키이브에 투자했다. 그리고 불과 나흘 전인 11월 22일에 키이브에서 돌아오는 길에도 그 문제를 두고 계속 씨름했다. 야체뉴크는 내가 떠나는 날에 전화를 했다. 그래서 그에게 공항 가는 길까지 나와 함께해 달라고 했다. 나는 그가 마음에 들었다. 그는 머리 좋은 경제학 박사였다. 그렇다고 세상 물정 모르는 학자는 아니었다. 그는 자기 나라가 국경을 확고히 지키고 제대로 된 민주국가가 되는 데 대해 깊이 고민하는 젊고 진지한 지도자였다. 내 눈에는 이

마흔 살의 총리가 약간 이상주의적으로 보였다. 그래서 나는 공항으로 가는 리무진 안에서 그의 그러한 부분에 호소했다.

"총리님은 포로셴코 대통령과 뜻을 함께해야 합니다. 두 분은 한 팀이 되어야 해요. 각자 다른 길을 가면 안 됩니다. 선거가 새로 소집되면 그것은 재앙이 될 겁니다. 두 분은 모든 걸 잃게 됩니다. 당신이 행동에 나서야 합니다. 대인배가 되셔야 해요. 당신은 할 수 있습니다. 어려운 일이지만 할 수 있습니다."

야체뉴크는 중대한 소식을 알리고 싶어서 그날 오후 낸터킷에 있는 내게 보안 전화로 연락을 했다. 그는 우크라이나의 반대파 정당들이 이제 막 새로운 연립정부를 수립했다고 말했다. 그는 총리로 남겠지만 포로셴코 동맹의 주요 인물이 새로운 의회의 대변인이 될 예정이었다. 두 사람은 또한 앞으로 진행될 의제에 대해 합의를 보았다. "조, 저는 당신과 한 약속을 지키고 있습니다. 부통령님." 그가 내게 말했다.

키이브에 새로운 정부가 수립되었다는 소식을 듣고, 나는 그날 밤 자식과 손주 13명과 함께 크리스마스 선물 목록을 정하면서 기분 좋게 식사했다.

추수감사절 아침에 우리는 잠자리에서 일어나 해마다 하던 대로 터키 트롯Turkey Trot(둘씩 짝을 지어 몸을 스윙하듯 움직이는 춤)을 추면서 (할 수 있는 사람만) 섬 반대편으로 16km 정도 달려갔다. 나는 손주 몇 명과 함께 자전거로 그들을 따라갔다. 우리는 해변에서 축구공을 주고받으면서 시간을 보냈다. 또, 손자 헌터에게 그 애 아버지와 삼촌이 그 애 나이 때 뛰어놀며 공 잡기 놀이를 하던 절벽도 보여 주었다. 보의 가족 넷은 잊지 않고 해변에서 멋진 사진을 찍었다. 우리는 해마다 사진을 찍던 그 작은 소금 통 모양 집을 찾았다. 그런데 그 자리에 노란색 폴리스 라인이 처진 채 집은 사라지고 없었다. 그 집은 20년 동안 스콘셋 절벽 Sconset Bluff 을 매년 1m씩 씻어내던 파도의 희생양이 된 것이었다. 폭풍이 강했던 해는 그보다 10배 더 깎인 부분도 있었을 것이다. '자연이여, 영원하리.'라는 말은 마침내 안전한 터전을 잃고 말았다. 시간이 다 된 것이었다. 집은 대서양으로 쓸려 들어가 버렸고, 그곳에는 한 줌의 터만 남아 있었다.

추수감사절 다음 날 해 질 무렵, 우리는 연례 크리스마스트리 점등식을 보려고 마을로 돌아와 자리를 잡았다. 보는 2001년 점등식 때 할리에게 청혼을 하고 낸터킷 중심가에 있는 세인트 메리 성당에서 결혼했다. 할리는 그것이 자기가 바이든 가의 추수감사절 모임에 참석할 수밖에 없게 하려는 보의 계획이었다며, 항상 의심의 눈길을 보냈다. 그것은 효과가 있었다. 그들은 그 주 주말에 12주년 결혼기념일을 축하할 예정이었다. 할리는 추수감사절 모임에 한 번도 빠진 적이 없었다. 심지어 보가 이라크에 파견되어 있던 해에도 그녀는 하던 대로 우리 모두 낸터킷으로 가야 한다고 고집했다.

가족끼리 산책을 하면서 나를 괴롭히는 어떤 문제에 대해 골똘히 생각해 보았다. 당시 많은 사람이 2016년 대선 출마에 대해 내게 수없이 많은 질문을 하고 있었다. 놀랍게도 오바마 대통령까지 몇 주 전 평상시처럼 점심을 먹으면서 내 계획에 대해 직접 물어보았다. 내가 출마하지 않는다면 무엇을 할 수 있을지 생각해 본 적이 있는지 그는 알고 싶어 했다. 그는 내가 여전히 영향력이 있다고 장담했다. 나는 재단이나 외교 정책 센터를 설립할 수도 있었다. 심지어 돈 버는 일처럼 전에 해본 적이 없는 일도 몇 가지할 수 있었다. 하지만 오바마 대통령은 집무실을 벗어난 약간 개인적인 공간의 탁자 건너편에 앉아 단도직입적으로 질문을 던졌다. "출마에 대해 마음의 결정을 했습니까?"

그날 낸터킷 거리 어딘가에서 나는 두 아들과 함께 2016년에 대해 이야기를 꺼냈다. 나는 아들들이 내가 선거에 나가는 것을 원하지 않는다고 느꼈고, 그런 줄 알았다고 말했다. 보는 나를 물그러미 바라보다가 "얘기를 좀 나눠 봐야겠어요, 아버지." 하고 말했다. 우리 셋은 그날 저녁 숙소의 부엌에 앉아 한동안 이야기를 나눴다.

나는 출마하지 않아야 할 이유가 아주 많았다. 그중 보의 건강이 어떻게 될지 알 수 없다는 것이 가장 큰 이유였다. 나는 아들들의 판단을 소중히 여기고 신뢰했다. 그래서 우리 가족이 대통령선거 운동이라는 시련을 겪는 것을 정말로 원치 않을지 궁금했다.

"아버지, 아버지는 완전히 잘못 알고 계세요." 우리가 낸터킷의 부엌에 자리를 잡자 보가 말했다. "출마하셔야 해요, 아버지. 저는 그러시길 바라요." 헌터도 동의했다. "저희는 그러시길 바라요." 우리 셋은 한 시간 동안 대화를 했다. 아들들은 내가 준비를 위해 무엇을 하고 있으며, 언제 그것을 발표하는 게 좋은지 알고 싶어했다. 내 정치 참모 중 일부는 이왕 출마하려거든 2015년 초에 당장 발표해야 한다고 강력하게 주장했다. 하지만 우리 셋은 모두 시간을 갖고 보의 병세를 지켜보고 싶었다. 내가 결정을 언제 하느냐는 중요하지 않다고 아들들은 말했다. 그들은 그저 자신들이

나의 결정을 지지한다는 사실을 내게 알려주고 싶어 했다. 헌터는 모든 잠재 후보자 중에서 내가 이 나라를 이끄는 데 가장 잘 준비된, 그리고 가장 능력 있는 사람이라고 계속 말해 주었다. 하지만 나를 안심시킨 것은 강하고 확신에 찬 보의 목소리였다. 한때 그는 출마하는 게 나의 '의무'라고 말했다. 의무. 의무라는 단어는 보 바이든이 가볍게 사용하는 말이 아니었다.

그 주 일요일, 집으로 돌아가기 위해 에어포스 투에 탑승했을 때 우리는 모두 행복해 보였다. 닷새 동안 모든 것이 성공적이었다. 질은 완성된 크리스마스 선물 목록을 아무도 못 보게 보관했다. 멋진 여행이었다. 우리 둘, 질과 나는 그날 오후에 해군 천문대로 돌아와 2층으로 가는 곡선 모양의 중앙 계단을 올라 우리만 사용하는 편안한 거처로 들어갔다. 그곳은 좁고 다소 어수선했지만, 공적인 사용을 위해 크게 설계된 관저 안쪽에 있는 우리의 작은 집이었다. 우리는 거실에 윌밍턴의 서재에 있는 것과 아주 비슷한 가죽 소파를 들여놓고 좋아하는 책과 가족사진을 선반에 가지런히 올려놓았다. 2인용 식탁 역할을 하는 작은 테이블이 한구석에 있었는데 우리는 거기서 해가 긴 여름날에도 촛불을 켜놓고 식사를 했다.

나는 정말로 집에 있는 우리 소파처럼 느껴지는 소파에 앉아 휴식을 취하며 생각에 잠겼다. 하지만 내 머릿속에는 털어낼 수 없는 이미지가 하나 있었다. 저항할 수 없는 무심한 자연과 피할 수 없는 시간의 흐름 속에서 서서히 허물어진 '자연이여, 영원하리.'라는 푯말이 있던 그 작은 집이 계속 머릿속에서 떠나지 않았다. 그 집은 더 이상 자기를 받치고 있던 흙을 붙들고 있을 수 없었다. 나는 그 집의 기반이 무너질 때 났을 날카로운 균열음이 들리는 것 같았고, 물살이 들어오고 나가면서 물에 뜬 집이 바다로 빨려 들어갈 때까지 가차 없이 냉혹하게 집을 끌어당기는 게 보이는 것 같았다. 어떠한 추수감사절도 완전히 똑같지는 않을 거다. 나는 일기장을 꺼내 일기를 쓰기 시작했다. 그해의 내 크리스마스 선물 목록에 큰 항목이 하나 생겼다. 하지만 나만 알기로 했다.

해군 천문대, 2014년 11월 30일 오후 7시 30분
낸터킷에서 방금 집으로 돌아옴.
2015년에도 우리 모두가 다시 함께할 수 있기를 기도한다.
보. 보. 보. 보.

Joe Biden

Promise me, Dad

⊗
⊗
⊗

제2장

Have a purpose
목적을 갖다

2013년 여름, 보는 처음으로 자기 머릿속에 있는 병변이 드러난 영상을 보자 오히려 안도했다. 마침내 자기에게 무슨 일이 일어나고 있는지 설명할 수 있게 된 것이었다. 보는 3년 전 아침, 잠에서 깼는데 말이 안 나오고 몸의 오른쪽 부분이 마비되어 움직일 수 없었다. 그는 급히 병원으로 갔고 거기서 처음으로 받은 검사에서 뇌에 핏덩어리가 있다는 사실을 알게 되었다. 그런데 의사가 치료 방법을 찾던 도중, 응급실에 도착한 지 몇 시간 만에 일반적인 뇌출혈 증상이 사라졌다.

"아버지, 보세요." 보가 검사실에 있는 침대에서 내게 전화를 걸어 오른팔과 다리를 올렸다 내렸다 하며 움직였다. 기적 같았다. 백악관의 내 주치의 케빈 오코너 Kevin O'Connor 는 보가 아마 '토드 마비 Todd's paralysis'라는 증상을 겪은 것 같다고 했다. 그것은 흔한 뇌 발작 증상이다. 아무도 확실히 설명할 수는 없었지만, 핏덩이가 일으킨 증상은 보에게 아무런 후유증도 남기지 않은 채 사라졌다.

그 이후로 몇 년 동안 보는 별문제 없이 잘 지냈다. 하지만 언젠가부터 아들은 달리기를 오래 하면 가끔 기분이 이상하고 어지럽기 시작했다. 증상이 심해지기 전까지 그는 그것이 수분 부족 때문일지도 모른다고 생각했다. 균형 감각도 가끔 불안정했고, 환청도 들렸다. 나중에 알게 된 바로는, 가끔 달리는 도중에 제트기가 자기를 향해 돌진하는 것처럼 엔진 소리 같은 것이 너무나 실감 나고 진짜처럼 들려서 자기도 모르게 길가에 몸을 웅크리고 있기도 했다고 한다. 그는 이라크에서 겪은 전투로 인한 공황 발작이나 외상후 스트레스장애가 생긴 건지, 아니면 그냥 정신이 이상해지고 있는 건지 알고 싶어졌다. 그래서 검사를 했는데 당황스럽긴 했지만, 그의 뇌 왼쪽 부분에 나타난 커다란 덩어리 모양이 적어도 그가 미쳐가는 것은 아님을 확인시켜 주었다.

보가 헌터의 가족과 휴가를 보내던 중 다시 뇌출혈 증상을 겪은 후 시카고에서 실시한 검사에서 종양이 발견되었다. 우리는 보를 필라델피아의 토마스 제퍼슨 대학병원Thomas Jefferson University Hospital으로 데리고 갔다. 거기 의사들은 이미 보를 알고 있었다. 두경부 외과 의사인 애슐리의 남편 하워드는 그 병원과 협진을 하고 있었다. 토마스 제퍼슨 대학병원의 신경과 전문의들은 일련의 검사와 촬영을 한 후 양성 종양에서부터 림프종에 이르는 가능성 있는 진단명을 다양하게 제시했다. 모두 치료가 가능한 질병들이었다. 그러나 교모세포종은 아니었다. 이 병원의 의사들은 우리에게 만일의 경우 최악의 상황에 대비해야 한다고 조언했다.

보의 첫 번째 반응은 분노였다. 제길! 그런 다음 우리는 모두 일에 착수했다.

하워드와 우리가 오코너 선생이라고 부르던 케빈 오코너는 어떤 진단을 받은 그 병을 가장 잘 치료하는 병원을 알아보기 위해 전문가들에게 전화를 걸었다. 오코너 선생은 치열한 전투에 참전했던 델타포스 군의관으로 보처럼 군인이었다. 그는 스트레스가 심한 상황에서도 언제나 침착했다. 그러나 그런 그조차도 교모세포종일 가능성에 대해서는 약간 흔들리는 모습을 보였다. 질이 그에게 교모세포종 치료를 가장 잘하는 병원이 어디냐고 묻자, 그는 무심코 이렇게 말을 뱉었다.

"그 병은 괴물이에요. 어디를 가도 똑같습니다."

질은 눈물을 터뜨렸다.

오코너 선생은 보를 잘 돌봐주었다. 당시 보는 처음 며칠 동안 그 상황에 익숙해지기 위해 계속 애쓰고 있었다. 진정한 두려움이 솟아나기 시작하고 있었다. 때때로 다른 사람들이 아무도 듣지 않고 있을 때 오코너 선생의 솔직한 판단을 듣기 위해 보는 그를 붙잡곤 했다.

"뭐든 이건 나쁜 일이죠." 그가 보에게 말했다. "하지만 우리는 그게 뭔지 밝혀낼 겁니다. 그리고 일단 뭔지 알고 나면 계획을 세울 수 있어요."

"약속하시나요?" 보가 물었다.

"약속합니다. 당신은 상태가 좋아요. 사람들은 종종 이 병을 이겨냅니다. 그리고 이겨낸 사람들을 보면 모두 당신 같은 사람들이에요. 젊고, 몸도 좋고, 건강합니다. 치료할 방법이 생길 거예요."

"감사합니다. 오코너 선생님." 보가 말했다. "내가 군대를 사랑하는 거 아시죠?"

　며칠 후 우리는 휴스턴에 있는 MD 앤더슨 암 센터^{MD Anderson}
^{Cancer Center}로 보를 데리고 갔다. 그런데 그곳의 진단 전문의들은
확신하는 건 아니었지만, 모두 교모세포종 쪽으로 기울어지고 있
었다. 평소와는 달리 한 주 동안 자란 수염에 구릿빛 피부, 잘생기
고 몸도 좋은 보를 보니 그에게 그렇게 나쁜 일이 생겼다고는 짐
작하기 힘들었다. 그는 어렸을 때부터 항상 그랬듯이 건강하고 생
기 넘쳐 보였다. 당장 밖으로 나가 100m 달리기라도 할 수 있을
것 같았다. 그러나 아들은 안간힘을 쓰고 있는 듯 했다. MD 앤더
슨 암 센터의 마취과 의사는 다음날 종양을 떼어 내 그것이 정말
로 교모세포종인지 확인할 목적으로 실시하는 매우 복잡하고 위
험한 수술에 대해 한 시간 동안 설명했다. 보는 20분 만에 그에게
인사를 했다.

　"알겠습니다. 자, 그걸 시작해 봅시다!"

　우리는 그날 밤 휴스턴에서 병원 근처에 있는 커다란 이탈리아
식당을 발견했다. 아마 거기서는 아무도 우리에게 힘든 일이 있다
고 짐작하지 못했을 것이다. 우리는 식사도 하고, 웃기도 하면서
희망을 품었다. 우리는 모두 함께였다. 보와 할리, 질과 나, 헌터와
캐슬린, 애슐리와 하워드.

　보는 자신의 심각한 상황을 안이하게 생각하지 않았다. MD
앤더슨 암 센터에서 가장 최근에 찍은 영상에 그의 왼쪽 측두엽
에 커다란 회색 덩어리가 있는 게 보였다. 그것은 그의 언어와 인
지, 운동을 담당하는 뇌 영역을 실로 꿴 것처럼 보였다. 종양이 퍼

진 것 같았다. 그런데 아직도 보는 자신보다 가족들을 더 걱정하는 듯했다. 그는 아내와 아이들, 동생들, 어머니, 심지어 나까지 걱정했다. 그가 길고 힘든 수술을 받기 위해 뇌 수술실로 실려 갈 때 하워드와 오코너 선생이 그와 함께했다. 보는 수술실로 들어가면서 오코너 선생의 손을 잡고 말했다.

"오코너 선생님, 아버지를 돌봐주겠다고 약속해 주십시오."

"당신이 돌아와서 아버지를 돌보면 됩니다, 보."

"그냥 하는 말이 아닙니다, 선생님. 무슨 일이 일어나든 아버지를 돌봐주세요. 정말로, 약속해 주세요, 진심입니다."

보가 수술실에 머무는 동안 병원의 환자 담당 직원이 우리 가족들을 위해 마련해 둔 회의실로 우리를 안내했다. 비밀경호국 요원들을 위한 공간도 충분했고, 나를 위한 보안 전화선도 마련되어 있었다. MD 앤더슨 암 센터는 우리의 사생활을 보호하기 위해 애써 주었다. 그것은 우리가 매우 바랐던 바였다.

대기실로 가는 길은 비현실적으로 느껴졌다. 우리는 아무 말도 하지 않은 채 끝이 보이지 않는 미로 같은 베이지색 복도를 걸어갔다. 머리 위에서 형광등이 날카로운 불빛을 내고 있었다. 가족 모두가 상상해본 적도 없는 곳에 난생처음 와 있는 것 같은 기분이었다. 그리고 앞으로 내가 이 병에 대해 알아야 할 것이 아주 많다는 생각이 들었다. 내가 알아야 할 모든 것을 배울 시간이 있을까? 안내인을 따라 긴 복도를 걸어가면서 나는 점점 내가 할 수 있는 게 없다는 기분이 들었다. 창문도 없었고, 어디까지 할 수 있는지 그 한계를 알 방법도, 눈앞의 미래를 알 길도 없었다. 모두 입을 다물고 있었다.

우리는 마침내 회의실에 도착해 자리에 앉았다. 이제 오래 기다릴 일만 남아있었다.

우리가 MD 앤더슨 암 센터를 찾은 것은 레이먼드 사와야 Raymond Sawaya 박사의 명성 때문이었다. 그는 '의식하 개두술'이라는 수술 분야에서 세계 최고 중 한 명으로 알려진 신경외과 의사였다. 사와야 박사는 그 수술을 통해 보의 언어 능력이나 인지 능력, 운동 능력에 손상을 주지 않고 뇌종양을 최대한 많이 제거할 것이다. 보는 수술을 받는 대부분 시간 동안 실제로 깨어 있는 상태를 유지하면서 사와야 박사가 작은 전도체로 종양의 윤곽을 찾는 동안 플래시 카드에 나오는 간단한 물체의 이름을 대거나 마취과 의사와 간단한 대화를 나눌 것이다. 보가 갑자기 코끼리나 자동차 그림을 알아보지 못한다거나, 힘이 빠지는 걸 느낀다거나, 전혀 말을 못 한다면, 사와야 박사는 그 부분을 떼어 내면 심각한 손상이 생길 거라는 걸 알게 된다. 사와야 박사와 마취과 의사는 보가 긴장하지 않도록 하워드와 오코너 선생을 수술실에 들어오게 해 주었다. 그들은 확실히 상황을 가볍고, 편하고, 유머러스하게 해 주었다. 의대 교수 중 한 명이 이렇게 말했다.

"기억하세요. 뇌 수술실에서 일어난 일은 어디 안 가고 뇌 수술실에 남습니다."

사와야 박사는 잘라낼 부분을 찾기 위해 보의 종양을 둘러싼 부분을 조사하기도 하고, 작은 생체 조직을 실험실로 보내기도 했다. 그는 종양 제거에 착수하기 전에 실험실 결과를 기다려야 했다. 암이 림프종인 것으로 밝혀지면, 사와야 박사는 더 보수적으로 임할 것이다. 림프종은 방사능과 화학요법으로 녹여 없앨 수 있기 때문이다. 반면에 교모세포종은 고선량 방사능으로도 거의 영향을 받지 않기 때문에 실험 결과가 교모세포종으로 확정되면, 그는 종양을 최대한 많이 제거해야 한다. 그러면 수술은 힘들어진다. 그는 지금까지 30년 동안 70명 이상의 장기 생존자들을 치료했다. 이들 생존자와 나머지 사람들의 운명을 가른 것은 처음 수술에서 종양이 얼마나 제거되었는지 여부다. 사와야 박사가 종양의 98% 이상을 제거하면, 환자가 병을 이겨낼 가능성이 더 커졌다. 그 이하가 되면 더 힘들고 어렵게 전투를 치러야 했다.

그날 보가 수술실에 들어간 지 7시간이 다 된 오후 1시가 넘어서 사와야 박사가 전용 대기실로 왔다. 우리는 모두 지쳐서 조용히 앉아 있었다. 그 외과 의사는 시리아와 레바논에서 어린 시절을 보낸 덕분에 약간 부드러운 억양을 가진 키가 크고 품위 있는 사람이었다. 항상 확신에 찬 그의 풍채와 태도는 내게 위안이 되었다. 그는 확실히 수술이 잘된 것 같아 기분이 좋아 보였다.

사와야 박사는 골프공보다 약간 큰 종양을 제거했다고 설명했다. 그리고 보는 단 한 번의 위급한 상황도 없이 수술을 견뎌냈다. 그는 머리 왼편에 난 상처를 제외하고는 수술 전과 달라지는 게 없을 거라고 했다. 언어 능력, 인지력, 운동 능력도 손상되지 않았다. 하지만 모두 좋은 소식만은 아니었다. 종양이 약간 퍼져 있었다. 사와야 박사는 그것을 전부 제거할 수 없었다. 그는 동맥 내벽에 바로 붙어 있는 작은 암세포를 발견했지만, 그것을 다 떼어 내려다가는 보의 뇌에 돌이킬 수 없는 심각한 손상을 입힐 수도 있다고 판단했다. 그때 더 나쁜 소식이 전해졌다. 훨씬 더 나쁜 소식이었다. 의료진의 예측이 맞는다는 걸 확인해 주는 실험 결과가 전해진 것이다. 사와야 박사가 보의 종양은 확실히 교모세포종 4기라고 설명해 주었다. 사와야 박사가 그 소식을 전할 때 나는 회의실 뒤쪽 한구석을 쳐다보고 있었다. 가족 중 아무도 나를 쳐다보고 있지 않아서 다행이라고 생각했다. 나는 아래로 고개를 떨구었다. 한 대 얻어맞은 느낌이었다. 그리고 묵주를 잡으면서 하느님에게 이 시련을 견딜 힘을 달라고 기도했다.

보는 그날 오후에 깨어나 정신을 차렸다. 그리고 그날 밤에는 고형식을 먹었다. 다음 날 아침 아들은 침대에서 일어나 걸어 다니며 벌써 집에 가고 싶어 했다. 하지만 알아야 할 것과 결정할 것이 여전히 많이 남아 있었다. 우리는 이제 MD 앤더슨 암 센터의 뛰어난 신경종양학과 의사인 알프레드 융Alfred Yung의 진료를 받아야 했다. 그가 보의 치료를 주도할 것이다. 홍콩에서 자란 융 박사는 미국에서 의학을 공부했다. 그는 어머니와 형제 두 명을 암으로 잃었고, 자신도 암을 이긴 사람이었다. 그것은 그가 이 병과 싸우는 진정하고 헌신적인 전사이자 우리가 어떤 상황에 놓여 있는지 이해하는 사람이라는 것을 의미했다.

융 박사는 새로운 병리학 보고서를 모두 입수했다. 종양 덩어리에 대한 유전자 검사 결과, 보의 종양은 최악 중의 최악인 것으로 나타났다. 종양의 성장을 늦추는 열쇠 돌연변이key mutation는 부족하지만, 그것을 가속하는 분리 돌연변이separate mutation는 두 개나 갖고 있었다. 융 박사는 점잖았다. 하지만 솔직하고 직설적으로 보를 대했다.

"우리는 공격적인 치료 계획을 세울 겁니다. 그리고 저는 당신이 그걸 잘 견딜 거로 생각합니다." 그가 말했다. "당신은 젊고 건강합니다. 그것은 우리에게 아주 유리한 요소입니다. 하지만 당신은 힘든 싸움을 하게 될 거예요, 보. 긴 싸움을 하셔야 할 겁니다."

보는 자신에게 시간이 얼마나 남았는지 융 박사에게 묻지 않았다. 가족 중 아무도 그런 질문을 하지 않았다. 우리는 모두 그때까지 교모세포종의 일반적인 예후를 찾아보았다. 그 종양은 대개 수술 후 6, 7개월 이내에 재발하고, 처음 진단 후 평균 생존 기간은 12개월에서 14개월 정도이다. 100명 중 2명만이 장기간 종양이 없는 상태로 살 수 있었다. 하지만 그것은 종양을 이겨낸 사람도 있다는 걸 의미한다. 그렇다면 보가 그러지 못할 이유도 없다.

우리는 교모세포종 치료에 있어 획기적인 진보가 이루어지고 있다는 사실도 알았다. 그리고 융 박사와 MD 앤더슨 암 센터의 의료진은 실험적인 치료의 최첨단에 있는 사람들이었다. 나라면 이 분야의 또 다른 최고의 전문가들에게도 연락이 닿을 거라고 확신했다. 경험상 부통령은 이 나라의 거의 모든 의사나 의학 연구자들에게 전화 통화를 부탁하기 훨씬 쉬운 위치라고 생각했다. 그리고 나는 조언이나 도움을 청하는 걸 부끄러워하지 않을 것이다. 또한, 보에게는 든든한 지원군이 있었다. 할리는 바위처럼 굳건했다. 며느리는 자기 삶을 유지하며, 아이들을 편하고 안전하게 지켜줄 것이다. 나는 며느리가 보를 든든하게 받쳐 주면서 희망을 줄 거라 믿었다. 질은 어머니의 마음으로 주의 깊게 보를 지켜보았다. 그가 불편해하거나 아파하면 그가 말하기 전에 알아차리고 상황을 개선하기 위해 할 수 있는 일은 무엇이든 할 것이다. 애슐리는 필라델피아에서 보가 치료를 받는 동안 그의 곁에 머물며 여동생의 조건 없는 사랑과 애정을 줄 것이다. 헌터는 보의 비밀

병기였다. 평생에 걸쳐 그의 사명은 형을 보호하는 것이었다. 그는 어떤 희생을 치르더라도 그렇게 하려고 했다. 보는 헌터가 필요할 때마다 그가 곁에 있을 거라는 것을 알았다. 그것은 두말할 필요도 없는 것이었다. 그들은 어린아이였을 때부터 항상 서로를 지지했다. 지금도 변한 것은 없었다. 오히려 더 단단해져 있었다.

"형도 알잖아. 할 수 있다면 내가 대신 아프고 싶다는 걸."

수술하는 날 헌터가 보에게 한 말이다. 그리고 우리는 모두 그 말이 무슨 뜻인지 알았다. 위험을 감수하고 가능성이 있지만 검증되지 않은 새로운 치료를 받을 것인지 보가 어려운 결정을 내리는 데 끝까지 도움을 줄 수 있는 사람은 헌터였다. 그리고 헌터는 보가 무엇이든지 털어놓을 수 있는 사람이 될 것이다. 보는 나와 세상 사람들 모두에게 자기는 괜찮다고 말하고 있었다. "다 좋아요. 전 다 괜찮다니까요." 하지만 헌터에게는 자신의 진짜 두려움에 대해 모두 말할 수 있었다. 그보다 더 중요한 건 우리 모두 보가 보내는 신호를 받아 그것을 따르고 있다는 것이었다. 보는 싸우기로 마음먹고 있었다. 그 승산 없는 싸움을.

"아무도 제게 확률이 어떻다고 말하지 않게 해 주세요." 보가 헌터와 내게 말했다. "알겠죠? 전 이 빌어먹을 놈을 이겨낼 거예요. 우리는 이겨낼 거예요. 그러니 확률에 대해서는 아무것도 듣고 싶지 않아요."

수술 후 겨우 이틀이 지나고 퇴원할 준비를 하고 있을 때 사와야 박사가 보에게 인사를 하러 병실에 잠깐 들렀다. 보는 그를 안아주었다. 사와야 박사도 보를 안아주었다. 두 사람은 확실히 전투 같은 것을 함께 치렀다. 잠시 후 융 박사가 우리를 확인하러 왔을 때 나는 그를 따로 불러 모든 아버지가 하는 질문을 했다.

"내 아들은 이제 무엇을 해야 합니까? 어떻게 생활하는 게 좋습니까?"

그는 보가 긍정적이고 희망적이어야 한다고 말했다. 보는 집에 가서 진단을 받기 전에 하려고 했던 것은 무엇이든 해야 했다. 나는 박사에게 보가 델라웨어 주지사 선거에 나갈 계획을 하고 있었다고 말했다. "그렇다면 보에게 집에 가서 주지사 선거에 나가라고 하세요."라고 그가 말했다. "그는 앞으로 계속 살 수 있는 것처럼 사는 게 좋습니다."

나는 모든 가족이 그 말을 들었으면 싶었다. 그래서 모두 병실 바깥의 작은 복도에 가족들을 불러 모았다. 융 박사는 이것이 힘든 전투가 될 테지만 희망은 있다고 다시 설명했다. 나는 그가 그 말을 할 때 보를 바라보고 있었다고 생각한다. 하지만 그 메시지는 우리 모두에게 하는 말이었다. 우리는 이 병이 우리의 존재 전체를 잠식하게 내버려 두면 안 되었다. 그는 보에게 집에 가서 미래가 있는 사람처럼 살라고 말했다.

"주지사 선거에 나가세요. 목표를 가지십시오."

그 이후로 거의 매일 나는 목표를 가지라는 그 충고에 따라 행동하고 있는 자신을 발견했다. 어떤 일이 닥치든 나의 목적의식을 굳게 유지했다. 내가 목적의식을 잃고 보의 싸움이 나를 잠식하게 놔둔다면, 나의 온 세계가 무너질 것이다. 그게 두려웠다. 나는 내 나라나 오바마 행정부, 내 가족, 나 자신, 그리고 가장 중요한 내 아들 보를 실망시키고 싶지 않았다.

Joe Biden

Promise me, Dad

⊗
⊗
⊗

제3장

위로

⬡
⬡
⬡

　백악관에서는 뉴욕에서 열리는 추도식에 내가 대통령을 대신해 참석하는 게 최선이라고 생각했다. 그것은 2014년 크리스마스 전주 토요일에 살해당한 두 경관 중 한 명의 추도식이었다. 대통령은 부인 미셸Michelle과 두 딸과 함께 자신이 자란 하와이로 연례 휴가를 떠났다. 그리고 참모들은 그가 11시간이나 비행기를 타고 심각한 논란의 현장으로 가는 것이 현명하지 못하다고 생각했다. 나는 추도식에 참석하겠다고 했다. 이런 추도 연설을 하면 항상 내가 아는 사람들의 죽음이 떠올라 마음이 아팠고 보가 진단을 받은 후로는 불길한 예감마저 들었지만, 그 일을 해야 한다고 생각했다. 그래서 크리스마스 바로 전 며칠을 연설문을 준비하면서 보냈다.

　뉴욕시가 치유되려면 완벽한 균형이 필요하다. 2014년 12월 20일, 제복 차림의 뉴욕 경찰 라파엘 라모스Rafael Ramos와 웬젠 류Wenjian Liu가 살해당한 사건이 발생했다. 이 사건은 경찰과 흑인 사회의 너덜너덜하게 망가진 관계 속에서 연이어 벌어지고 있던 폭력 사태로 일어난 또 하나의 사건이었다. 그 두 사람은 브루클린에서 평소와 같이 임무를 수행하며 순찰차에 앉아 있다가 총을 든 남자에게 당한 것이다.

"그들은 단지 제복을 입고 있었다는 이유로 살해당한 것입니다." 뉴욕시 경찰국장 빌 브래튼Bill Bratton은 두 경관의 죽음을 발표하며 그렇게 말했다. "그들은 기습적으로 살해당했습니다."

이 분별없는 행동은 뉴욕시 경찰들의 무자비한 행위를 규탄하는 집회가 2주 이상 이어지며 점점 규모가 커지고 있는 가운데 발생했다. 이 시위는 사건의 모든 내용이 휴대전화 동영상으로 촬영됐음에도 에릭 가너Eric Garner라는 43세의 아프리카계 미국인 남자를 목 졸라 숨지게 한 경찰관을 대배심에서 기소하지 않기로 한 결정에 따라 촉발되었다. 뉴욕시장 빌 드 블라시오Bill de Blasio는 대배심을 비난하지 않으려고 주의해왔다. 하지만 그는 에릭 가너 가족과 언제 어디서 경찰들과 마주치게 될지 모를 유색인종 아들을 걱정해야만 하는 부모들에게 공감을 표했다. 시장은 자기 부부는 혼혈인 아들에게 경찰을 만나면 이렇게 하라고 주의를 준다고 말했다. '경찰들이 하라는 대로 다 해라. 갑자기 움직이지 말고, 전화를 집으려고 하지 마라.'

"저는 여러 해 동안 걱정을 해야 했습니다. 매일 밤 내 아들은 무사한가? 그리고 우리 이웃 어디선가 벌어지고 있는 범죄와 폭력이라는 고통스러운 현실로부터가 아니라 우리가 우리 아이들의 보호자라고 믿는 바로 그 사람들로부터 무사한지를 염려했습니다."라고 시장은 말했다. 이 도시의 가장 큰 경찰 노동조합의 수

장인 패트릭 린치^{Patrick Lynch}는 시장이 경찰을 '곤경에 빠뜨렸다'라 며 즉각 비난에 나섰다.

브루클린에서 라모스와 류가 기습 공격을 받아 사망했다는 소식을 들은 뉴욕시장은 희생자들의 가족과 친구들을 위로하기 위해 병원으로 달려갔다. 그는 일어난 살인 사건을 강력하게 비난했다. 오바마 대통령은 다음과 같이 말했다.

"우리 공동체에 봉사하고 우리를 보호해 주는 경찰들이 매일 자신의 안전을 위협받고 있습니다. 그들은 매일 우리의 존경과 감사를 받아야 마땅합니다."

그리고 오바마 대통령이 말한 것처럼 뉴욕시장도 주저하지 않고 말했다.

"저는 국민에게 다른 사람들에게 상처를 주는 폭력과 말을 거부하고 타락한 가족이나 친구를 위한 기도와 인내심 있는 대화, 동정과 같은 치유의 언어로 돌아갈 것을 부탁드립니다."

하지만 상황은 이미 걷잡을 수 없는 상태가 되었다.

총격 사건이 있은 지 겨우 1시간 만에 TV에 등장한 뉴욕 하원 의원 피터 킹^{Peter King}은 제정신이 아니었다. 킹은 합리적이고 헌신적인 공화당원이었지만, 그 끔찍한 살인에 대한 분노가 그를 삼켜버렸다. 킹은 한 인터뷰에서 대통령과 시장이 한 연설은 가식적이고 겉과 속이 다르다고 말했다.

"선출직 공무원들이 나서서 법을 집행하는 사람들을 지켜주고 경찰과 대배심원단의 품위를 떨어뜨리는 일을 끝낼 때가 왔습니다."라고 말한 것이다. 전 뉴욕 시장 루디 줄리아니^{Rudy Giuliani}는 이미 총격 사건 1시간 만에 난리를 치고 있었다. 그리고 오랜 경험상 많은 언론 매체가 그가 하고 싶은 말을 다 하게 해줄 거라는 것을 나는 잘 알고 있었다. 그는 대통령이 그 총잡이에게 면허를 준 것과 다름없다고 주장했다. 살인자는 법을 집행하다 살해당한 에릭 가너와 다른 사람들을 위한 복수로 경찰들을 찾아 죽이겠다고 소셜 미디어에 알렸던 것으로 밝혀졌다. 이에 줄리아니는 근거 없는 천박한 말까지 마구 쏟아냈다.

"모든 사람이 경찰을 증오해야 한다고 대통령이 시작한 선전 활동이 4개월 동안이나 계속됐습니다."

패트릭 린치Patrick Lynch는 한술 더 떴다.

"오늘 밤 많은 이의 손이 피로 얼룩졌습니다."

그는 사람들이 시위라는 가면을 쓰고 거리에서 폭력을 선동해 뉴욕 경찰이 하루하루 쌓아 놓은 노고의 결과를 무너뜨리려 한다며 그들을 탓했다. 그리고 '손에 묻은 피는 시청의 계단, 시장의 집무실에서 시작된 것'이라고 비난했다.

줄리아니와 린치, 다른 몇몇 사람들은 총격 사건 다음 날에도 그저 비난만 하고 있었다. 에릭 가너의 온당치 못한 죽음에 대해 항의하며 행진하면서도, 가너의 딸이 참석한 라모스와 류의 추모식을 위해 임시로 마련된 장소에서 경의를 표하는 뉴욕 시민들에게서는 아무것도 느끼지 못하고 있었다. 가너의 딸은 정말로 희생자 가족의 마음을 이해하는 사람으로서 조의를 표하기 위해 추도식에 왔다.

"저는 여기 와서 우리가 함께 하고 있다는 걸 그들 가족에게 알려야 했습니다." 22세의 에메랄드 스나입스 가너Emerald Snipes-Garner가 그 상황에서 보여준 모습은 온 나라가 자랑스러워할 만했다.

"저는 이 비극적인 사건으로 고통받는 가족 모두에게 저의 기도와 위로를 전하고자 합니다."

12월 27일 토요일, 내가 라모스 경관의 장례식에 참석하기 위해 뉴욕으로 향할 때 뉴욕은 일촉즉발의 상황에 놓여 있었다. 수백 명의 뉴욕 시민들이 살해당한 경찰에 대한 경의의 표시로 시위를 중단해 달라는 요구를 거부했다.

"우리는 누구에게도 무례를 범하려는 게 아닙니다."

행진을 이끌던 한 사람이 '인종차별주의적 경찰 테러'라고 쓰인 푯말 아래서 그렇게 말했다. "하지만 누구든 우리에게 시위를 멈추라고 하는 건 말도 안 되는 일이고, 잔인무도한 일이며, 모욕적인 일이라는 걸 알리려고 여기 나온 겁니다."

동시에 전국에서 경찰들이 동료 경찰과 그의 동지들을 지지한다는 걸 보여 주기 위해 라파엘 라모스의 추도식에 참석하러 뉴욕으로 모여들었다. 경찰관 2만 5,000여 명이 장례식에 참석하기 위해 퀸즈Queens에 집결하고 있었고, 일부 지역 정치인들은 '자신들이 목표가 되고 있다'며 요즘 '심각한 위험'에 처해 있다고 했다. 린치나 줄리아니 같은 사람들은 계속 사람들을 향해 블라시오 시장과 오바마 대통령이 문제라고 선전하고 있었다.

블라시오 시장은 내가 경찰과 시민운동 공동체와 친밀한 관계를 맺고 있다는 걸 알고 있었기 때문에 행정부를 대표하는 사람이 나라는 게 반가운 듯했다. 시장은 총격 사건이 있고 며칠 후에 내게 전화를 걸어 법 집행 기관과 흑인 사회 간에 점점 깊어가는 불신의 골을 해결하는 데 도움을 달라고 요청했다. 상황이 불가능해 보이기는 했지만, 사실 나는 그 해결 방법을 알고 있다고 믿었다. 전에도 그것을 넘어선 적이 있었다. 전국에서뿐만 아니라 델라웨어의 고향에서도.

어떤 문제가 생기면 그 양측에는 항상 선동가가 있기 마련이었다. 그것은 불가피한 일이었다. 하지만 나는 그들이 양측 사람들을 모두 대표하는 건 아니라는 사실을 알고 있다. 문제는 항상 풀수 있다고 믿는다. 문제가 분명하기 때문이다. 양측에는 현실적이고 근거 있는 두려움이 있었다. 문제가 두려움이라면, 그 해답은 나왔다. 양측은 상대편의 관심사를 마음을 터놓고 알아야만 한다.

나는 범죄 발생률이 치솟았던 80년대 후반에 새로운(사실은 매우 오래된) 치안에 관한 개념을 추구하기 시작했다. 그것은 경찰들이 다시 거리를 걸어 다니게 하는 것이었다. 그러면 그들이 상점 주인을 알게 되고, 이웃의 아이들을 알게 되고, 인근 지역에 대해 알게 될 것이다. 그리고 이웃들이 경찰을 알게 되고 신뢰하게될 것이다. 우리는 도보로 순찰을 하는 대신 경찰 혼자서 순찰차를 타고 돌아다니는 치안 모델에서 점차 멀어졌다. 그리고 훌륭한 범죄학자들은 이 오래된 생각을 지역 사회 경찰 활동이라는 새로운 이름으로 불렀다.

그러나 80년대 후반과 90년대 초반에 그것을 현실화하는 것은 힘든 싸움이었다. 전국적으로 공화당이 지역에서 일어나는 일은 모두 지방정부 기금에서 지출되어야 한다는 내용의 권리 이양에 관해 이야기하기 시작했기 때문이었다. 그들은 그러한 범죄가 특히 지역에 따라 다르다고 주장했다. 나는 내 동료들에게 대부분 지역 범죄는 약물의 유행이 원인이며, 약물은 연방정부의 책임이라는 사실을 일깨워 주어야만 했다. 시간은 걸렸지만, 나는 1994

년에 입안한 범죄 법안에 포함된 예산을 실제로 타내어 지방 경찰 십만 명을 추가로 제공했다. 그리고 그것은 효과가 있었다.

1994년에 거의 200만 건이나 되었던 폭력 범죄가 2000년에는 140만 건으로 급격히 줄었다. 살인 사건 발생률은 전국적으로 거의 반으로 줄었다. 경찰과 흑인 사회의 관계도 완벽해지려면 아직 멀었지만, 상당히 개선되었다. 하지만 지역 경찰 활동은 내 성공의 희생양이 되었다. 설문조사 결과 미국인들이 정부가 해결해 주기를 가장 바라는 문제의 목록에서 범죄 문제가 빠진 것이다. 그것은 부시 행정부가 입각해 권한 이양에 대한 이데올로기적 요구를 재차 강조했을 때 범죄가 엄밀히 지역 문제라는 그들의 주장에 더 이상 큰 반발이 없었다는 것을 의미했다. 연방정부의 돈을 지역 경찰에 쓰지 않는 대신 부자들에게 세금 감면의 혜택을 줄 수 있는데 그들이 뭣 하러 그런 일을 하겠는가?

나는 그 당시 지역 사회를 안전하게 만드는 일이 잔디를 깎는 것과 다름없다고 허공에 대고 끊임없이 외치는 것 같은 기분이 들었다. 예를 들어, 아름다운 여름 주말에 잔디를 깎으면 집이 깔끔해진다. 아니면 일주일 동안 그대로 내버려 둘 수도 있다. 그러면 잔디가 약간 멋대로 자라나 있을 것이다. 이번에는 한 달 동안 그대로 둔다. 그러면 집이 지저분해질 것이다. 거기다 여름 내내 손을 대지 않은 채 내버려 두면 결국 수풀로 우거진 집이 될 것이다.

정확히 그런 일이 벌어졌다. 순찰을 하는 경찰이 점점 더 줄어들었다. 예상한 대로 그것은 경찰과 흑인 사회 간의 관계가 점점 긴장되는 결과를 낳았다. 경찰들은 더 이상 전처럼 순찰차에서 내려서 사람들을 만나려고 하지 않았다. 그들은 점점 더 차를 몰고 혼자 다니는 일이 많아졌다. 아주 험한 동네에서는 두려움을 느끼기도 했으며, 때로는 군사적 혹은 준군사적 장비로 과하게 무장해서 보호자라기보다는 침입자처럼 보이기도 했다. 뉴욕의 에릭 가너, 퍼거슨의 마이클 브라운Michael Brown, 클리브랜드의 12세 소년인 타미르 라이스Tamir Rice, 경찰관 라모스와 류의 무시무시한 이야기가 헤드라인을 차지하면서 양측이 상대방의 기본적인 인간성을 인정하는 것이 점점 더 어려워지고 있었다.

순찰차 안의 지역 경찰은 길거리 한구석에 후드티를 뒤집어쓰고 있는 15세 소년을 보면 유명한 시인이 되겠다는 포부를 가진 작가가 아니라 못된 짓을 배우고 있는 예비 범죄자로 취급했다. 지역 주민들은 순찰차를 탄 여자 경찰을 보고 그녀를 야구 코치도 하고 주일학교 선생님도 하면서 자식 셋이 살 집을 안전하게 지키는 게 세상에서 가장 하고 싶은 일이고, 또 그렇게 할 권리를 가지고 있는 한 엄마가 아니라, 그저 순찰차에 앉아 자기를 위협하는 여자 경찰로 여길 뿐이었다.

나는 훈련이 더 잘된 사람들을 순찰에 더 많이 투입하기 위해 투자하는 검증된 정책으로 되돌아갈 때가 되었다고 생각했다. 그래서 라모스 경관의 장례식 며칠 전, 블라시오 시장에게 전화를 걸어 지역 경찰 활동에 대해 자세한 이야기를 나누고 싶다고 했다. 그리고 그에 대한 통계 자료를 보낼 테니 연초가 지나 최근 벌어지고 있는 시위가 진정되면, 같이 논의해 보자고 제안했다.

오바마 대통령은 경찰과 그들이 일하고 있는 모든 지역 사회 간의 관계를 개선할 수 있는 방법을 찾기 위해 열심히 노력하고 있었다. 그리고 매우 특별한 정책 제안서를 만들어 냈다. 하지만 너무 많은 사람이 문제 해결보다는 정치적 점수를 따는 데만 투자했고, 줄리아나나 린치 같은 사람들은 해명할 기회도 주지 않고 대통령을 공격했다.

항상 좋은 경찰이 필요하지만, 그 수가 충분한 경우는 극히 드물다. 나는 여러 해에 걸쳐 개인적인 관계를 구축해 양측의 신뢰를 얻으려고 오랫동안 공을 들였다. 그 덕분에 매우 격앙된 상황에서도 경찰과 지역 사회 양측을 설득할 수 있었다. 나는 항상 모든 사람의 관점을 이해하려고 노력했다.

"당신이 이 일을 할 수 있는 유일한 분입니다, 조. 부통령님은 양쪽 사회에서 존경받고 계시지 않습니까?"

교육부 장관인 안 던컨Arne Duncan이 뉴욕에서 총격 사건이 벌어진 직후 내게 한 말이다. 그가 과분하게 나를 신뢰한 것일 수도 있었다. 하지만 그의 격려로 인해, 나를 공직으로 이끈 것이 무엇이었고, 내가 무엇 때문에 그렇게 오랫동안 공직에 몸담고 있는지 그 이유를 다시 생각해 보게 되었다. 공직자의 첫 번째 임무는 특히 위기 상황에서, 여럿으로 분열된 상황에서 사람들이 한데 모일 수 있게 돕고, 테이블에 앉은 사람들을 모두 존중하고, 그들이 안전하게 앞으로 나아갈 수 있는 방법을 찾는 걸 도와주는 것이라고 굳게 믿는다. 공직에 몸담은 지 25년이 지났어도 그러한 기본적인 신념은 여전히 내가 목표하는 기준이 되고 있다.

나는 그 눈부신 겨울 아침에 질과 에어포스 투를 타고 워싱턴에서 뉴욕으로 가면서 준비된 원고를 마지막으로 점검하고 있었다. 장례식은 살아 있는 사람들을 위한 것이다. 그리고 추도 연설을 맡은 사람의 임무는 사람들이 커다란 상실로 괴로워하는 걸 인정하고, 그들이 사랑하는 사람의 유산과 성취물이 아직 그들과 함께 살아 있다는 것을 알려 주는 것이다. 또한, 그들이 혼자가 아니라는 걸 알려 주려고 애썼다. 제일 먼저 라모스 가족을 위해 그렇게 했을 뿐만 아니라, 라모스 경관의 추도식을 지켜보고 있을 더 많은 경찰 가족을 위해서도 그렇게 했다. 이 도시 그리고 전국의 경찰들은 분노하며 슬퍼하고 있었다. 어떤 경찰들은 너무 많은 사람이 경찰에게서 등을 돌린 것 같아 정말로 상처를 받기도 했다. 경찰들에게 그들의 일이 우리의 경의와 존경을 받을 만한 가치가 있다는 사실을 일깨워 주어야 했다.

이들이 경찰이 된 것은 그저 생계 때문만은 아니다. 나는 항상 경찰은 타고난다고 말해왔다. 초등학교 때 나는 나중에 커서 경찰이 될 친구들을 알아볼 수 있었다. 그 아이들은 당신이 어떤 동네로 새로 이사 왔을 때 당신의 보호자가 되어 주는 사람이었다. 당신이 괴롭힘을 당하고 있을 때 그들은 당신을 돕고 나선다. 그들은 다른 사람들을 보호해 주고 싶어 했다. 나는 어디서 잠시 쉬고, 어떤 단어를 강조해야 할지 메모하면서 단어들을 따라 펜을 움직였다.

"경험상, 저는 제 목소리를 듣고 있는 제복을 입은 사람들 모두에게 다음 내용이 적용된다고 확신합니다. 경찰들은 모두 똑같은 내재적 이유로 경찰이 됩니다. 여러분은 의무감을 느꼈습니다. 여러분은 도울 수 있다고 생각했습니다. 그것이 모든 미국의 법 집행관들에게 넘치게 있는 단 하나의 요소라고 저는 생각합니다. 이와 같은 사건이 벌어지면, 이 나라는 항상 여러분의 용기를 다시금 깨닫게 됩니다."

나는 토요일 아침 9시 30분경 퀸즈의 크라이스트 태버너클 교회Christ Tabernacle Church에 도착하는 마지막 시간까지 연설문을 읽고 있었다. 상점을 개조한 것처럼 보이는 교회는 밖에서 기다리는 엄청나게 많은 사람을 모두 수용하기에는 너무 작았다. 제복을 입은 2만 명이 넘는 사람들이 위쪽에 걸린 대형 화면에 전송되는 장례식 위성 중계를 보려고 거리와 주차장을 둘러싸고 조용히 서서 기다리고 있었다.

자동차에서 내려 보니 차가운 겨울 날씨 속에서 긴장된 분위기가 느껴졌다. 영상 4도까지 기온이 올랐지만, 날씨는 여전히 추웠고 하늘은 산산이 부서질 듯이 예리하고 투명한 파란색이었다. 경호원들은 질과 나를 교회 안쪽으로 신속하게 안내하고 내 눈이 교회의 어두운 내부에 적응하는 동안 맨 앞줄에 있는 우리 자리로 이끌어 주었다.

이 교회는 라파엘 라모스의 영혼의 고향이자 그를 이끌어주는 곳이었다. 살해 당시 그는 목사 자원봉사 프로그램의 졸업을 불과 몇 시간 앞둔 상태였다. 자리에 앉자 단상 맨 앞 관대 위에 놓인 라모스 경관의 관에 무릎이 거의 닿았다. 다른 주요 연사들은 이미 자기 자리에 앉아 있었다. 시장이 브래튼Bratton 시 경찰국장과 앤드루 쿠오모Andrew Cuomo 주지사와 함께 앉아 있었다. 주지사를 보니 약간 고통스러웠다. 그를 보니 보가 생각났다. 보는 델라웨어주의 법무부 장관으로서 임기를 마무리하고 있었다. 필라델피아의 검사 시보 때부터 델라웨어의 법무부 장관으로 일할 때까지 보는 매일 범죄 문제와 씨름했고, 이러한 끔찍한 비극을 피하고

자 경찰과 지역 사회 간의 관계 개선을 위해 열심히 노력하기도 했다. 그는 나와 함께 조의를 표하러 몹시 오고 싶어 했다. 하지만 그의 불편한 몸이 현실적으로 큰 문제가 되기 시작하고 있었다.

"전 나을 때까지 기다릴 거예요, 아버지." 아들은 그렇게 말했다.

나는 처음으로 추도사를 위해 연단에 올랐다. 조문객들은 조용히 앉아 있었다. 먼저 내 가족과 라모스 가족에 이르는 모든 가족에게 솔직하고 짧은 위로의 말을 건넸다. 그러고 나서 내 앞에 앉아 있던 희생자의 두 10대 아들을 보고는 말을 멈추고 말았다. 그들은 부모 중 한 명을 잃기에는 너무나 어린 나이었다. 그 아이들에게서 눈을 뗄 수 없었다. 그들의 모습은 마치 어린 보와 헌터가 나를 보며 앉아 있는 것 같았다. 내 자식들이 엄마를 잃고 겪어야 했던 참담함과 그들이 살아남은 것이 내게 어떤 의미였는지 떠올랐다. 내가 정치적, 공적으로 지위가 아무리 높아도 여기 뉴욕에서 할 일은 한 사람의 인간으로서 마음을 다하는 것이란 사실을 깨달았다. 라모스의 아이들이 느끼는 상실감을 그날의 정치적 문제에 묻혀 버리게 둔다면 나는 실패한 것이다.

"참 잘생긴 아이들이로군요." 나는 세심하게 준비해 둔 원고를 무시하고 이렇게 말하고 있었다. "저는 오래전에 이와 비슷한 일을 겪었던 게 기억납니다."

"어머니, 저는 당신과 저 아이들이 이 모든 것을 헤쳐나갈 수 있을 거라고 믿습니다. 저는 온 나라를 대신해 당신이 겪은 일로 모두가 마음 아파한다고 말하고 싶습니다. 제 개인적인 경험으로 볼 때, 지금 이 순간에 느끼는 상실감과 외로움, 그러한 고통을 줄여 주는 말이나 행동을 해 줄 수 있는 사람은 거의 없을 겁니다. 하지만 언론에서 보도한 것처럼 당신과 함께 서 있고, 앞으로도 서 있을 당신의 남편과 똑같은 형제자매들이 2만 5,000명이 넘게 와 있다는 사실에서 조금이라도 위로받기를 간절히 바랍니다. 정말로 그들은 그럴 겁니다. 그것은 흔치 않은 형제애입니다."

이 연설을 쓰는 걸 도와준 작가는 은퇴한 뉴욕시 형사의 아들로 라파엘의 삶과 그의 아들들이 라파엘에게 어떤 의미였는지를 이해할 만한 시간을 가진 사람이었다.

"저스틴, 제이든." 나는 아이들을 바라보며 말했다. "그분은 너무나, 너무나 너희를 자랑스러워하셨단다. 너희가 믿기 어렵겠지만, 그분은 너희 삶의 일부가 될 게다. 너희 삶 전체가 될 거야."

그리고 젊은 미망인을 돌아보며 여러 해 동안 다른 수많은 생존자에게 장담했던 이야기를 했다.

"저도 그런 날이 올 거라는 걸 경험으로 알고 있습니다. 라파엘을 떠올리면 당신의 눈에 눈물이 흐르기 전에 입가에 미소를 짓게 되는 그런 날이 올 겁니다. 그것은 당신이 괜찮아질 거라는 걸 알게 될 땝니다. 그런 날이 올 거라고 믿기 힘들다는 걸 잘 알지만, 약속하죠. 그런 날이 반드시 올 거라고 제가 당신에게 약속합니다. 그리고 당신을 위해 그런 날이 오려면 차라리 일찌감치 오라고 기도하겠습니다."

그때까지 즉흥적으로 말했다. 하지만 내가 말하려고 했던 것에 대해 확신이 전혀 없지 않았다.

"저는 너무 많은 경찰관의 장례식, 우리를 안전하게 지켜 주는 용감한 사람들의 너무 많은 장례식에서 추도사를 했습니다. 그리고 그들의 가족들이 슬픔에 잠긴 걸 보았습니다. 불행히도 그들의 친구와 이웃들, 심지어 그들을 알지도 못하는 사람들까지 그들이 매일 외롭게 치렀던 희생을 알아 주고 기억해 주는 때는 이런 비극이 발생할 때뿐입니다. 경찰관들과 그들의 가족들은 특별한 사람들입니다. 그들을 보내 주셔서 하느님께 감사드립니다. 감사합니다."

"라모스 부인, 당신의 남편과 그의 동료, 그들은 뉴욕시의 가장 훌륭한 사람 중 한 명이었습니다. 가장 훌륭한 사람이라는 말은 그냥 하는 말이 아닙니다. 이것은 세계에서 가장 훌륭한 경찰을 의미하는 것입니다. 그들은 그러한 수식어를 가질 자격이 있었습니다……."

"뉴욕 거리를 순찰할 때 여러분은 지구를 한 바퀴 돌고 있는 것입니다. 이곳에는 엘리베이터가 없는 3층짜리 아파트도 있고, 고층 아파트도 있습니다. 천 가지 전통을 이어가고 있는 백만 개의 부엌에서 갖가지 냄새들이 흘러나오고 있습니다. 고요한 거리가 있는가 하면 속삭이는 소리나 고함, 웃음소리, 울음소리 등 수백 가지 언어가 뒤섞여 있는 거리도 있습니다. 그런 이 도시는 세계 모든 도시 중 가장 생동감이 넘치며, 세계를 이끄는 불빛이 되는 혼돈이 머무는 기적 같은 곳입니다."

"그 암살자의 총알은 그저 경찰관 두 명을 겨눈 것이 아닙니다. 그저 하나의 제복을 겨눈 것도 아닙니다. 그것은 이 도시를 겨눴습니다. 중국 이민자의 아들이 수련 과정에 있는 히스패닉 목사와 함께 순찰하고 있던 이 도시를 말입니다."

그리고 나는 듣고 있던 모든 사람에게 이 가장 위대하고 다양한 미국 도시들이 버락 오바마라는 젊은 대학생을 키우는 데 도움이 되었다는 사실을 상기시켰다. 내 친구이자 대통령인 버락 오바마는 자신의 공직 경력의 초석이 된 철학을 여기 뉴욕에서 배웠다.

"흑인의 미국과 백인의 미국, 라티노의 미국, 아시아인의 미국은 없습니다. 아메리카 합중국이 있을 뿐입니다."

그는 10년 전 자신의 존재를 이 나라에 처음 알렸던 연설에서 그렇게 말했다.

라파엘 라모스의 관이 사람들이 모여 있는 거리로 나와 영구차로 이동하기를 기다리기 위해 질과 내가 교회를 나와 길 건너편으로 갈 때쯤 아침은 훨씬 더 밝았다. 햇빛이 선도 차 위에서 반짝이고 있었다. 그건 마치 날 자체가 누그러진 것처럼 느껴졌다. 나는 킹 하원의원을 포함해 관리들이 모인 자리에 서 있었다. 루디줄리아니는 내 오른편에 서서 대통령의 뒤통수를 치고 싶은 마음을 참지 못하고 있었다.

"적어도 이 정부에서 누군가는 이 상황을 책임져야 합니다." 그는 내게 그렇게 말했다. 나는 잠자코 있었다. "대통령도 알고 계십니다." 먹힐 것 같지는 않았지만 그 말만 했다.

백파이프가 연주되고 뉴욕 경찰 헬리콥터들이 대형을 이루며 머리 위에서 비행했다. 의장대가 영구차의 열린 뒷문 쪽으로 성조기가 드리워진 관을 운구했다. 내가 서 있는 거리 건너편에 서 있는 제이든과 저스틴을 볼 수 있었다. 그들은 추위를 피하고자 어두운색 겉옷의 단추를 채우고 미간을 찡그린 채 어머니의 손을 잡고 있었다. 남은 우리는 모두 손을 가슴에 대고 조용히 서 있을 뿐이었다. 마침내 관이 차에 실리고 성조기가 가족들에게 전달되자 영구차가 묘지로 떠나기 시작했다. 영구차가 거리를 벗어나자 거리에 줄지어 서 있던 경찰들 속에서 나를 부르는 소리가 들리기 시작했다.

"조!", "이봐요, 조!" 아무도 "부통령님!"이라고 소리를 치지 않았다. 그들은 마치 나를 잘 알고 있기라도 하는 것처럼 "조!", "이봐요, 조!"라고 불렀다. 제복을 입은 사람들이 나와 악수를 하려고 다가오기 시작했다. 오토바이를 탄 경관들이 내 손을 잡으려고 다가오는데, 갑자기 누가 나를 확 잡아당기는 걸 느꼈다. 그날의 첫 번째 일정이 끝났다. 하지만 가장 힘든 일정은 아니었다.

질과 나는 뉴욕을 떠나기 전에 한 군데 더 들러야 했다. 내가 그러자고 했다. 쉽지 않을 거라는 걸 알면서도 말이다. 우리는 살해당한 다른 경찰관인 웬젠 류의 가족들을 만나기 위해 브루클린의 그레이브센드^{Gravesend} 지역으로 45분간 차로 달려갔다.

갓 결혼한 그는 겨우 32세였다. 그리고 얼마 전 자기 부부와 부모님이 함께 살 넓은 집을 장만한 터였다. 류의 장례식은 중국에 사는 많은 친척이 뉴욕으로 오는 데 필요한 여행 서류를 마련하느라 지연되고 있었다. 그리고 그의 장례식에 참석할 수는 없었지만, 최소한 조의라도 표하고 싶었다. 하지만 차량 행렬이 자메이카 베이^{Jamaica Bay}와 브라이튼 비치^{Brighton Beach}, 코니아일랜드^{Coney Island}를 지나면서 나는 류 가족에게 훨씬 더 많은 것을 줄 수 있을 거라는 생각이 들었다.

이런 곳에 참석하면 슬펐던 시간이 생생하게 다시 떠올랐지만,

내 존재가 예기치 못한 갑작스러운 죽음으로 사랑하는 이를 잃고 괴로워하는 사람들에게 항상 약간의 위로가 된다는 것을 여러 해가 지나면서 알게 되었다. 그것은 내게 특별한 힘이 있어서가 아니라 내가 먼저 겪은 일 때문이다.

내 나이 32세에 나는 미국 상원의원에 다시 선출되었다. 워싱턴에서 보좌관 인터뷰를 하면서 신이 나 있던 그때 나는 아내와 18개월짜리 딸이 쇼핑하러 나갔다가 교통사고로 죽었다는 전화를 받았다. 크리스마스 전 주였다. 보와 헌터도 차 안에 있었는데 그 아이들은 크게 다치지 않고 구조되었다. 하지만 여러 주 동안 병원에 입원해야 했다. 처음에 나는 그 고통을 견딜 수 없을 것만 같았다. 하지만 벗어나는 데 시간이 오래 걸리긴 했어도, 나는 그 극도로 힘든 고통에서 살아남았다.

나는 많은 도움으로 거기서 나와 내 인생과 내 가족을 다시 세웠다. 내가 슬픔에 빠진 사람들을 위로하는 말을 하면, 그들은 그것이 내 경험에서 나온 말이라는 걸 안다. 그들은 내가 그들의 깊은 고통을 이미 겪어봤다는 걸 안다.

그 세월 동안 내가 점점 익숙해질 수 있었던 한 가지 사실은 언제나 아주 많은 사람이 심적, 정서적인 고통을 한 마디 불평도 못하고 묵묵히 참으며 살고 있다는 것이다. 내가 연말에 미국 외곽 고속도로를 달리고 있던 2014년, 그 단 한해만 해도 250만 명의 우리와 같은 시민들이 사망했다는 단순한 사실을 생각해 보라. 그 중 5분의 1은 암으로 죽었다. 그것은 그들이 자기 가족들이 무기력하게 지켜보는 가운데 오랫동안 고통스러워하면서 끔찍한 죽음을 기다렸다는 의미였다. 윌밍턴에 있는 내 고향의 2배나 되는 인구는 사고로 죽었다. 방금 건강하게 잘 있던 사람이 영원히 떠나버린 것이다.

2014년에는 거의 4만 3,000명의 성인과 십 대가 자살을 했다. 술과 관련된 죽음은 3만 건 이상을 기록했고, 약물 관련 죽음은 거의 5만 건이었으며 해마다 증가하고 있다. 약물 사망 사건의 대다수는 40대 이하였다. 2014년에 총기 사망은 3만 4천 건에 근접했으며, 그들 중 3분의 2는 자살 또는 사고사였다.

여느 해와 마찬가지로 우리와 같은 시민의 거의 1%가 사망했다. 간단한 통계 자료로는 현실적이고 복잡한 인간사에 대해 너무나 조금밖에 알 수 없다. 이것들은 단지 숫자가 아니다. 이것들은 라파엘 라모스와 같은 사람들이다. 라모스는 자신의 죽음으로 내가 방금 만난 가족의 삶에 큰 구멍을 냈으며, 목사가 되어 수천 명은 아니더라도 수백 명의 삶을 조금이라도 나아지게 해줄 기회를 가져보지도 못했다.

거의 모든 사람이 죽으면서 적어도 한두 명의 사람들에게 깊고 심각한 상처를 남긴다고 생각해 보라. 어떤 이는 수십 번 정신을 잃게 만들고, 어떤 이는 깊은 상처를 남겼다. 내가 받았던 지지와 같은 것이라고는 아무 데도 없는 곳에서 그 지독한 상실을 견디며 사는 사람들이 얼마나 많은지 알고는 너무 놀랐다. 그들은 매일 아침 일어나 뚜벅뚜벅 그냥 계속 걸어 나간다. 그들은 계속 자기 일을 하고 일상적인 일들을 처리하면서 배우자도 없이 자식을 키워나간다. 그리고 그 어떤 불평도 하지 않는다. 내 예상에 의하면 어떤 시기든 우리나라에서는 열 명 중 한 명이 최근에 겪은 가까운 사람의 죽음 때문에 크게 고통받으며 괴로워하고 있다. 그것은 그저 통계치를 인용한 말이 아니다.

나는 내가 주최한 정치 행사에서 그들이 거의 애원하는 듯한 눈빛을 하고 차단 라인에 서 있는 걸 본다. '제발, 제발 저를 좀 도와주세요.' 그들을 그냥 지나치고, 관계도 없는 사람들과 개인적으로 엮이는 걸 피하고, 일정이 미뤄지지 않게 하는 것이 항상 더 현실적이다. 우리는 모두 새로운 삶과 개인적인 포부를 이루기 위해 해야 할 일을 하느라 너무 많은 시간을 쓴다. 그래서 나는 항상 인간의 작은 몸짓이 도움이 필요한 사람들에게 줄 수 있는 변화가 무엇인지 염두에 두려고 노력한다. 잠시 시간을 내서 사람들의 눈을 들여다보고, 그들을 안아주고, 그들에게 '내가 이해하고 있다, 당신은 혼자가 아니다'라고 말해 주는 데 실제로 얼마나 노력이 필요한 걸까?

우리가 도착했을 때 제복을 입은 경찰관 아홉 명이 류의 집을 바깥에서 지키고 있었다. 류의 부모는 20년 전에 중국에서 왔지만 영어로 말하는 걸 어려워 했다. 그래서 그들의 모국어인 중국어로 말하고 싶어 했기 때문에 뉴욕 경찰은 통역사도 불렀다. 그들은 아들에게 의지하고 있었다. 이 가족이 미국에 온 것은 류가 12세 때였다. 그래서 그는 영어와 미국 문화를 제대로 배울 수 있었다. 그는 자신의 부모가 새로운 세상을 헤쳐나가는 데 도움을 주는 외동아들로 자랐고, 죽어서도 여전히 그러고 있었다. 그는 심지어 3개월 전에 신혼여행을 갈 때도 부모와 동행했다.

어린 시절 류는 이민의 성공 스토리였다. 그가 뉴욕에서 산 첫 번째 기념품은 자유의 여신상 스티커였다. 그는 대학에서 회계학을 공부했지만, 2001년 9월 11일 세계무역센터 테러가 발생한 후 경찰관이 되기로 결심했다. 사망 당시 그는 갓 결혼한 상태였고, 집주인이었으며, 원하던 직업을 가진 경찰 7년 차였다. 하지만 단순히 그가 이룬 것이 문제가 아니라 앞으로 그가 하고 싶어 하던 것이 문제였다. 웬젠 류는 그 가족의 미래였으며, 신혼부부는 아기를 갖는 것에 대해 이야기를 나누고 있었다. 그의 아들과 딸들은 그들이 원하는 것이 무엇이든 그것을 향해 나갈 수 있도록 도와줄 수 있는 아버지와 함께 굳건한 기반 위에서 삶을 시작할 수 있었을 것이다.

나는 바깥에 있는 작은 계단을 걸어 올라가 그의 집에 들어섰을 때 그 잃어버린 미래를 느낄 수 있었다. 약 20명 정도 되는 그의 일가족은 그의 아내와 부모가 거실에서 질과 나를 편하게 맞이할 수 있도록 부엌에 남아 있었다. 류의 아버지는 우리가 들어오자 나를 끌어안으며 내 얼굴을 만졌다. 그는 체구가 작지만 강단 있는 남자로 이 슬픔을 의연히 견디려고 애쓰고 있었다. "감사합니다." 그는 자신의 아내가 거리를 두고 서서 정중하게 인사하는 동안 반복해서 그렇게 말했다. "감사합니다." 웨이 탕 류는 가까이 서서 그렇게 말했다. "감사합니다. 감사합니다."

류 경관의 아내 페이 시아 첸^{Pei Xia Chen}은 너무나 어리고 아름다웠다. 그녀는 '새니^{Sanny}'라고 불렸다. 그녀는 영어가 유창했기 때문에 가족들을 대신해 말했다. 그녀는 수줍어하며 조용히 우리를 맞이했다. 그녀는 사랑하는 사람이자 최고의 친구, 자기가 영웅이라고 부르는 남자의 죽음에 정신이 나가 있었을 뿐만 아니라 자기 집에서 미국 부통령 내외를 맞이하게 된 것에 대해 약간 위축되어 있었다. 하지만 곧 긴장을 풀고는 자신이 남편과 함께한 침실에서 우리에게 보여 주고 싶은 게 있다고 말했다. 질은 다른 사람의 개인 공간에 들어가는 게 어색하다고 했지만, 그녀는 고집했다. 그녀는 우리의 손을 잡았다. 그리고 우리 셋은 침실로 들어갔다.

새니가 우리에게 보여 주려 했던 것은 3개월 전 결혼식 날 야외에서 둘이 껴안고 찍은 사진이었다. 나는 그 사진의 크기에 놀랐고, 사진에서 그 둘이 너무 행복해 보여서 놀랐다. 그리고 그들이 그 넓은 공간에 사진을 걸면서 얼마나 자랑스러워했을지, 그녀가 지금 사진을 보면서 얼마나 슬플지 생각하니 가슴이 먹먹했다. 나는 그녀가 처한 바로 그 상황을 겪어보았다. 나는 아내 네일리아^{Neilia}가 죽은 후에 우리가 함께 쓰던 침실의 장롱 문을 열 수가 없었다. 베개에서 아내의 냄새를 맡으며, 아내의 칫솔이 있던 욕실 세면대 위의 빈자리를 바라보며 느꼈던 고통을 기억할 수 있었다. 도저히 그 침실에서 지낼 수 없어서 집을 팔고 나왔다. 나는 새니가 그런 상황을 어떻게 견딜지 걱정이 되면서 그녀의 처지가 안쓰러웠다.

조금이라도 도움이 되는 말을 해 주려고 그녀를 한편으로 불렀다. 그녀에게 네일리아가 죽었을 때 가장 뜻밖의 사람이 해 주었던 가장 도움이 되었던 조언 몇 가지를 해 주었다. 자기가 아내를 잃었던 경험에 대해 이야기해 주려고 갑자기 내게 전화를 했던 사람이 있었다. 그는 뉴저지의 전 주지사였다. 그때 그는 아주 오랫동안 상황이 나아지지 않을 거로 생각했다. 그는 아내가 죽은 뒤 6개월 후에도 그녀를 생각하곤 했고, 그럴 때마다 그 소식을 들었던 날 만큼이나 비참해졌다. 그는 상황이 더 나아지지 않을 것 같아 괴로웠다. 그는 내가 아마도 같은 기분일 거라고 생각했다.

그는 내게 달력을 구해서 매일 밤, 잠자리에 들기 전에 그날의 날짜에 숫자를 적으라고 했다. 1은 당신이 그 소식을 들었던 날만큼 힘든 날이고, 10은 내 인생 최고의 날이라고 했다. 그는 10은 기대하지 말라며 숫자를 쓸 때를 빼고는 잠깐이라도 달력을 보지 말고 그냥 매일 숫자만 표시하라고 했다. 그리고 약 6개월쯤 후에 그래프 페이퍼 위에 그걸 올려놓고 차트를 만들어 보라고 했다. 그가 내게 약속한 것이 사실임이 드러났다. 우울한 날은 여전히 그때처럼 힘들었지만, 시간이 흐르면서 그런 날들이 점점 더 드물어졌다. 내가 다른 모든 사람에게 하는 말을 새니에게 자세하게 들려 주었다.

"당신 두 사람이 좋아했던 들판으로 말을 타러 나가거나, 꽃을 구경하거나, 남편이 벗어서 옷장에 걸어 놓은 옷의 냄새를 맡아 보게 될 날이 올 겁니다. 어떤 날에는 노래가 들리기도 하고 누군가의 걸음걸이가 눈에 들어오기도 할 겁니다. 그렇게 모든 게 예전처럼 될 겁니다. 하지만 언제인지 하느님은 아시겠지만, 나중에 언젠가 당신은 시간이 약이었다는 것을 알게 될 겁니다. 시간이 여러분을 웃게 할 겁니다. 기억이 당신의 눈에 눈물이 나게 하기 전에 당신을 미소 짓게 하는 그런 시간이 올 겁니다."

나는 그런 상황에 놓인 모든 사람에게 이렇게 말하곤 했다. 그리고 그녀에게 장담했다. 그런 일이 일어나고 나면 그때 자기가 고비를 넘겼다는 걸 알게 될 거라고.

침실을 떠나기 전에 마지막으로 그녀에게 내 개인 전화번호를 알려 주었다. "바로 지금, 당신도 알다시피 모든 사람이 당신 곁에 있어 줄 겁니다." 나는 이렇게 설명했다.

"모든 사람이 당신을 사랑으로 감싸줄 겁니다. 당신은 바빠질 테고 당신의 기분을 최악의 상태에서 벗어나게 해 줄 것들이 생길 거예요. 그러다 한 달이 지나고 두 달이 지나면서 다른 사람들의 생활은 정상으로 돌아가겠지요. 하지만 당신의 삶은 원래대로 되지 않을 거예요. 사실 당신도 알고 있겠지만, 당신에게 더 힘든 상황이 될 겁니다. 얼마 안 가서 당신은 같은 사람한테만 계속 도움을 청하러 가거나 그냥 말을 했다는 이유만으로도 죄책감을 느끼게 될 겁니다. 그들의 삶이 정상으로 돌아가면서 당신은 자기가 그들에게 너무 많이 의지하는 게 아닌지 걱정하기 시작하게 될 겁니다. '내가 너무 많이 바라는구나, 이제는 그만 불평해야겠어.' 라고 생각하는 날이 올 수도 있을 거예요."

"그렇게 기분이 우울해지고 가족과 친구들에게 부담을 주는 것 같아 죄책감이 들 때면 나한테 전화하세요." 나는 그렇게 말했다. 그녀는 내가 진심이라고 믿지 못하는 것 같았다. 하지만 나는 진심이었다. 낯선 사람들에게 개인 전화번호를 주면서 전화하라고 한 적이 여러 번 있었다. 그들 중 많은 이들이 전화한다. "말할 사람이 필요할 때 그냥 전화하면 돼요." 나는 그녀에게 말했다. "때로는 잘 모르는 사람한테 마음에 있는 걸 쏟아 놓는 게 더 쉬워요. 그 사람들도 그런 상황을 겪었기 때문에 이심전심일 거예요. 그러니 그냥 전화기를 들고 내게 전화하면 돼요."

우리는 거의 한 시간 동안 그레이브센드의 그 작은 집에 머물렀다. 그곳을 떠날 무렵 나는 웬젠 류의 아버지가 거의 내 곁을 떠나지 않고 있다는 걸 눈치챘다. 가끔 그는 내 쪽으로 몸을 기울여 내 팔에 어깨를 댔다. "감사합니다." 그는 계속 그렇게 말했다. "감사합니다. 감사합니다." 나는 몸을 떼지 않았다. 대신 그가 내가 곁에 있다는 걸 느낄 수 있도록 몸을 기울였다.

선발대가 우리와 함께 떠나려고 도착했다. 웨이 탕 류는 면 터틀넥과 바지를 입고 양말 위에 앞이 뚫린 샌들을 신은 채 그 추위에 바깥에서 나를 배웅하겠다고 고집했다. 그는 추위를 느끼지 못하는 것 같았다. 그리고 내가 알아야 할 무언가를 간절히 전달하기라도 하려는 듯이 내 옆에 바싹 붙어 있었다. 웨이 탕 류는 외아들을 잃은 그 날이 삶에서 가장 슬픈 날이라고 했다. 그는 조문객들에게 웬젠 류가 예의 바르고 유순하며 배려심 많은 효자 중의 효자라고 했다. 그는 사람들에게 아들이 자기가 아플 때마다 항상 병원에 데리고 가겠다고 했다거나, 아들이 자기를 차에 태워 집에 데려다주기 전에 의류공장에 들러 자기가 맡은 일을 도와주었다거나, 아들이 교대할 때마다 자기에게 전화를 해서 자기는 무사하다며 집으로 가는 중이라고 말해 주었다고 했다.

"아버지, 이제 걱정 안 하셔도 돼요."

류 경관은 아버지에게 그렇게 말하곤 했다. 하지만 그때는 그에 대해서 아무것도 알 수가 없었다. 그는 내게 영어로 말하지 않았고, 나는 중국어를 몰랐기 때문에 그가 하는 말을 알아들을 수 없었다. 웨이 탕 류가 마지막으로 경호를 위해 집 앞에 줄지어 서 있던 경찰들 앞에서 나를 포옹했을 때, 그는 나를 못 보내겠다는 듯이 오랫동안 꼭 잡고 놓지 않았다. 우리는 그냥 두 사람의 아버지로서 그가 오랫동안 외아들과 함께 살았던 집 앞의 작은 인도 위에서 포옹을 한 채 오랫동안 서 있었다. 그는 내가 알아주기를 바랐던 것, 혹은 내가 알고 있다고 생각했던 것이 무엇인지 모두 알고 있었다.

Joe Biden

Promise me, Dad

⊗
⊗
⊗

제4장

Trust

신뢰

⬡
⬡
⬡

2015년 새해 첫 월요일 밤 12시 30분, 예정대로 전화가 걸려왔다.

"여보세요? 부통령님, 대통령께서 기다리고 계십니다."

나는 그날 논의하고 싶은 문제에 대한 메모가 적힌 작은 카드를 손에 쥐고 대통령과 매주 갖는 비공개 점심 식사를 위해 내 집무실에서 45초 걸리는 대통령 집무실로 향했다. 때때로 가는 길에 나는 버락 오바마와 내가 처음으로 함께 식사하기 위해 이야기를 나누었던 때를 생각하곤 했다. 그것은 정확히 10년 전으로 당시 45세였던 오바마 대통령이 초선 상원의원으로서 그저 워싱턴에서 자신의 입지를 굳히기 위해 애쓰던 때였다. 그는 그때 상원 외교위원회에서 일하고 싶어 했다. 나는 위원회의 민주당 최고위원이자 남은 자리를 누가 차지하게 될지 결정할 수 있을 만큼 원로였다. 그래서 그는 나를 만나고 싶다고 했다.

오바마 상원의원은 외교위원회의 자산이 될 게 분명했다. 그는 깊고 넓은 지식과 열심히 일하려는 의지가 보였고, 전 세계에서 미국이 할 수 있는 역할의 가능성과 한계 양쪽 측면에 대해 나와 유사한 감각을 지닌 것 같았다. 그것은 둘째치고라도, 그 전 해 여름에 존 케리의 민주당 전당대회에서 그가 한 연설은 정말로 인상적이었다. 모든 사람이 그 연설을 들었다.

'미국의 진정한 재능, 소박한 꿈에 대한 믿음, 작은 기적에 대한 갈구'에 대해 그가 말할 때, 그는 내가 부르는 찬송가 책과 똑같은 책을 들고 노래를 부르는 사람처럼 보였다.

"사람들은 정부가 자신의 문제를 해결해 주리라고 기대하지 않습니다. 하지만 그들이 뼛속 깊이 느끼고 있는 것은 우리가 우선순위를 그저 조금만 바꾸면 미국의 모든 아이가 살면서 하고 싶은 일을 마음껏 시도해 볼 수 있고, 기회의 문이 모두에게 열릴 것이라는 걸 알고 있습니다."

10년 전 그 추운 겨울날, 버락이 내게 존경을 표하기 위해 내 사무실에 왔을 때 나는 그를 위원회에 들면 정말 좋겠다고 말하면서 그렇게 되게 하겠다고 했다. 우리는 이야기할 시간이 그리 많지 않았다. 그래서 나는 다시 만나서 서로에 대해 조금 더 알아보자고 제안했다. 나는 그의 가족이 계속 시카고에 남아 있어서 그도 나처럼 집과 사무실을 오가고 있는 것을 알고 있었다. 그래서 그가 나와 언제 저녁 식사를 함께하고 싶다면 기꺼이 그러겠다고 말했다. 나는 상원의원 업무가 끝난 후에 사무실에 남아 있다가 국회의사당을 약간 벗어난 곳에 있는 이탈리아 음식점으로 함께 가면 될 것 같았다.

"비싼 덴 못 갑니다." 내가 말했다.

"오, 좋은 데 가도 됩니다." 그는 책의 인세 때문에 형편이 좀 나아졌다고 설명하면서 이렇게 말했다. "그 정도는 갈 수 있습니다."

"그 정도는 갈 수 있습니다."라는 어쩌면 거들먹거리는 것처럼 들릴 수도 있는 말이 낯설게 내 귓가에 울렸다. 내가 나중에 그를 잘 알고 보니 버락은 자기가 그 정도는 쓸 수 있다고 말하는 그런 스타일의 사람이 아니었다. 그래서 그때 내가 그를 재력이 별로 없는 사람이라고 오해한 게 기분이 상해서 그랬을 수도 있었겠다고 생각했다. 버락은 내가 재력이 별로 없는 사람이라고는 생각하지 못했던 모양이다. 우리는 '그 정도'의 저녁 식사는 하지 않았지만, 그 이후 여러 해 동안 점심 식사를 꽤 자주 함께했다.

버락 오바마는 후보 지명을 위한 정족수를 충분히 확보한 지 얼마 안 된 2008년 6월, 러닝메이트가 되어 달라고 내게 먼저 전화를 걸어왔다. 그가 나를 심사해도 될지 허락을 구하는데, 나는 거절했다. "그래도 할 수 있는 모든 방법을 동원해 당신을 도와주겠소. 하지만 나는 부통령이 되고 싶지는 않소."

솔직히 제안을 받아서 영광이었지만, 35년간 내가 존경하는 기관에서 미국 상원의원이라는 내가 사랑하는 일을 했다. 나는 뛰어난 입법자로서 존경을 받았고, 선임자로서의 특권도 지니고 있었다. 나는 독립적으로 일했고, 내 일을 즐겼다. 또한, 부통령으로서 할 수 있는 것보다 외교관계 위원회 의장으로서 더 크게 기여할 수 있다고 믿었다.

그는 그냥 해 보는 제안이 아니라고 말하며, 내가 이미 그의 가장 우선적인 후보라는 인상을 주었다. "농담하는 게 아닙니다. 그렇지만 지금 답을 듣고 싶습니다." 그가 내게 말했다.

"그렇다면 나는 거절한다고 하겠소."

"부탁드리겠습니다, 조. 댁에 가서서 가족들과 먼저 상의해 보세요."

나는 그러겠다고 했다. 그러고 나서 전화를 끊고 질에게 전화를 걸어 가족회의를 소집해 달라고 했다. 그날 저녁 우리 다섯은 모여서 이야기를 나눴다.

가족의 반응은 놀라웠다. 그들은 모두 찬성했다. 보와 헌터는 내가 펜실베이니아와 오하이오, 플로리다 같은 주요 주에서 오바마가 승리하는 데 도움을 줄 수 있으며, 외교 정책 분야에서 내가 쌓은 경험이 표를 얻는 데 도움이 될 거라고 주장했다.

질은 사실 버락의 전화에 마음을 바꿨다. 믿을 수 있는 민주당원들 모두 그녀에게 오바마가 나를 국무장관으로 임명할 것이며, 그러면 나는 앞으로 4년 동안 비행기와 외국 도시에서 많은 시간을 보내게 될 거라고 말하고 있어서, 그녀는 걱정하고 있었다. 하지만 부통령이 되면 우리 가족 모두에게 새로운 도전이 될 거라고 말했다. 또한, 워싱턴에 부통령의 관저를 거주지로 삼을 수 있는 것도 그녀의 마음을 끌었다. 그것은 우리가 몇 분 거리에 헌터와 손녀딸 셋, 또 몇 분 거리에 보와 손주 둘이 사는 곳에 살게 된다는 것을 의미했다. 그것은 지난 35년 동안 상원이 열리는 날마다 4시간 동안 집과 의회를 왔다 갔다 해 온 내게 손주들을 더 자주 볼 수 있는 기회였다.

다른 거절하기 힘든 주장은 이러했다. 내가 참여하는 것이 그저 부차적일지 몰라도 나는 처음으로 아프리카계 미국인이 미국 대통령으로 선출되는 것을 돕는 데 일익을 담당할 수 있다. 그리고 그 남자는 내가 훌륭한 대통령이 될 거라고 믿는 사람이었다. 내가 시민의 권리와 인종 간 평등을 위해 일생 싸우는 것을 지켜본 아흔 살의 노모는 다음날 더 많은 사람이 모인 가족회의에서 이렇게 말씀하셨다.

"그러니까 단도직입적으로 말하마. 아들아, 미국 최초로 대통령이 될 기회를 가진 아프리카계 미국인이 선거에서 이기는 데 너의 도움이 필요하다고 말한 게야. 그런데 넌 싫다고 했구나."

가족들의 지지에도 불구하고 여전히 결정을 내리기 어려웠다. 나는 오랫동안 워싱턴에서 일하면서 여덟 명의 부통령을 지켜봤다. 그 자체로는 매우 강력하며 길고 유서 깊은 이력이 있는 직위였다. 하지만 벤저민 프랭클린Benjamin Franklin은 부통령을 '불필요한 고급 인력'이라고 불렀다. 또 드와이트 아이젠하워Dwight Eisenhower 대통령은 리처드 닉슨Richard Nixon 부통령이 8년간 유일하게 한 일은 농담의 희생양이 된 것 뿐이었다고 말했다. 닉슨이 존 F. 케네디를 대상으로 힘겨운 싸움을 하는 동안 기자들이 아이젠하워에게 중요한 결정을 하는 데 부통령이 어떤 도움을 주었는지 말해달라고 했더니, 아이젠하워는 이렇게 말했다.

"일주일만 주시면 하나 생각해 보리다."

캘빈 쿨리지Calvin Coolidge가 부통령에 취임하자 그의 선임자 토머스 라일리 마셜Thomas Riley Marshall은 이런 내용의 짧은 편지를 보냈다. "나의 진심 어린 동정을 부디 받아주십시오." 마셜은 부통령직을 설명하는 데 겸손의 미덕과 번뜩이는 유머를 들여온 인물이었다. "부통령은 움직일 수 없는 옷을 입은 사람이다." 그는 또 이런 말을 했다. "부통령은 말을 할 수도 없고, 움직일 수도 없고, 고통도 받지 않는다. 그는 모든 상황이 어떻게 진행되는지 완벽하게 알지만, 거기서 어떤 역할도 하지 않는다."

마셜이 부통령직을 다음과 같이 설명하기 시작했을 때는 그가 이 직책을 맡은 지 얼마 안 되었을 때였다. 한 여자에게 아들이 둘 있었다. 한 아들은 바다로 달려 나갔고, 다른 아들은 부통령이 되었다. 둘 다 다시는 소식을 듣지 못했다. 토마스 라일리 마셜은 부통령으로서 8년을 보내며, 이 나라가 제1차 세계대전을 치르는 걸 도왔다. 겨우 2년간 부통령에 재임했던 넬슨 록펠러 Nelson Rockefeller 는 곧 부통령의 자리를 지긋지긋해했다. 그는 이렇게 불만을 표시했다. "나는 장례식장에 다닌다.", "나는 지진 현장으로 출근한다."

그중에서도 가장 심한 독설을 뱉은 사람은 대니얼 웹스터 Daniel Webster 로 1840년 소속 정당에서 윌리엄 헨리 해리슨 William Henry Harrison 의 러닝메이트가 되기를 주저한 인물이다. 그는 부통령직에 대한 요청에 이렇게 말했다.

"내가 진짜로 죽어서 관에 들어갈 때까지는 땅에 묻어 달라고 말하지 않겠다."

그런데 웹스터는 그 직책의 긍정적인 면에 대해서 판단을 잘 못했다. 해리슨은 임기 중에 죽은 첫 번째 현직 대통령이었다. 그것도 취임 후 겨우 1달 만에. 웹스터는 온전히 4년 동안 대통령이 될 기회를 놓친 것이다. 8년 후 웹스터는 다시 부통령 후보가 되기를 고사하고, 겨우 16개월 만에 재커리 테일러 Zachary Taylor 가 임기 중에 사망한 두 번째 대통령이 되는 걸 지켜보아야 했다.

나는 며칠 동안 실제로 누군가의 부통령이 되어 그를 보좌한다는 생각과 씨름했다. 가장 걱정되는 것은 다른 사람을 위해 일을 하게 될 거라는 사실이었다. 거의 40년 동안 한 번도 그렇게 일한 적이 없었다. 나의 이전 수석 보좌관이자 오랜 친구인 테드 코프먼Ted Kaufman은 내가 결정을 고민하는 동안 내게 이렇게 말했다. "저는 대통령의 수석 보좌관이 부통령의 집무실로 와서 의원님께 임명장을 주는 첫날, 거기에 있고 싶지 않습니다." 나는 그게 무슨 말인지 이해했다.

한번은 질에게 이렇게 말한 적이 있다. "난 상관을 모신 적이 없소. 그걸 어떻게 해야 할지 모르겠소." 실제로는 그녀에게 한 번이 아니라 여러 번 그렇게 이야기했을 게 분명하다. "내가 동의하지 않는 정부의 정책을 지지해야 할 때는 어떻게 하지?", "넘버 투가 되는 것은 어떤 걸까?", "나는 상관을 모셔본 적이 없어요. 어떻게 그 역할을 해내야 하나?" 질이 내게 대답해 줄 때까지 계속했다. 그녀는 이렇게 말했다. "이봐요, 조. 그냥 배우면 돼요."

나는 심사를 받는 데 동의했다. 하지만 큰 열의가 있어서 그런 것은 아니었다. 심사단은 내게 중대한 문제가 없다는 것을 확인하기 위해 내 재정 상태를 샅샅이 살폈다. 그들은 내 은행 계좌와 자산, 모기지, 청구서, 빚 등을 모두 조사했다. 그들은 10년간 나의 세금 환급금, 혹시 있을지도 모르는 부수입과 주식까지 보고 싶어 했다. 더 이상 볼 게 없었다. 나는 다른 사업에 관심도 없었고, 가지고 있는 주식이나 채권도 없었다. 우리에게는 집과 연금 자산밖에 없었다. 질에게는 교직 연금과 장모님이 물려주신 양도성 예금 증서가 있었다. "이게 전부인가?" 버락이 나를 심사한 팀에 물었다. 다음에 내가 그를 만났을 때 조사는 결론이 났고, 그는 나를 보며 농담을 건넸다. "세상에서 가장 쉬운 심사 중 하나였습니다. 의원님은 정말 가진 게 없으시네요."

심사단과 함께한 많은 과정 중 마지막은 상원 원내를 벗어나 내 사무실에서 진행되었다. 여덟, 아홉 명의 변호사들이 준비해 온 몇 가지 남은 질문서에 따라 최종 세부 사항을 검토하고 있었다. 회의가 막 시작되면서 수석 변호사가 내게 말했다.

"음, 마지막 질문이 있습니다, 의장님. 이거면 모두 끝납니다. 왜 부통령이 되려고 하십니까?"

"나는 되고 싶지 않아요." 나는 대답했다.

"농담이 아닙니다, 의장님. 왜 부통령이 되려고 하십니까?"

"나는 부통령이 되고 싶지 않다니까요." 나는 같은 말을 했다.

"단지, 그가 내가 해 주기를 바라고 있고, 그것이 도움이 된다고 생각한다면 할 겁니다."

나는 부통령직을 해야 할 옳은 일이라는 것을 명확히 한 순간이 언제였는지 정확히 기억하고 있다. 버락이 선거 운동 중에 나를 만나러 미니애폴리스Minneapolis로 비밀리에 날아왔다. 청바지에 야구 모자를 쓰고 선글라스를 낀 채 나는 그의 호텔 객실로 몰래 들어갔다. 거기서 우리는 초창기 우리 관계에 있어 가장 중요한 대화를 나눴다. 나는 이미 대통령 예비 선거 토론과 외교 관계 위원회에서 일하면서 우리가 여러 가지 문제에 있어 의견이 크게 다르지 않다는 것을 이미 알고 있었다. 차이가 있었다면, 그것은 전술적인 부분이었다. 하지만 미니애폴리스에서 나는 그에게 그가 정말로 말한 대로 할 작정인지 물어보았다. 그리고 내가 그가 통치하는 걸 도와주기를 바라는지 물었다. 특히, 외교 정책 분야에서 그런지 물어보았다. 그는 그렇다고 대답했다. 그리고 나는 그가 대통령 임기 중에 중요한 문제가 될 중산층 회복에 대해 말한 것을 실천할 작정인지 물었다. "그럼요, 정말로 할 겁니다." 그가 대답했다. 나는 그를 믿었다. 그가 정직하고 자신의 약속을 지키는 대단히 훌륭한 사람이라고 확신했다. 그리고 또한 그가 정말로 좋은 대통령이 될 수 있다고 확신했다.

버락은 그 비밀 회동에서 내게 주도하고 싶은 특정 분야가 있는지 물었다. 나는 특정한 분야만을 원하지 않는다고 대답했다. 35년간 상원에 몸담으면서 거의 모든 분야에 참여했던 나는 그보다 훨씬 더 많은 것을 할 수 있다고 생각했다. 나는 모든 분야에 영향을 주고 싶었다. 내가 해 주었으면 하는 일이라면 무엇이든 할 거라고 말하고, 그의 정책을 열렬히 지지하고 옹호하겠다고 약속했다. 하지만 몇몇 임무에는 칼같이 한계를 긋는 것 이상을 원했다. 나는 그에게 이렇게 말했다.

"나는 모든 중요한 결정에 있어서 이 방에 마지막으로 남는 사람이 되고 싶습니다. 대통령은 당신이지 내가 아니란 건 압니다. 하지만 당신이 구하고 있는 게 내 경험이라면, 내가 이 방에서 무언가를 주장할 수 있는 마지막 사람이 되고 싶습니다."

그 이후로 남은 유일한 질문은 내가 버락이 불러 모은 매우 인상적인 팀과 어떻게 어울리느냐는 것이었다. 그리고 그 점은 확실히 그에게 매우 중요했다. 그래서 그는 내게 그의 선거 운동 관리자와 수석 전략가를 만나 선거 운동에서 내가 어떤 역할을 할지에 대해 이야기를 나누어보라고 했다. 그들은 뉴캐슬 공항New Castle Airport으로 비밀리에 전용기를 타고 날아왔다. 그리고 언론이 눈치채지 못 하도록 보와 질이 그들을 내 여동생 집으로 데리고 왔다. 그것은 중요한 회의였다. 헤어질 때 우리는 모두 일이 잘될 거라는 확신이 섰다고 생각한다. 버락이 마지막 결정을 내리고 전화를 했을 때, 나는 대기실에 앉아 질이 치과 진료실에서 나오기를 기다리고 있었다. 그는 내게 러닝메이트가 되어 달라고 부탁했다. 그리고 나는 주저 없이 수락했다. 그러겠다고 말하는 데 기분이 좋았다.

"그렇게 되기를 정말로 고대하고 있습니다." 그가 말했다.

그의 요청을 수락한 지 30분 후, 질과 내가 현관을 들어섰는데 애슐리가 부엌에 앉아있었다. 그녀는 우리 얼굴에서 무언가를 눈치챈 게 틀림없었다. "아빠?" 딸이 말했다. "그분이 전화하셨죠. 그렇죠?"

"그래, 그렇단다."

"그러면 아빠는 좋다고 하셨어요?"

"그렇게 말했단다. 얘야." 나는 대답했다. "그래, 수락했어."

애슐리는 와락 다가와 팔을 내밀어 나를 감싸 안았다. "아빠, 아빠는 우리가 항상 셰이머스 히니^{Seamus Heaney}의 시를 읊고 다니는 거 아시죠?" 딸이 말했다. 우리 가족은 모두 〈트로이의 치유^{The Cure at Troy}〉를 암송할 수 있다. 나는 여러 해 동안 그들 앞에서 그 시를 아주 많이 들려주었다.

역사는 말한다. 희망을 갖지 말라.
무덤의 이편에서.
그러나 일생에 한 번은

정의의 큰 물결이 밀려오리라.

기대하던 사람은 일어나리라.

그리고 희망과 역사가 노래하리라.

"아빠, 이게 희망과 역사예요."

"오, 멋지구나, 그는 희망이야. 그리고 난 역사지." 나는 이렇게 농담을 했다. 하지만 딸이 뭘 말하려는지 알고 있었다. 그리고 그 아이가 그렇게 행복해하는 걸 보니 나도 행복했다. 우리는 가족 모두에게 전화를 걸어 이 사실을 알렸다. 그리고 우리가 한 결정이 옳았다는 걸 단 한 순간도 의심하지 않았다.

내가 부통령으로 물망에 오른 상태에서 월터 먼데일^{Walter Mondale}에게 연락하자 그는 지미 카터^{Jimmy Carter} 대통령과 매주 점심 식사를 함께했던 게 업무에 대한 소통의 토대가 되었다고 말해 주었다. 그래서 버락과 나는 그의 충고에 따라 서로 허심탄회하게 모든 생각을 털어놓을 수 있는 비공개적인 만남을 정기적으로 갖기로 했다. 우리는 백악관에 입성한 첫 달부터 매주 점심을 함께 먹기 시작했다. 심지어 그로부터 6년이 지났을 때도 나는 계속 식사 시간을 기다리고 있었다. 우리가 함께 보내는 시간이 많지 않기 때문이 아니었다. 처음부터 그는 나를 중요한 회의에 모두 참석시켰다. 그때쯤 우리가 상황실^{Situation Room}에서 보낸 시간이 틀림없이 1천 시간은 됐을 것이다. 우리는 매일 대통령 집무실에서 일일 정보 브리핑을 받으면서 하루를 시작했다. 나는 그가 참석하는 국가 안보팀의 주간 장관급 회의와 해외 정책 및 경제 고문들과의 회의, 방문 중인 국가 원수들과의 양자 회담, 입법부

지도자들과의 회의에 참석했다.

나는 오래지 않아 그것이 단지 형식적인 것이 아니라는 것을 알게 되었다. 대통령은 발생하는 모든 일을 내가 어떻게 해석하는지 알고 싶어 했다. 그리고 내가 곁에 있기를 바랐다. 대통령과 접촉하는 사람들은 거의 무언가에 목말라 있다. 때로는 인정받는 것에 불과하거나 단지 마음이 편해지고 싶은 경우도 있지만, 대부분은 모두 대통령이 자기 말을 들어주기를 바란다. 버락도 그것을 피해 갈 수는 없었다. 그것은 사람을 지치게 할 수 있었다.

"사람들은 왜 그렇게 관심이 많이 필요한 걸까요?"

어느 날 한 입법부 대표가 집무실을 나간 후, 그는 내게 그렇게 불평했다. "끊임없이 사람들의 힘을 북돋워 줘야 하네요." 나는 아무런 말을 하지 않았지만, 그는 대답을 알고 있었다. 하지만 그렇게 하느라 소모되는 막대한 시간과 에너지에 그는 녹초가 되었다. 그리고 그는 거기서 내가 일부 그 짐을 덜어 주고 있다는 걸 행복해했다.

한 번은 오랫동안 개인적으로 대통령을 도와주던 사람이 우리의 마지막 임기가 끝나갈 무렵 하도 궁금해서 계산을 해봤다고 말했다. 그녀에게 대통령과 나는 워싱턴에 있는 기간 중 하루에 약 4시간 30분을 함께 보낸다고 했다. 그 시절에 우리 둘 중 누구도 아내와 그렇게 오랫동안 산책할 수 있는 사람은 없었다. 하지만 그때 우리가 함께하던 기간 동안 대통령과 나는 거의 혼자 있던 적이 없었다. 회의와 회의 사이에 쏜살같이 지나가는 순간을 제외하고는 말이다. 우리의 점심 식사 시간은 말이 새 나갈 염려 없이 솔직하게 이야기를 나눌 수 있는 하나의 장이었다. 우리는 당시 정부와 미국, 전 세계가 직면한 가장 중요한 문제에 대해 논의할 수 있었다. 그리고 개인적인 문제도 이야기를 나눌 수 있었다. 그런 일이 많지는 않았지만, 우리 중 하나가 한 일로 상대편에게 화가 나거나 실망한 경우에는 주간 점심 식사에서 그에 대해 이야기하며 서로를 이해시켰다. 내가 티비 프로그램인 〈미트 더 프레스Meet the Press(미국 NBC의 일요일 인터뷰 프로그램)〉에서 동성 결혼에 대해 '정말로 아무 문제도 느끼지 않으며' 동성 커플에게도 이성 커플에게 주어지는 것과 동일한 시민의 권리와 시민의 자유를 부여해야 한다고 말함으로써 대통령을 앞서가 버리는 바람에 백악관과 2012년 선거 운동 참모들을 발칵 뒤집어 놓았던 '바이든의 실수Biden gaffe'도 사실 우리 사이에서는 아무런 문제가 되지 않았다.

다음 날 대통령 집무실에 갔더니 대통령은 그냥 크게 씩 웃으며 책상 주위를 걸었다. "아, 조, 당신이 제게 우스꽝스러운 일을 하거나 원래 모습을 바꾸지 않을 거라고 말했잖아요." 그는 그렇게 말하며 내가 모든 사람이 야단법석을 떨게 했다고 농담을 했다. 그리고 선거 운동에서 할 일이 좀 생겼다고 말했다. 그렇지만 그는 내가 깊은 관심이 있는 문제에 대해 속마음을 밝힌 것에 대해서 나를 책망하지 않았다.

우리가 점심을 먹으며 나눈 대화는 개인적인 것도 상당히 많았다. 우리는 서로 자기 아내에 대해 이야기했고, 그의 딸들과 내 손주들 사이의 우정과 그 아이들의 삶에서 무슨 일이 벌어지고 있는지에 관해서 이야기했다. 때로는 골프에 관해서도 이야기했다. "무엇 때문에 제가 놀라는지 아십니까?" 대통령이 우리가 점심을 함께한 지 얼마 안 되었을 때 내게 물었다. "우리가 이런 좋은 친구가 된 게 당신을 놀라게 했군요!" 나는 농담으로 받아쳤다.

내가 부통령직을 수락하고 6년 반이 지난 2015년 1월 5일, 주간 점심 식사를 위해 대통령 집무실로 들어왔을 때 오바마 대통령은 여느 때처럼 책상에 앉아 있었다.

"어서 오세요. 시장하신가요?" 그가 물었다. 그리고 나를 주 집무실에서 멀리 떨어진 서재를 지나 그의 개인 식사 공간으로 안내했다. 내부는 의례적으로 꾸며져 있었다. 대통령은 그 방에 개인 소유 물건 몇 가지만 두었다. 무하마드 알리^{Muhammad Ali}가 서명한 유리 케이스 안에 있는 딸들 사진 몇 장과 빨간색 권투장갑 한 켤레가 전부였다. 우리는 코트를 벗고 1.8m 정도 되는 마호가니 식탁 양쪽 끝으로 걸어갔다. 그는 내게 뉴욕에서 열린 경찰관의 추도식에 참석해 주어서 고맙다고 했다.

"오늘은 무얼 갖고 오셨나요?" 내가 앉자 대통령이 물었다.

오바마 대통령은 하와이에서 크리스마스 휴가를 보내고 막 돌아온 상태였다. 원래 평온한 성품인 그가 한층 더 차분해진 것 같았다. 그는 자신의 정치 경력에서 마지막 중간 선거를 치렀다. 상황이 우리 민주당에 유리하게 흐르지는 않았지만, 대통령은 이제 또다시 유권자들을 앞에서 그들의 판단을 받지 않아도 되었다. 그는 그들이 인정하게 할 작정이었다. 우리에게는 해야 할 중요한 일들이 있었다. 그는 그날 점심을 먹으며 나눌 이야기의 우선순위 목록을 가지고 왔다. 대통령은 보가 암 투병 중이라는 걸 알릴 수 있는 몇 안 되는 사람 중 하나다. 나는 그에게 말해야 한다고 생각했다. 치료 과정을 지켜보고 진찰 결과를 들으려면 남모르게 휴스턴이나 필라델피아로 날아가야 할 때가 있었기 때문이었다. 보는 그 모든 것을 공개하고 싶지 않다고 했다. 아들은 자기 일이 신문에 실리는 걸 원치 않았다. 버락은 그것을 충분히 이해했다. 나는 이 사실을 비밀에 부치려면 대통령에게 의지해야 한다고 생각했다. 그리고 대통령 또한 여전히 내가 필요하다고 생각했다. 내가 맡은 중요한 계획들 모두 다른 사람에게 쉽게 넘길 수 있는 게 아니었기 때문이었다. 나를 믿어도 되며, 그 일 때문에 어떤 것도 소홀히 하는 일은 없을 거라고 그를 안심시켜 주고 싶었다.

내가 워싱턴에 있는 동안 대통령의 영향력은 엄청나게 커졌다. 그리고 대통령이 성취할 수 있고, 또 성취해야만 하는 것에 대한 대중의 기대도 그와 함께 커졌다. 사람들이 매주 겪고 있는 문제들의 중압감은 엄청나게 크다. 중요하지 않고 절박하지 않은 것은 그 어떤 것도 대통령의 책상에 오르지 못한다. 그가 업무를 시작하는 첫날부터 엄청나게 많은 문제가 이 젊은 대통령의 책상 위로 올라왔다. 버락 오바마는 네 세대 만에 닥친 가장 심각한 글로벌 금융 위기가 한창일 때 취임 선서를 했다. 상황이 너무나 긴박한 나머지 대통령 집무실의 경제 팀 전체가 매일 한 시간씩 회의를 하면서 위기 상황을 타개하기 위한 계획을 세웠다.

"우리가 무엇을 하든, 최소 6개월간은 매달 수십만 명이 일자리를 잃게 될 겁니다." 우리가 취임하자마자 대통령의 경제 수석이 그렇게 보고했다. 주요 은행들이 도산하고 경제는 벼랑 끝에 서 있었다. 미국인들은 자기 집을 빼앗기고 의료보험 자격과 노후 자금을 잃어가고 있었다. 그들은 희망을 잃어가고 있었다. 세입이 줄어들어 연방정부와 주 정부, 지역 정부가 쪼들리고 있었다. 거의 파산 상태에 이른 도시들은 상당히 많은 수의 교사와 경찰을 해고할 수밖에 없었다. 그 바람에 교육과 공공의 안전이라는 미국의 두 기둥이 흔들렸다. 오바마 대통령은 또한 이라크와 아프가니스탄에서 치러야 하는 치열한 전쟁도 물려받았다. 그리고 그 어느 쪽도 명확한 전략이 없던 전쟁들이었다. 우리는 어려운 시기에 매달 거의 150억 달러의 비용을 거기에 쏟아부어야 했다.

재능 있고 능력 있는 오바마조차도 그것을 전부 해결할 재간은 없었다. 다른 요즘 대통령들처럼 그도 내각과 국가 안보 전문가들, 수석 보좌관 그리고 부통령에게 행정부 업무를 크게 위임해야만 했다. 그러려면 신뢰가 필요했다. 하지만 오바마 대통령이 다른 사람들을 쉽게 신뢰하지 않는다는 것은 그를 아는 모든 사람이 아는 분명한 사실이었다. 한 보좌관은 그가 짐을 아주 적게 가지고 여행한다고 말했다. 정치계에서는 이례적인 오바마의 급부상(2003년 시카고 남부의 그다지 알려지지 않은 주의회 의원이었던 그는 5년 후에 미국 대통령이 되었다.)은 일부분 그가 가볍게 여행한다는 사실에서 시작되었다. 버락 오바마는 미셸과 그의 딸들(선거운동 기부자들이나 노동계 지도자, 시민 인권 단체, 심지어 친구들이 아니라)에게만 속한 것처럼 보였다. 유권자들은 그가 중대한 결정을 내려야 할 때 그의 판단을 가리는 정치적 부채나 인종적 정체성, 사적인 결탁, 감정을 허용하지 않을 거라는 사실을 직감적으로 알았다. 그들은 정말로 그가 곧이곧대로 할 거라고 믿었다.

오바마 대통령은 거의 완벽하게 자급자족이 주는 혜택을 아주 크게 보고 있었다. 내가 아는 대부분 사람과는 달리 그는 다른 사람들이 자기를 보는 시각과는 완전히 별개로 자신을 바라봤다. 그는 자신에게 쏟아지는 경멸과 불공평한 비판에 거의 동요되지 않았다. 한번은 내가 사람들이 대통령인 그를 다른 데도 아닌 집무실에서 무례하게 대하는 게 너무 거슬려서 그들을 나무라려고 했다. 버락은 가끔 자기 대신 내가 화났다는 게 느껴지면 나를 만류하려 했다.

"이봐요, 조, 한두 번 겪는 일도 아니잖아요." 그는 그렇게 말하곤 했다. 나는 그가 그런 식으로 처신했을 때 자기를 더 잘 보호할 수 있다는 걸 알고 있었다. 그래서 대체로 그냥 넘어갔지만 참을 수 없을 때도 있었다. "대통령에 대해 그런 식으로 말하지 마시오." 나는 민주당 상원의원 동료였던 한 사람에게 호통을 쳤다. 그녀는 대통령의 의견에 동의하지만, 그를 좋아하지는 않는다고 말했다. "내 친구에 대해 그런 식으로 말하지 마시오. 안 그러면 우리 사이에는 문제가 생길 거요."

가끔 대통령에게 실망한 적이 없다는 것은 아니다. 8년 동안 가까이서 그를 지켜본 결과, 그는 내게 자신의 전략적 판단을 의심할 여지를 주지 않았다. 정책 문제에 있어서도 우리 사이에는 명백한 견해차가 거의 없었다. 하지만 때때로 그가 지나칠 정도로 신중하다고 생각했다. "그냥 당신의 직감을 믿으세요. 각하." 나는 그렇게 말하곤 했다. "제가 여러 해 동안 지켜본 바에 의하면 빨리 결정을 내려야 하는 주요 사안의 경우 대통령이 필요한 정보의 70% 이상 갖고 있는 경우는 드뭅니다. 그러니까 당신이 전문가나 통계치, 데이터, 정보를 확인하고 난 다음에는 기꺼이 당신의 직감에 의존해야 합니다."

서로에게 기분이 상한 적도 있었지만, 그가 내게 불쾌한 일이 있다면 나는 그것을 개인적으로 들으면 들었지, 저녁 뉴스를 통해 들은 적은 없다. 하루가 끝날 때면 그가 나를 솔직하게 대해 주는 점에 감사했다. 내가 정말로 그에게 화가 났던 몇 안 되는 경우에는 불쾌하다고 솔직하고 직접적으로 표현했다. 나는 예사로 그렇게 했다. 그것은 친구들이 서로를 대하는 방식이었다. 친구들은 평등하다. 그러한 일들로 인해 실제로 우리의 우정이 더 깊어졌다고 생각한다.

그는 대통령으로서 할 수 있는 한 최대한 평등하게 나를 대했다. 그는 내게 명령을 내리지 않았다. "나는 조의 일정을 정하지 않아요. 그리고 조도 내 일정을 정하지 않습니다." 그는 보좌관들에게 그렇게 말하곤 했다. 가장 중요한 것은 내가 부통령이 되어 달라는 그의 제안을 수락하면서 요구한 한 가지 사항을 그가 존중했다는 것이다. 들은 바에 의하면, 오바마는 선거 운동팀에 자기가 나한테 "조언 좀 해 주세요, 조. 60분이 아니라 10분 이내에 해 주셨으면 합니다."라고 농담하듯 말했다고 한다. 하지만 그는 끝까지 항상 그 약속을 지켰다. 그는 큰 결정을 내리는 자리에 나를 불러 마지막까지 조언을 들었다.

나는 내가 할 수 있는 모든 조언과 지혜를 그에게 제공했다. 하지만 나는 그저 용기를 주려고도 애썼다. 대통령이라는 직책을 맡은 사람들은 누구나 그 자리가 가진 온갖 걱정거리에 무겁게 짓눌린다. 그리고 버락도 우울할 때가 있었다. 그는 더 조용하고, 더 생각을 많이 하고, 더 내향적이 되곤 했다. 그의 눈은 먼 곳을 바라보곤 했다. 그가 주춤하는 것처럼 보이면, 나는 항상 회의가 끝난 후에 집무실에 남겠다고 말했다. 나는 다른 사람들이 모두 나간 다음 문을 닫았다. 그리고 둘만 남으면 이렇게 말했다.

"기억하세요, 각하. 국가는 그 나라의 대통령보다 더 희망적일 수 없습니다. 제가 '희망'이 되게 하지 마세요. 당신이 나가서 '희망'이 되셔야 합니다."

우리는 너무 많은 시간을 함께 보내서 말이 필요 없는 신호와 직무가 주는 압박을 덜기 위한 우리끼리만 아는 유머를 개발했다. 때때로 그는 큰소리로 혼잣말을 하곤 했다. 예를 들면, 이런 말이다. "왜 X 상원의원은 이걸 하려고 할까요? 그리고 Y 하원의원은 그것을 하려고 할까요? 그건 너무 쓸데없거나, 너무 불필요하거나, 너무 무례합니다. 왜 그럴까요?"

나는 내 삼촌 에드 피네건 ^{Ed Finnegan} 에 대해 들려주었다. 삼촌에게는 이런 종류의 일에 대해 늘 만족스러운 해답이 있었다. "너도 알잖니, 조이. 멍청한 놈들도 가지가지란 걸." 그리고 삼촌의 말은 우리 사이에서 척하면 척하고 알아듣는 비밀 농담이 되었다. 한 외국의 국가 원수가 방문차 백악관에 와서 으스대며 대통령 집무실에 들어와서 처음 뱉은 말이 이러했다. "사람들은 내가 세다고 합니다. 버럭, 그리고 당신은 약하다네요. 저는 그들에게 '아니오, 아니오, 당신도 세다'고 말합니다." 우리는 그냥 서로 쳐다보았다. 그리고 대통령이 언제나 그렇듯이 태연하게 나를 돌아보며 눈썹을 치켜올리고는 이렇게 말했다. "에드 삼촌."

대통령은 시작부터 내게 특정한 업무를 많이 넘겨 주고 간섭하지 않았다. 우리가 취임하고 몇 주 후에 열린 오바마의 외교 정책 및 국가 안보팀 회의에서 대통령 외교 정책 담당자들이 이라크에 대한 대통령의 선거 공약을 지키기 위한 계획을 발표할 준비가 되었다고 말하자 대통령이 그들을 돌아보며 말했다.

"조가 이라크 문제를 담당할 겁니다. 조는 그 문제를 잘 알고 있을 뿐만 아니라 문제의 당사자들에 대해서도 잘 알고 있습니다." 그는 우리가 취임한 지 한 달도 안 돼서 착수한 첫 입법안의 중요한 임무를 나에게 맡겼다. 그것은 바로 2009년 미국 경기부양책이었다. 그는 내게 의회에서 우리에게 필요한 표를 확보해 달라고 했다. 그런 다음 부양책에 책정된 7,870억 달러에 달하는 예산이 대규모 공공사업에 항상 따라다니는 낭비와 사기를 피해 신속히, 그리고 제대로 사용될 수 있도록 해 달라고 했다. 대통령과 공화당 하원 의장, 혹은 하원 지도자들 간의 예산 협상이 돌이킬 수 없는 상태로 결렬되자, 대통령은 나를 의회로 급파해 내 전 동료들의 지지를 끌어내 반드시 법안 통과에 필요한 표를 확보하도록 했다.

블라디미르 푸틴이 우크라이나를 불안정하게 하려고 군사 행동을 시작하자 대통령은 나를 우크라이나로 파견했다. 중앙아메리카의 북부 삼각지대Northern Triangle (과테말라, 온두라스, 엘살바도르)에서 어른을 동반하지 않은 아이들이 국경을 넘어 쏟아져 들어오기 시작하자, 그는 나를 보며 말했다. "조, 당신이 이 문제를 해결해야겠어요."

얼마 후, 어느 날 대통령은 내게 아메리카 대륙 전체와 북부 삼각지대, 브라질, 카리브해 등 모든 나라와의 불안정한 관계를 회복하는 책임을 맡으라고 했다. "조, 당신은 할 수 있습니다. 당신은 친구를 새로 사귀는 데 소질 있잖아요. 그리고 그것도 같은 시간대에 말이지요." 나는 그 지역 대부분이 같은 시간대가 아니라고 지적하지 않고, 그냥 새로운 임무를 수락했다. 그는 내가 일을 망치지 않을 거라는 걸 알고 있었다. 대통령은 그걸 자기가 직접 말하지는 않았다. 그러나 우리의 첫 임기가 끝나갈 때쯤 어떤 행사에 참여하기 위해 시카고로 향하면서 오래 대화를 나누던 중 미셸 오바마가 내게 말했다. "그는 당신을 믿어요, 조."

신뢰는 양방향으로 향했다. 그리고 점점 단지 업무적인 것 이상이 되어갔다. 나도 그에게 의지할 수 있다고 느끼기 시작했다. 버락은 내 가족이 아닌 사람 중에서 처음으로 보의 병에 대해 알게 되었다. 2013년 대통령과 나는 우연히 내가 태어난 도시인 펜실베이니아주 스크랜턴Scranton에서 열리는 정치 행사에 함께 참석하게 되었다. 그날은 내가 휴스턴의 MD 앤더슨 암 센터를 처음 방문하고 마음 아픈 결과를 들은 다음 날이었다. 수천 명이 모인 집회는 대통령에게 그가 사적으로는 내게 말할 수 없는 것들을 말할 기회가 되었다.

"오늘은 조와 저에게 특별한 날입니다. 왜냐하면 5년 전 오늘 2008년 8월 23일에 저는 제 출신 주인 일리노이주 스프링필드Springfield에서 조 바이든이 제 러닝메이트가 될 거라고 발표했습니다. 그리고 그것은 제가 정치적으로 한 결정 중에서 가장 훌륭한 결정이었습니다. 왜냐하면, 저는 이분을 신뢰하고 사랑하기 때문입니다……."

"그래서 저는 러닝메이트가 아니라 더 중요한 친구로서 조와 함께하게 되어서 제가 운이 좋은 사람이라는 것을 여러분이 알아주셨으면 합니다. 그리고 우리는 그와 그의 가족을 사랑합니다."

우리가 진단을 받은 그 주로부터 16개월이 지난 후 나는 보의 상황이 아주 좋지 않다는 것을 외부에 알리지 않으려고 조심했다. 심지어 대통령에게도. 버락은 보가 힘든 일을 겪고 있다는 짐작은 하고 있었지만, 자세한 것을 물어보지는 않았다. 그리고 나는 그런 얘기를 자주 꺼내지 않았다. 그러나 2014년 중반, 보의 실어증이 점점 심해지기 시작하자 그는 자신의 병이 결국 인지 능력에도 영향을 줄지도 모른다며 걱정하기 시작했다. 그리고 보를 아는 헌터와 나는 그가 법무부 장관으로서 임기가 끝나기 전에 사임해야 할지도 모른다는 걱정을 하게 되었다. 당시 아들이 가진 유일한 수입은 월급뿐이었다. 나는 어느 날 우리의 비공개 점심을 먹으며 대통령에게 이에 관해 이야기했다.

"어떻게 하실 겁니까?" 그가 물었다.

"음, 아들은 돈이 많지 않아요. 하지만 그래도 저희는 괜찮습니다." 나는 말했다.

"필요하면 질과 내가 윌밍턴에 있는 우리 집 앞으로 두 번째 융자를 받을 수 있습니다. 별문제 없을 겁니다."

"그러지 마세요." 버락이 단호하게 말하는 바람에 깜짝 놀랐다. 그는 울컥했다. 그리고 의자에서 일어나 내 뒤로 걸어오더니 내 어깨 위에 손을 얹고 말했다. "제가 그 돈을 드리겠습니다. 제게는 그만한 돈이 있어요. 아무 때나 갚으시면 됩니다."

2015년 1월 5일 당시 내가 지휘하고 있던 이라크와 우크라이나, 중앙아메리카에 대한 대규모 계획 몇 가지를 신속하게 검토하면서 우리는 점심 식사를 시작했다. 이는 우리 행정부의 가장 부담되는 외교 정책 우선순위 세 가지였다. 대통령은 최근 이라크와 시리아, 중동 전역에서 ISIL(급진 수니파 무장단체인 이슬람 국가)의 힘을 약화하고, 결국은 파괴해 버리려는 포괄적인 장기적 대테러 전략을 발표했다. 나는 이라크의 새로운 수상과 함께 그가 자신이 세운 연립정부를 강화하고, 최근에 ISIL이 그 나라에서 점령한 지역 일부를 되찾는 데 필요한 자원을 제공하기 위해 작업하고 있었다. 그리고 터키의 대통령과 총리에게 시리아에서 ISIL과 벌이는 전투에 좀 더 적극적으로 임해 달라고 설득하던 중이었다. 내 보좌관은 이미 매년 2월 초에 열리는 뮌헨 안보 회의Munich Security Conference에 내가 참석할 수 있도록 준비하고 있었다. 거기서 나토 동맹국들에게 푸틴과 힘겨운 투쟁을 하는 우크라이나에 더 많은 지원을 하도록 압력을 가해야 했다. 그리고 몇 주 후, 북부 삼각지대의 지도자들과 이틀간 회담에 참석하기 위해 과테말라로 향했다. 거기서 내가 해야 할 일은 그들에게 미국 의회를 설득해 그들의 '번영을 위한 동맹Alliance for Prosperity'에 필요한 자금을 얻어내는 어려운 정치적 선택을 해야 한다고 설득하는 것이었다.

항상 그렇듯 점심 식사에서 긴장이 풀리면서 이야기가 좀 더 개인적인 주제로 흘렀다. 버락은 나의 대통령 출마에 대한 궁금증으로 가득 차 있었다. 그는 여러 가지 이유로 미묘하게 반대의 의견을 내놓았다. 한 가지 이유는 우선 대통령은 현실 정치보다 정치 드라마를 찾으려는 언론의 욕구가 증가하고 있다는 것을 알고 있었다. 내가 후보 경선에 출마한다고 발표하면, 그러자마자 언론의 관심은 대통령의 의제에서 내 문제로 옮겨갈 거라는 걸 우리는 잘 알고 있었다. 또한, 그가 힐러리 클린턴이 공천될 게 거의 확실하다는 결론을 내렸다고 믿는다. 그는 그녀가 정말로 똑똑하고 제대로 준비되어 있는 데다가 클린턴 가(家)가 지난 40년 동안 공들여 구축해 놓은 만만치 않은 선거 운동 체계에 의해 지원받고 있다고 생각했다. 대통령은 힐러리와 나 둘 중 누구를 택하겠냐는 기자들의 질문에 솔로몬처럼 대처했다. "힐러리와 조, 모두 훌륭한 대통령이 될 겁니다. 그리고 훌륭한 대통령이 되는 데 필요한 자질을 모두 가지고 있습니다." 하지만 나는 대통령의 전 보좌관, 심지어 현직 보좌관 중 많은 사람이 클린턴 쪽으로 기울어지고 있다는 걸 알고 있었다.

2015년 1월 대통령은 내가 힐러리를 이길 수 없다고 확신했다. 그리고 그는 기나긴 예비 선거 싸움으로 당이 분열되고 민주당 후보가 총선거에서 공격받기 쉬운 상태가 되는 걸 걱정했다. 무엇보다 중요한 것은 2017년에 백악관에 공화당원이 들어오는 것을 보고 싶지 않았다. 나는 그 점을 잘 알았고, 그것을 문제 삼지 않았다. 새로운 공화당 정부가 버락의 획기적인 건강 보험 프로그램이나 여성 폭력 방지법$^{Violence\ Against\ Women\ Act}$, 성적 소수자^{LGBT} 공동체가 이루어낸 성과들을 후퇴시키게 둘 수 없다고 생각했다. 우리 둘 중 아무도 그렇게 되길 바라지 않았다. 내가 대통령에 출마했다가 낙선한다면, 내가 추구하던 목표와 신념이 빛을 잃게 될 것도 걱정했다고 생각한다. 그리고 마지막으로 그는 내가 부통령직도 수행하고 보가 뇌종양과 전쟁을 치르는 것도 지켜보면서 과연 후보 공천을 받기 위해 뛸 수 있을지도 걱정했을 것이다.

버락이 그날 점심을 먹으면서 그 이야기를 꺼냈을 때, 그는 부드럽게 접근했다. "제가 다음 8년간 대통령을 할 사람을 정할 수 있다면, 그 사람은 당신이 될 겁니다. 조." 그가 내게 말했다. "우리는 가치관이 같아요. 같은 가치관, 같은 목표를 가지고 있죠. 당신은 이번 경선에 대해 자기 생각이 가는 대로 결정할 권리가 있습니다."

"조, 여생을 어떻게 보내고 싶으세요?"

그날 나는 이 질문에 대답하기 힘들었다. 나는 이렇게 대답할 수 있었으면 한다. "물론 나는 행복하게 새로운 삶을 시작해서 만족스럽고 충만하게 지낼 수 있을 겁니다." 하지만 그것은 그렇게 간단한 일이 아니었다. 일부는 내 자부심의 문제였다. 출마하지 않기로 하려면 나는 거울을 들여다보고 그것이 실패할까 봐 두렵거나 그 일을 맡는 게 두려워서가 아니라고 생각할 수 있어야만 했다. 그런 식으로 피하면서 살 수는 없었다. 그리고 그때 대통령 경선에 출마하느냐의 질문은 보와 목적과 희망이 모두 뒤엉킨 문제였다. 대통령 후보 경선을 포기하는 것은 우리가 보를 포기하고 있다고 말하는 것과 같았다. "희망을 포기할 수는 없어요, 조." 질은 내게 일깨워 주었다. "희망을 버리면 안 돼요." 보가 원했던 대통령 선거 운동이라는 단순한 가능성은 우리에게 목표와 희망을 주었다. 그것이 운명에 도전하는 길이었다.

"조, 여생을 어떻게 보내고 싶으세요?"

버락 오바마는 친구였다. 하지만 나는 그에게 모든 것을 털어놓을 수 없었다. 나는 한두 가지 선택지가 있다고 설명했다. 하나는 앞으로 10년간 가족들에게 재정적인 기반이 되어 주고, 그들과 더 많은 시간을 보내면서 잘 지내는 거다. 다른 하나는 이 나라와 전 세계를 좀 더 나은 곳으로 바꾸는 데 일조하면서 10년을 보낼 수도 있다. 나는 "두 번째가 가능하다면 여생을 그렇게 보내야 한다고 생각합니다."라고 대답했다.

Joe Biden

Promise me, Dad

⊗
⊗
⊗

제5장

이어지는 바쁜 나날들

그 주 월요일 모든 면에서 힘든 한 주가 될 거라고 생각했다. 다음 날인 2015년 2월 3일은 보의 마흔 여섯 번째 생일이었다. 보는 내가 자신의 생일에 크게 신경을 쓰지 않기를 바랐다. 그는 자기가 살기 위해 싸우는 동안 나는 그냥 내 일을 계속하기를, 그것도 잘하기를 기대했다. 보의 힘들고 조용한 노력은 나에게 힘을 주었다.

아들은 이미 다형성 교모세포종에 걸린 사람들의 생존 기간인 12개월에서 14개월을 넘겨 살고 있었다. 그리고 가장 최근에 받은 검사에서는 사와야 박사가 제거할 수 없는 몇몇 세포가 분열을 시작하고 있다는 확실한 증거도 발견되지 않았다. 보가 완강히 견디고 있다는 단순한 사실, 그가 살기 위해 해야만 하는 것은 무엇이든지 다 하기로 했다는 사실은 가족 모두에게 희망을 주었다. 2013년 늦여름, 처음부터 보는 담당 의사가 계획할 수 있는 가장 공격적인 과정을 선택했다. 융 박사는 보가 테모졸로마이드

Temodar 라는 약물의 효과를 높이기 위해 설계된 실험적인 약물 치료 요법의 첫 번째 임상 시험에 참여하려면 표준 용량의 3배나 되는 테모졸로마이드를 견뎌내야 한다고 제안했다. 그러자 보는 이렇게 대답했다. "그렇게 합시다."

몇 달이 지나자 융 박사가 검증은 되지 않았지만 가망성이 있는 새로운 약물을 추가해 그의 종양을 유독 치명적으로 만드는 변종 중 하나를 퇴치해 보자고 제안했을 때도 보는 같은 대답을 했다. "그렇게 합시다." 융 박사는 동물 실험에서는 그 약물이 효과가 있다는 증거가 있었지만, 그것을 뒷받침할 인간 대상 실험은 없었다고 경고했다. 또한, 불편한 부작용을 겪을 수도 있었다.

"피부 발진이 있으면, 소매가 긴 옷을 입고 야구 모자를 쓰면 됩니다. 다 괜찮아요." 보는 그렇게 말했다.

2014년 4월, 치료에 들어간 지 8개월가량 되었을 때 보가 말하는 데 어려움을 겪기 시작하자 의사들은 그러한 장애가 새로운 종양의 성장 때문인지 초기에 6주간 받은 방사능 치료의 지연 효과 때문인지 검사를 통해서도 그 원인을 알아낼 수가 없었다. 제약 회사로부터 특별 허가를 받은 융 박사는 보에게 붓기를 줄이고 종양 주위의 출혈이 생긴 혈관을 막을 수 있는 안전한 약물을 투여해도 되겠냐고 물었다. 보는 대답했다. "그렇게 합시다."

새로운 약물은 정맥에 투여되었는데 바늘이 커서 통증이 엄청날 것 같았다. 그래도 보는 불평하지 않았다. 하지만 질은 그것을 알고 치료를 받는 필라델피아까지 매주 그와 함께 갔다. 그리고 정맥 주사를 가장 잘 놓는 간호사가 보를 담당할 수 있게 했다.

몇 달이 지난 2014년 여름 보는 나탈리와 헌터를 태우고 나가

서스케하나강Susquehanna River이나 체서피크만Chesapeake Bay에서 낚시를 하려고 값비싼 새 모터보트를 샀다. 보는 물 위에 떠 있는 걸 정말 좋아했다. 그는 얼굴에 물보라를 맞고 낚싯대를 손에 쥐는 걸 좋아했다. 하지만 그는 여러 해 동안 돈에도 신경을 쓰고 있었다. 나는 아들이나 다른 사람에게는 아무 말도 하지 않았지만, 보가 시간이 얼마 남지 않았을지도 모른다는 걸 받아들이기로 했는지 궁금했다. 오지 않을 내일을 왜 기다려야 하는가? 하지만 그를 볼 때마다 그러한 불안은 아주 쉽게 사라졌다. 그는 여전히 좋아 보였고, 운동도 하고 있었다. 그가 믿는 것처럼 우리도 그가 오랫동안 그냥 버텨만 준다면, 과학이 그의 병을 앞서갈 수도 있다고 믿고 있었다. 그 분야에서는 아주 많은 일이 일어나고 있었으니, 획기적인 치료법이 나올, 혹은 심지어 완치될 가능성도 있다고 우리끼리는 말했다.

보는 진단을 받은 지 정확히 1년이 지난 2014년 8월 갑자기 오른팔과 다리에 힘이 빠지고 감각이 없어질 때까지 그해 여름 내내 의지를 꺾지 않았다. 그는 불평한 적도 없었고, 공황 상태에 빠지지도 않았다.

"다음에는 뭘 합니까?" 그는 담당 의사에게 물었다. "이 병과 어떻게 싸워야 하지요?"

융 박사는 메스꺼움이나 피로감, 구내염, 식욕 감퇴와 같은 부작용이 발생할 가능성이 큰 더 강한 약물을 제안했다. 그 약물은 감염과 빈혈, 심지어 더 심각한 혈액 질환을 일으킬 가능성도 높았다. "좋습니다, 오코너 선생님. 그렇게 합시다." 보는 그렇게 말했다. 나는 아들이 그때 좌절할 수밖에 없는 상황이라고 생각했다. 그는 그 병이나 치료로 자기 몸에 어떤 변화가 생길지 스스로 정할 수 없었다. 두 달마다 나오는 검사 결과에 대해서도 자기가 할 수 있는 게 없었고, 종양이 언제 어떻게 공격적으로 다시 자라기 시작하는 것도 자기가 정할 수 있는 게 아니었다. 하지만 그는 자기가 통제할 수 있는 일은 다 했다. 그는 델라웨어의 법무부 장관으로서 계속 업무를 수행했다. 그것도 아주 잘해냈다. 그의 부서에서는 2008년 금융 위기 전후와 위기 상황 중에 위법 행위를 한 뱅크 오브 아메리카^Bank of America 로부터 4,500만 달러의 합의금을 받아냈다.

이로 인해 은행들로부터 주와 주의 시민들을 위해 거둬들인 벌금이 총 1억 8,000만 달러에 달했다. 그는 다른 43개 주의 법무부 장관들을 설득해 아동 성 착취물의 희생자들에게 도움을 주는 데 사용할 연방 예산을 요구하는 데 참여하도록 했다. 보가 창설하고 감독한 '아동 범죄 근절을 위한 대책 위원회^Child Predator Task Force'가 200여 명의 아동 학대자를 체포해 유죄 선고를 받게 하고, 학대받고 있던 아동 129명을 구조했다. "처음부터 저의 관심은 우리 중 가장 취약한 사람들을 보호하는 데 있었습니다. 가장 상처받기 쉬운 사람들은 바로 우리 아이들입니다." 그는 그렇게 말했다.

보는 할리와 헌터와 함께 있기 위해서 밤에는 계속 집으로 갔다. "전 매일 밤 아이들에게 책을 읽어줍니다." 그는 휴스턴의 간호 실습생인 에바 루 리^Eva Lu Lee를 처음 만났을 때 그렇게 말했다. "저는 아이들에게 책을 읽어줄 시간이 필요해요." 그는 테톤스로 간 가족 여행에서 다리에 힘이 없어서 정말로 힘들 텐데도 아름다운 등산로를 꼭대기까지 올라가겠다고 고집했다. 보는 동생 헌터 이외에는 그 누구에게도 정말로 두려운 마음을 보여 주거나 짐이 되기를 거부했다. 심지어 자기 어머니나 나에게조차도.

그렇게 2015년 2월 3일이 되어 내일로 보의 생일이 다가왔지만, 그는 생일을 요란스럽게 보내고 싶지 않다고 했다. 게다가 보는 질에게 이번은 헌터의 해라는 사실을 알려 주었다. 헌터의 생일은 보의 생일 다음 날이다. 그래서 둘은 항상 격년으로 생일상을 받았다. "엄마, 치킨 포트 파이 괜찮아요? 엄마가 만드신 걸로요." 헌터는 그렇게 말하곤 했다.

그 주의 내 일정은 꽉 차 있었다. 보가 진단을 받은 후 거의 모든 주가 그랬다. 나는 그런 식으로 일정을 짰다. 보가 뇌종양에 걸렸다는 걸 안 다음, 워싱턴으로 돌아와서 수석 보좌관 스티브 리체티 Steve Ricchetti 에게 전화를 걸었다. 할 얘기가 있으니 집무실로 오라고 했다. 스티브는 우리 가족 전체가 보와 함께 MD 앤더슨 암 센터로 갔다는 사실을 알고 있었다. 그리고 우리가 나쁜 소식을 가지고 돌아왔다는 것도 알고 있었다. 하지만 그는 그게 얼마나 안 좋은 소식인지는 몰랐다. "나는 이번 일이 아주 심각하고 매우 힘든 시간이 될 거라고 말하려 하네." 백악관의 웨스트 윙에 있는 내 집무실에 자리를 잡고 앉아 스티브에게 이렇게 말했다. "내가 이 일을 견뎌낼 수 있는 유일한 길은 자네가 그저 나를 계속 바쁘게 해 주는 거라네. 일정을 많이 잡아 주게. 내가 보통 하고 있던 모든 일을 다 하게 해 주게. 내 앞에 다 갖다 놓고 내가 계속 일하게 해 주게."

스티브는 내가 요청하는 것은 거의 모두 기꺼이 다 해 주는 사람이었다. 하지만 나를 바라보는 그의 표정을 보니 이런 요청이 그의 자연스러운 인간적인 본능에 역행한다는 걸 알 수 있었다. "이봐, 스티브, 이게 자네한테도 힘들 거네. 하지만 나를 위해 그렇게 해 주길 간곡히 부탁하고 있는 걸세." 나는 이렇게 설명했다. "어떻게 하는 게 최선인지 안다네. 왜냐하면 불행히도 나는 전에도 이런 일을 겪었어. 내가 살아남을 수 있었던 유일한 길은, 그걸 겪어낼 수 있는 유일한 길은 바쁘게 일하고, 할 수 있을 때 일에 마음을 집중하는 것이었다네."

스티브는 내가 요청하는 것은 무엇이든 하겠다고 말했다. 그리고 약속한 대로 했다. 이후 18개월 동안 질은 몇 번 스티브를 불러서 나를 걱정하기도 했다. "조가 너무 무리하는 것 같아요. 아주 지쳐 보여요. 잠도 잘 자지 않는데, 그러다 탈이 크게 날 것 같아요." 그녀는 그렇게 말하곤 했다. 그 말은 스티브를 힘들게 했다. 그는 질의 말에 동의했다. 내 일정이 한계에 달했다고 생각할 때도 있었지만, 그에게는 상관으로부터 받은 엄격한 명령이 있었다. 스티브는 또한 내가 내 직무를 다 하겠다고 고집하는 것이 어떤 면에서는 보와 헌터, 애슐리에게 내가 괜찮다는 걸 보여 주고 싶은 마음에서 비롯된 것이라고 믿었다. 그리고 내가 여전히 해야 하는 것은 무엇이든 다 처리할 수 있다고 믿었다.

"저는 부통령님께서 제게 하라고 하시는 거라면 기꺼이 다 할 겁니다." 스티브는 질에게 완곡하게 말했다. 그러고 나서 두 사람은 내가 잠시 쉬어가도록 일을 꾸미기도 했다. 나는 그들이 그러자고 하면 그 말을 듣고 15시간이나 17시간 동안 일하는 주 중으로 돌아가기 바로 직전에 있는 몇몇 행사나 회의에 참석하지 않겠다고 말하기도 했다. 그러면 질은 스티브에게 다시 전화를 걸

어 이렇게 말하곤 했다. "이번 일은 멈춰 주세요." 그러면 스티브
는 알겠다고 했다. 때때로 우리만 집에 있을 때면 질은 내게 똑같
은 말만 했다. "당신은 쉬어야 해요. 조, 그러다 완전 녹초가 될 거
예요. 병이 날지도 모르고요. 정말 당신이 걱정돼요." 그 말에 덥
석 동의하지 않는 사람은 나뿐이었다.

스티브와 질은 필요 이상으로 걱정을 많이 했다. 내게는 그렇
게 보였다. 나는 2005년 2월 첫 주의 내 일정을 보고 할 일이 많
다고 생각했다. 그중 어떤 것은 정말로 심각한 것이었다. 하지만
그 모든 것은 할 수 있는 일이었다.

그 주 월요일 일정은 심지어 약간 적어 보였다. 백악관에서 연
이어 회의하고, 대통령과 점심 식사를 하는 일정이었다. 하지만
사흘 후에는 해외로 나가야 했다. 그리고 내가 워싱턴을 떠나기
전에 결론을 짓기 위해 밀어붙였으면 하는 일이 많았다. 그래서
월요일은 의회와 함께해야 할 중요한 일에 초점을 맞출 수 있는
절호의 기회였다. 그중 가장 먼저 해야 할 일은 야당과의 관계를
유지하는 것이었다. 나는 공화당 의원인 의회 다수당 대표를 해군
천문대에 초대해 아침 식사를 같이하기 위해서 그에게 연락을 취
했다. 그곳에서라면 우리 두 사람이 비공개적으로 만나서 예산이
나 기반 시설에 대한 지출, 이민 법규에 대한 협력 사유를 찾을 수
도 있었다. 내가 그간 관계를 발전시키려 애썼던 다수당 대표 에
릭 캔터^{Eric Cantor}는 현재 그 자리를 떠났다. 그래서 나는 케빈 매카
시^{Kevin McCarthy}와 새로 시작해야만 했다.

나는 에너지부 장관 어니스트 모니즈^{Ernest Moniz}를 위해 몇 가지
후속 작업을 해야 했다. 그는 내게 국가의 노후한 에너지 기반 시

설 재건축을 위한 150억 달러짜리 계획을 주도적으로 추진해 달라고 요구하고 있었다. 시설 보완이 몹시 시급했다. 특히, 해안가에는 태풍에 의해 발생하는 정전으로 인해 해마다 수십억 달러의 비용이 발생하고 있었다. 전기 시설을 현대화할 필요가 있었다. 그리고 이 나라에는 말도 안 되게 많은 수도관이 나무로 제작되었다. 전국의 가스관에서 가스가 새고 있다는 것은 놀랄 일도 아니었다. 많은 배관이 아이젠하워가 대통령이었을 때 매립된 것이었다. 천연가스 공급체인 단계마다 대기로 배출되는 메탄가스의 양은 위험한 수준이었다. 내가 할 일은 하원과 상원의 주요 의원들이 그 계획안을 채택하도록 하는 것이었다. 나는 두 정당의 실질적인 지지를 기대하고 있었다. 예를 들어, 가스 공급관 보수는 꼭 필요한 안전 예방책일 뿐만 아니라 석유 및 가스 산업의 효율성을 개선하고 일자리를 창출해 주는 사업이 될 것이다. 그래서 나는 석유 생산을 가장 많이 하는 한 주의 공화당 상원의원인 짐 인호프Jim Inhofe에게 전화를 걸어 하원이 노쇠한 배관 부품을 파내고 좋지 않은 연결 부품을 교체할 예산을 책정한다면, 석유 및 가스 생산업자들과 환경 단체 양쪽 모두에 이익이 될 거라고 설득했다.

그런 다음 나는 뉴욕시 바로 북쪽에 있는 한 지역의 하원의원에게 전화를 걸어 국무장관 존 케리John Kerry가 이란과 협상 중인 핵 협정에 대한 반대를 좀 누그러뜨려 줄 수 있는지 알아보았다. 그리고 나서 내 출신 주의 상원의원인 톰 카퍼Tom Carper에게 전화를 걸어 이란 협정과 북부 삼각지대에 대해 의논하고, 델라웨어강 운하를 깊이 파는 데 육군 공병을 활용하기 위해 따로 챙겨둔 예산을 따내는 데 도움이 되는 최신 정보를 제공했다. 그 후 나는 델라웨어강 프로젝트를 추진 중인 다른 네 명의 의원들에게 전화를 더 걸었다.

심지어 잠시 짬을 내 델라웨어 대학교 총장과 짧게 전화 통화까지 했다. 그는 내가 2년 후 공직을 떠난 후 모교에 일종의 바이든 정책 센터를 설립하는 것을 고려해 보라고 했다. 그 제안을 계기로 2년 후에 내가 무엇을 하고 있을지 생각해 보게 되었다. 그러면서 다시 한번 대통령 후보 경선에 나서는 문제를 생각해 보게 했다. 나는 그냥 모닝 쇼에 나가 늦여름이나 초가을까지는 결정을 내리지 않을 거라고 발표함으로써 시간을 조금 벌어 두었다. 그리고 언젠가 나의 수석 정치 전략가이자 좋은 친구인 마이크 도닐런^{Mike Donilon}으로부터 경선에 대한 메모가 오기를 기다리고 있었다.

마이크는 이미 내가 경선에 나가야 한다고 굳게 믿고 있었다. 그리고 그는 내가 왜 이길 수밖에 없는지 계속 진지하게 주장하고 있었다. 그렇지만 우리는 지금까지 거의 2년 동안 2016년에 대해 잠깐씩 이야기만 나누고 있던 상태였다. 그리고 마이크는 전체적인 계획에 대해 점점 걱정하고 있었다. 그는 정중하고 사려 깊은 사람이었기 때문에 밀어붙이지는 않았다. 그리고 내가 보의 건강에 대해 말하지 않으려고 조심했음에도 그는 알고 있었다. 내가 그때 보가 아파서 경선에 나가지 못할지도 모른다고 마이크나 다른 누군가에게 말했다면, 그는 보가 정말로 크게 아프다는 걸 알았을 것이다. 그런데 보는 가족 이외의 사람이 그것을 아는 걸 원치 않았다. 심지어 친한 친구들조차도. 그래서 나는 마이크와 스티브 두 사람 모두에게 만약 내가 경선에 출마하기로 하면 내가 제대로 선거 운동을 할 수 있도록 가능한 한 모든 것을 해 달라고 부탁했다. 마이크는 정치 기술자이자 친구로서 나를 중심으로 이 일에 접근했다. 그는 주의 깊고 통찰력 있는 사람으로 20년 이상 내 곁에 있었다. 그래서 그는 내가 말하지 않아도 알았다. 경선 출마 가능성의 여지를 남겨두는 것은 내 정신 건강에 중요한 일이 었다. 그렇게 눈에 보이는 목표를 갖는 것이 멀리 있는 어쩌면 닿을 수 없는 수평선으로 가는 길일지라도 내가 하루를 견뎌내는 데 도움이 된다는 걸 그는 알고 있었다.

오바마 대통령은 그날 둘이서 점심을 먹으면서 심각한 정책 관련 대화를 마치고 2016년 경선에 대한 이야기를 다시 꺼냈다. 그는 많은 사람이 나에게 경선에 나가라고 압력을 가하고 있다는 것을 알고 있었다. 그리고 그는 '나는 바이든과 함께 갑니다I'M RIDIN' WITH BIDEN'라고 적힌 범퍼 스티커까지 준비된 '바이든에게 한 표를Draft Biden 운동'에 대해 들어본 적이 있었다. 대통령은 신중하라고 강력하게 권했다. 그는 이 이야기가 너무 커지게 놔두지 말기를 바랐다. "저는 당신의 신념을 보호하고 있습니다. 정말이에요." 그는 그렇게 말했다. 나는 그런 시도를 부추기는 행위는 절대 하고 있지 않다고 그를 안심시켰다. 그리고 마이크 도닐런이 내가 경선에 나설 경우에 대한 메모를 이제 막 건넸을 뿐이며, 아직 그 결정을 하려면 멀었다고 말이다. 그는 내게 시간을 더 갖고 마이크의 메모를 제대로 곱씹어 보라고 말했다. 나는 그 결정에 체계적으로 접근해야 했다. 모든 여론조사 수치와 정치적 변수들을 연결해 보고 우리 팀 외부에서 조언을 구해야 했다. 그는 자신의 여론조사원과 수석 전략가들에게 마이크의 메모를 읽어보게 하라고 제안했다. 그들은 비밀을 지킬만한 사람들이었다. "그 사람들은 이 나라 최고의 멤버들입니다. 힐러리는 할 수 있다면 순식간에 그들을 데려가려고 할 겁니다." 대통령이 말했다. 나는 적어도 그 둘 중 한 명은 이미 힐러리를 돕고 있다는 것을 그가 모른다고 추측했다. 그때 버락은 자기도 그 메모를 읽어보고, 자기 생각도 알려줄 수 있었으면 좋겠다고 말했다. "저는 단도직입적으로 말할게요." 그는 그렇게 약속했다.

이틀 후 나는 해군 천문대에서 힐러리 클린턴과 조찬을 하고 있었다. 그녀가 요청한 만남이었다. 그녀는 자신의 후보 출마를 아직 발표하거나 심지어 발표할 거라는 이야기조차 하지 않았다. 하지만 그녀는 이미 대규모 선거 운동 조직을 꾸리면서 내 보좌관 몇 명도 찔러보고 있었다. 그래서 그녀의 측근 참모들이 나에게 접근해 좋은 인상을 주라고 몇 주 동안 권하고 있었다. 클린턴 선거 운동을 도와주는 사람들은 그녀가 내게 무슨 얘기를 하든 새어 나갈 거라는 걸 잘 알았지만, 나를 만날 가치가 있다고 생각했다. 그 점은 그녀가 더 잘 알고 있었다고 생각한다.

힐러리는 그 주 수요일 아침 8시에 도착했고, 우리는 주 접견실 바로 뒤의 작은 서재에 있는 식탁에 앉았다. 힐러리가 국무장관이었을 때 그녀는 대통령과 일을 어떻게 해야 할지 몰라서 내 의견을 듣고자 나를 찾아왔다. 그때 우리는 그 방에서 정기적으로 만나고는 했다. 버락은 의중을 읽기 힘든 상사였다. 특히, 그와 가까이서 시간을 많이 보내지 않는 사람들에게는 더 그랬다. 그래서 나는 그녀가 나를 오바마에게 자기 의견을 전달해 주는 사람으로 활용했다고 생각한다. 하지만 힐러리는 그날 2월 아침에는 완전히 새로운 주제를 가지고 와서는 바로 용건을 말하기 시작했다. 그녀는 내가 얼마나 훌륭한 부통령인지, 내가 이제까지 정치를 하면서 이 나라를 위해 얼마나 많은 일을 했는지, 그리고 내게 대통령에 출마할 만한 업적이 얼마나 많은지에 대해 말을 하면서 운을 뗐다. 그런 다음 그녀는 단도직입적으로 내게 대통령 선거에 뛰어들 것인지 솔직하게 말해 달라고 했다.

나는 그녀에게 보에 대한 일을 말할 수는 없었다. "현재로서 나는 어떤 결정을 내릴 상황이 아닙니다. 좀 기다려볼 생각이에요." 이것이 내가 말한 전부였다. 내가 만약 민주당 대통령 후보 경선에 뛰어든다면 후보가 되기 위해 나가는 것이지 그녀에게 반대하기 위해 나가는 것이 아니라는 점을 분명히 했다. 나는 내가 이 시기에 가장 걸맞은 후보라고 믿기 때문에 나가는 것이었다. 하지만 내가 나간다면 부정적인 선거 운동을 하지 않겠다고 말했다. 그녀도 같은 말을 했다. "일부 지지자들이 때로는 정도를 넘을 수는 있지만, 그건 제가 아닐 겁니다." 그녀는 그렇게 말했다.

힐러리는 내게 오랫동안 깊이 생각한 끝에 후보 경선에 나가기로 했다고 말했다. "저는 부통령님과 부통령께서 이루신 모든 것을 매우 존경합니다. 그리고 저는 그저 부통령님께 직접 말씀드리고 싶었습니다." 그녀는 당장 그것을 발표할 준비가 되어 있지 않으니 비밀을 지켜 주면 감사하겠다고 했다. 나는 그렇게 했다. 아무에게도 말하지 않았다.

그녀를 문 앞까지 배웅해 주면서 나는 힐러리가 그날 나를 만나 얻으려고 했던 것을 모두 얻지는 못했다고 생각했다. 그녀는 내가 물러날 거라고 말하는 걸 듣고 싶었을 것이다. 내가 후보 지명 경선에 나가지 않겠다는 것 말이다. 하지만 나는 아직 그렇게 말할 수는 없었다. 나는 그녀를 문까지 바래다주고 따뜻하게 안아주며 작별 인사를 했다.

그날 아침 계단을 내려가는 힐러리를 보면서 그녀에게 약간 안쓰러운 느낌이 들었다. 그녀는 항상 그러했듯이 결심이 굳었고, 자신이 대통령직을 수행할 수 있다는 확신에 차 있었다. 그녀는 또한 매우 초기의 여론조사에서 또 다른 가능성 있는 민주당 후보를 앞서가고 있었다. 경험 많은 정치 분석가들은 그녀가 아마 역사상 최초로 백악관에 입성하는 여성이 되는 역사적인 승리의 길 위에 있을지도 모른다고 말했다. 하지만 그녀는 경선 전망에 크게 기뻐하는 것 같지 않았다. 그날 아침, 그녀를 완전히 잘못 읽었을지도 모른다. 하지만 힐러리는 완전히 그녀 자신이 만든 것이 아닌 어떤 힘에 의해 몰려나가고 있는 사람처럼 보였다. 그리고 나는 선거 운동이 얼마나 그녀에게 혹독할지 알고 있었다. 그녀가 하려는 것은 진정한 용기가 필요한 것이었다.

다음 날 아침, 떠오르는 태양을 향해 동쪽으로 날아가는데 하늘에 떠 있는 게 마치 휴식처럼 느껴졌다. 나는 심각하고 중대한 일을 향해 가고 있었다. 더군다나 이번에는 열여섯 살짜리 손녀딸 피네건 바이든Finnegan Biden 을 데리고 여행을 한다. 마지막 공식 회의를 마친 뒤 여행의 종착역인 유럽에서 피네건과 나는 개인적인 시간을 갖게 될 예정이었다. 부통령이라는 직책은 온 가족에게 새로운 모험이 될 거라는 질의 바람대로, 이 직책의 대단한 특권 중 하나는 손주들을 전 세계로 데려갈 수 있는 것이었다. 그것은 그들에게 교육적으로 놀라운 경험이었고, 나나 보좌관들에게 짐이 되지도 않았다. 손주 중 한 명은 남극 대륙을 제외한 모든 대륙에 다 가 보았다. 나는 어린 손주 나탈리와 헌터가 사해에서 둥둥 떠다니는 것도 보았고, 요르단의 왕을 만나기도 하고, 아랍에미레이트 연합과 페르시아 만에 가는 걸 보기도 했다. 그리고 가장 큰 손녀딸 나오미가 중국에서 열린 국빈 초대 만찬에서 자신의 대학 전공인 중국어로 말하는 걸 직접 보았고, 가장 어린 메이지가 이집트와 케냐, 탄자니아, 시에라리온에서 새 친구들을 만나서 남아프리카공화국의 월드컵 축구 결승전이 열리고 있던 경기장에서 픽업 게임을 하는 것도 보았다. 그리고 피네건이 DMZ가 굽어보이는 자리에 앉아 북한군의 존재를 실감하는 것도 보았는데, 그 아이는 학교에 멋진 보고서를 제출할 수 있을 거라고 좋아하기도 했다.

"그들에게는 커다란 대포처럼 보이는 이 무기들이 다 있는 거죠. 그렇죠? 할아버지." 피네건이 지도를 가리키면서 말했다.

"그렇지." 내가 대답했다.

피네건은 지도를 가리키며 다시 말했다. "포병대가 이 지역에 여기까지 올라와 있어요."

피네건은 손주 중에서 가장 고집이 센 아이였다. 첫 번째 임기가 반쯤 지났을 때인 2011년 초 어느 날 아침, 그 아이가 전화했다. 내가 부통령으로서 모스크바로 첫 번째 출장을 떠날 예정이라는 것이 신문에 실렸기 때문이었다. 피네건은 열두 살이었다.

"할아버지, 저도 러시아에 함께 갈 수 있어요?" 피네건이 물었다. "얘야, 넌 학교에 가야지." 나는 중요한 점을 일깨워 주었다.

"할아버지, 할아버지가 아빠한테 그러겠다고 말씀해 주시고 선생님께 제가 이번 여행에서 학교에서 배울 것보다 훨씬 더 많은 것을 배울 거라고 말씀해 주시면 그분들도 그러라고 하실 거예요. 그리고 잊지 마세요, 할아버지. 동유럽이랑 러시아는 제 지역이에요."

헌터의 딸들은 19세기 말의 열강들 같았다. 그 아이들은 지구를 자기 자신의 영향권으로 나누었다. "기억하세요. 나오미는 중국이랑 극동 지역, 메이지는 아프리카, 저는 유럽 담당이에요." 피네건이 말했다. 내가 조금 도와줘서 그녀는 여행 허락을 받아냈다. 그리고 여행 내내 내 곁에 있었다. 우리는 가장 먼저 헬싱키에 도착했다. 그곳에서 피네건은 핀란드의 대통령과 수상을 만났다. 두 사람 모두 여성이었다. 그 이후 모스크바로 가는 비행기 안에서 내 보좌관 중 한 사람이 피네건을 보고 이렇게 말했다.

"저 나라를 통치하는 여성 두 분을 만나다니 놀랍지 않니?"

"더 놀라운 게 뭔지 아세요?" 피네건이 대꾸했다.

"국회의원의 거의 절반이 여성이라는 거예요."

그 여행에서 피네건이 나와 함께 갈 수 없었던 곳이 몇 군데 있었다. 내가 블라디미르 푸틴을 만나는 동안, 그 아이는 모스크바에 있는 러시아 지도자의 개인 사무실에 있는 대기실에서 조용히 기다려야 했다. 자신의 후임인 드미트리 메드베데프Dmitry Medvedev가 대통령직의 임시 플레이스홀더placeholder로 지내는 동안 푸틴은 러시아의 총리를 지내며 때를 기다리고 있었다.

오바마 대통령은 러시아 정부와의 관계를 강화하기 위해 애쓰고 있었다. 우리 정부는 메드베데프(실제로는 푸틴을 의미했다.)를 양국의 방대한 핵무기 감축을 요구하는 새로운 주요 조약에 서명하도록 설득해 왔다. 하지만 양국 관계에는 이미 새로운 긴장이 돌기 시작했다. 나는 러시아가 유럽의 미사일 방어용 발사 장치 재배치를 두고 두려워할 이유가 없다고 안심시키기 위해 모스크바에 간 것이다. 그것은 이란의 공격을 막기 위해 설계된 것이었다. 푸틴은 발사 장치들이 폴란드와 루마니아 같은 자기 나라의 국경과 너무 가까운 나라에 배치된다는 데 심기가 불편했다. 그리고 요격 장치가 러시아 미사일을 목표로 하고 있다고 계속 주장했다. 그는 이미 메드베데프를 보내서 오래 전에 맺은 것이든 최근 맺은 것이든 모든 핵무기 조약에서 빠지겠다고 위협했다. 그것은 전 세계를 다시 새로운 냉전 체제로 몰아넣는 것이었다. 나는 이 시스템에 계획된 변화에 관해 설명하고, 배치와 운영에 대해 투명하게 공개한 다음, 이것이 러시아의 전략적 방어 시스템을 방해하기 위해 설계된 것도 아니고 그러지도 않을 거라고 푸틴을 확실하게 안심시키려고 노력했다.

나는 정확히 내가 어떤 일에 부딪히게 될지 확신할 수 없었다. 조지 부시 George W. Bush 대통령이 한 유명한 말이 있는데, 그것은 그가 푸틴의 눈을 들여다보고 '그의 속내에 대한 감'을 잡았다는 것이었다. 나는 그러지 않고도 핵무기 조약에 서명하려는 푸틴의 의지를 알고 싶었다. 그 러시아의 지도자는 거의 매번 우리의 신뢰를 헌신짝 버리듯 한다는 걸 행동으로 보여 주려 했다. 그날 우리의 회의도 예외 없이 그랬다. 회의는 긴 논쟁으로 이어졌다. 푸틴은 내내 얼음처럼 차분했지만, 처음부터 끝까지 까다롭게 굴었다. 나는 이란이 핵으로 위협하고 있는 한, 미국의 최대 관심사는 미국과 유럽의 미국 동맹국들을 보호하는 것이라고 설명했다. 그는 주제를 바꿔 이전 정부가 자신에게 거짓말을 하고 인권에 관련된 자신의 전력을 공개적으로 비난했다고 불평했다. 나는 우리의 방어망이 러시아의 대륙 간 탄도 미사일^{ICBM}을 겨냥한 것이 아니라는 점을 확실히 보여 주기 위해 지도를 꺼내 요격기의 예상 궤도를 보여 주었다. 그는 그 점에 끝까지 동의하지 않고 군사 고문을 불러 자신을 돕게 했다.

회의는 다른 논점들까지 넘나들며 여러 시간 동안 계속되었다. 예를 들어, 나는 러시아가 조지아의 영토 일부를 점령한 것을 미국은 강력히 반대하지만, 미하일 사카쉬빌리^{Mikheil Saakashvili} 조지아 대통령에게 문제를 일으키도록 부추기지는 않다고 설명했다. "저는 사카쉬빌리에게 주기적으로 전화를 걸어 선동적인 행동을 취하지 말라고 설득하고 있습니다. 제가 총리께 조지아의 주권을 회복시키라고 촉구하는 것처럼 말이지요."라고 말했다. 푸틴은 대답했다. "우리는 부통령께서 사카쉬빌리 대통령에게 전화로 뭐라 말씀하셨는지 모두 정확히 알고 있습니다."

우리는 미사일 방어망에 대해 서로 만족스럽게 합의하지 못했다. 러시아에 계속 정보를 제공하겠지만, 미사일 재배치는 계획대로 진행될 것이라고 최종적으로 말했다. 그는 불쾌해했다. 회의가 끝나갈 무렵 푸틴은 자기 사무실을 둘러보라고 했다. 신경 써서 준비된 가구들이 인상적이었다. "자본주의가 할 수 있는 일이 정말 놀랍지 않습니까?" 나는 높은 천정을 올려다보며 말했다. "엄청나군요."

나는 다시 아래를 보면서 그의 얼굴을 바로 보았다.

"푸틴 총리님, 저는 지금 총리님의 눈을 들여다보고 있습니다. 총리께 속내가 있는 것 같지는 않군요." 내가 말했다.

그는 몇 초간 나를 보고는 미소를 지었다. "우리는 서로를 이해하고 있군요." 그가 말했다.

4년 후, 목요일 오후 시속 1,000km/h가 넘는 속도로 대서양 상공을 비행하고 있었다. 나는 작은 전용 객실에 앉아 믿음직한 해외 정책 보좌관들과 보고서를 검토하며, 그 출장에서 반드시 이뤄내야 할 것이 정확히 무엇인지에 대해 이야기를 나누고 있었다. 에어포스 투는 그날 저녁에 브뤼셀에 내릴 예정이었다. 거기서 나는 유럽연합^{EU}의 최고 지도자들과 예정된 회의를 하고, 다음날 벨기에 수상과 일대일 회의를 했다. 하지만 그것은 그저 그 주에 열릴 뮌헨 안보 회의에서 해야 할 중요한 일의 전초전에 불과했다. 이 회의는 블라디미르 푸틴이라는 무시할 수 없는 존재를 맞이해 마치 원점으로 돌아간 듯했다. 또다시 러시아 연방의 대통령이 된 푸틴은 형편없는 짓을 하고 있었다. 2009년에 오바마 대통령의 해외 정책에 대한 주요 목표를 전 세계에 알리기 위해 취임한 지 불과 3주 만에 뮌헨 안보 회의에 참석한 적이 있었다. 그 연설 중 일부는 푸틴을 겨냥한 것이었다.

러시아의 지도자는 유럽 안보에 대한 대통령의 약속뿐만 아니라 그러한 노력을 함께할 파트너로 러시아를 맞이하려는 대통령의 희망을 새겨들어야만 했다.

우리 새 정부는 한층 더 강화된 유럽 방어를 지원하고, 평화와 안보를 지키는 데 있어 증대된 유럽연합의 역할과 근본적으로 더 강화된 나토와 유럽연합의 동맹 관계 그리고 우리의 공통 목표와 원칙을 공유하는 동맹국 이외의 국가들과의 긴밀한 협력을 지지한다고 말했다. 나는 이렇게 말했다.

"미국은 나토의 이득이 곧 러시아의 손실이라거나 러시아의 힘이 나토의 약화를 의미한다는 생각을 거부합니다……."

"대통령의 말을 바꿔 말하면, 재설정 버튼을 누르고 우리가 러시아와 협력할 수 있고, 또 그래야 하는 많은 영역을 다시 생각해볼 때가 온 것입니다. 미국과 러시아는 의견이 다를 수 있습니다. 하지만 그렇다 하더라도 이해관계가 일치하는 곳에서는 협력할 수 있습니다. 그리고 미국과 러시아는 여러 곳에서 이해관계가 일치합니다."

나는 대통령의 입장을 매우 분명히 밝혔다. 우리는 언제든지 협력할 용의가 있었다. 하지만 기본적인 원칙은 있었다.

나는 "우리는 어떤 나라든 영향력을 행사하는 것을 인정하지 않을 겁니다."라고 장담했다. 이 말은 그 회의의 참석자들은 모두 미국과 미국의 나토(북대서양조약기구) 동맹국들이 러시아가 구소련 공화국들을 그들의 의사에 반해 강제로 자신의 영향권 안으로 넣으려는 걸 그냥 두고 보지 않겠다는 뜻이다.

"우리는 주권을 가진 국가는 스스로 자신의 문제를 결정하고 자신의 동맹을 선택할 수 있는 권리가 있다고 생각합니다."

우리 정부는 40년간 유지되어 온 자유주의적 국제 질서를 촉진하고 확장하려 하고 있었다. 그것은 모든 독립 국가들이 각기 합의된 안전한 국경 안에 존재하는 자유롭고, 온전하고, 평화로운 유럽이었다.

2015년 2월, 나는 뮌헨으로 향하고 있었다. 블라디미르 푸틴이 역사적이고 광범위한 헬싱키 협정의 일환으로 1975년에 소비에트 지도자들이 수락한 원칙을 더 이상 지키고 싶지 않다는 신호를 보내왔기 때문이다. 그는 국경의 신성함이라는 원칙을 지키려는 유럽의 결정을 시험하고 싶어 했다. 그리고 그것을 우크라이나에서 거리낌 없이 행동으로 보이고 있었다. 뮌헨으로 향하는 나의 주요 목적은 우리의 유럽 동맹국들에게 우리 편에 설 것을 촉구하고, 러시아가 약한 이웃들을 괴롭힌 대가를 치르게 될 것이라는 사실을 푸틴에게 경고하는 것이었다.

우크라이나 국민은 그전 한 해 동안 무섭고, 때로는 참혹한 롤러코스터를 타고 있었다. 나는 그들과 거기에 함께 타고 있는 기분이었다. 2013년 말, 우크라이나 대통령 빅토르 야누코비치^{Viktor Yanukovych}가 우크라이나를 유럽연합에 편입시키겠다던 약속을 저버리자 키이브의 한 광장에서 민중 시위가 시작되었다. 이 '유로마이단' 시위는 일시적인 봉기에서 시작해 진정한 정치 운동으로 성장했다. 그런데 그 상황에 대한 야누코비치 대통령의 대응에는 문제가 있었다. 2009년 이후 줄곧 그와 함께 일했던 나는 그가 어려운 상황에 부닥쳤다는 걸 알고 있었다. 본인이 한 EU 서약을 지키라는 압력이 야누코비치에게 가해지는 가운데 푸틴은 그 움직임을 저지하고 우크라이나를 러시아의 영향권 아래 두기 위해 그에게 더 심하게 압박을 가하고 있었다. 야누코비치는 그 상황을 제대로 풀어나가지 못했다. 그는 규모가 커지고 있는 독립 광장의 민주적 존엄 혁명을 저지하기 위해 결국은 폭동 진압 경찰을 키이브 거리에 풀었다. 경찰들은 시위대를 방해하고 다치게 하다 결국은 죽였다. 독립 광장의 시위자들은 그 죽음의 겨울 3개월 동안 무자비한 포위 공격을 당했다. 그들은 죽음 앞에서도 물러서기를 거부하고 광장을 무대로 무장 집단으로 변해갔다. 시위대는 정부 건물을 점거하고 방어벽을 쳤다. 그렇게 해서 그들은 지휘본부와 시위대를 위한 식당과 야누코비치의 제복을 입은 경찰과 사복을 입은 폭력배들에게 맞아 피 흘리는 사람들을 위한 응급 치료소를 마련할 수 있었다. 5만 명 이상으로 불어난 시위 참여 군중은 계속 늘어나고 있었다. 2014년 2월 중순이 되자, 그들은 의회 건물로 서서히 움직였다.

저격수들이 수십 명의 시민을 암살하고 있던 2014년 2월 말, 야누코비치가 훨씬 더 악랄한 탄압을 고려하고 있다는 믿을 만한 보고를 받고, 나는 마지막으로 그에게 긴급하게 전화를 걸었다. 나는 여러 달에 걸쳐 그에게 국민 탄압을 멈추라고 계속 경고했다. 하지만 시위가 발생한 지 3개월이 지난 그 날 밤, 나는 모든 게 끝났다고 그에게 말했다. 그가 총잡이들의 활동을 중지시키고 물러나야 할 때가 온 것이다. 실질적인 그의 지지자들은 크렘린의 정치 후원자와 그를 조종하는 사람들뿐이었다. 나는 그에게 그것을 일깨워 주었다. 그는 자신의 러시아 친구들이 이런 재앙으로부터 그를 구해줄 거란 기대를 해서는 안 된다. 나는 야누코비치에게 우크라이나 국민의 신뢰를 잃었으며, 그렇게 국민을 계속 죽인다면 역사에 의해 혹독한 심판을 받게 될 거라고 말했다. 이 치욕스러운 대통령은 시위대의 용기와 결단 덕분에 다음 날 우크라이나를 빠져나갔다. 그리고 정부의 통제권은 아르세니 야체뉴크라는 젊은 애국자의 손에 임시로 넘어갔다.

우크라이나가 승리를 거둔 지 며칠 만에 나쁜 소식이 들려왔다. 키이브의 꼭두각시를 잃은 데 기분이 상한 블라디미르 푸틴이 즉각 국경 너머로 군대를 보내 크림반도라는 우크라이나의 영토를 합병해 버린 것이다. 서방 국가들은 그러한 합병을 비난했지만, 그 밖의 다른 행동은 취하지 않았다. 푸틴은 멈추지 않았다. 그 후 6개월 동안 그는 우크라이나 동쪽의 다른 주들을 위협하더니 국경 너머로 러시아의 탱크 부대를 보내 저항하는 우크라이나 국민을 살해했다.

2014년 9월에 그가 서명한 민스크 휴전 협정은 그를 저지하는 데 아무런 도움이 되지 못했다. 휴전이 효력을 발휘한 지 두 달 만에 거의 1천여 명이 살해됐다. 국내에서 추방된 우크라이나 국민의 숫자는 50만 명을 향해가고 있었다. 그것은 곧 우크라이나 난민 숫자가 되었다. 내가 다시 유럽으로 향했던 2015년 2월 초, 푸틴의 후원을 받고 있던 분리주의자들이 러시아 국경에서 80km 성도 떨어진 도로와 칠도의 전략적 교차 지역인 데발체베Debaltseve를 지키고 있던 우크라이나 병사들을 공격하고 있었다. 그리고 푸틴은 우크라이나 경제를 불안하게 하고, 키이브에 새로 선출된 정부를 무너뜨리기 위해 자신이 할 수 있는 모든 것을 하고 있었다.

나는 그러한 위기 상황을 해결하기 위한 우리 정부의 특사였다. 그리고 그것은 정확히 내가 하고 싶었던 일이었다. 학자들이 뉴스에 나와서 우크라이나가 서방 세계에 패배를 안겨다 줄 것이며, 내가 만약 2016년 대통령 선거에 출마한다면 그것은 목구멍에 걸린 가시처럼 골칫거리가 될 거라고 말했다.

"그는 우크라이나 정책에 매여 있습니다. 그래서 쉽게 공격받을 가능성이 높습니다." 펜실베이니아에서 온 한 대통령 장학생은 기자에게 그렇게 말했다. 나는 크게 신경 쓰지 않았다. 중요한 원칙이 위기에 처해 있었다. 그것은 큰 나라는 작은 나라를 공격하지 않아야 한다는 것이다. 특히, 그들이 그러지 않겠다고 말하고 나서는 더더욱 그래서는 안 된다. 우크라이나에 대한 공격이 특히 화가 나는 것은 푸틴이 명백한 협정뿐만 아니라 오랫동안 지켜온 국제적 규범을 어겼다는 것이다. 우크라이나는 수년 전에 미국과 영국, 그리고 러시아로부터 자신의 국경과 주권을 존중받는 대가로 핵무기 프로그램을 포기했다. 세 강대국 중 두 나라는 그 약속을 지켜왔다.

2015년 2월 6일 금요일 밤, 우리는 안개에 싸인 뮌헨에 착륙했다. 피네건과 나는 눈발이 날리는 가운데 자동차를 타고 노란색 가로등이 켜진 어두운 거리에 위치한 웨스틴 그랜드 호텔로 향했다. 나는 이 도시를 잠깐 방문하는 동안 처리해야 할 일에 대해 깊이 생각했다. 우크라이나의 위기 상황에서 나는 지난 몇 년 동안 아주 좁은 바늘귀에 실을 꿰고 있었다. 오바마 대통령은 우크라이나 사람들의 심정에 공감했다. 하지만 이 지역 분쟁이 러시아와의 뜨거운 전쟁으로 격화되게 하지는 않을 생각이었다. 버락은 현대 세계사를 전공한 학생이자 예리한 사람이었다. 그는 작은 화재가 누구도 통제할 수 없는 끔찍한 대화재가 될 때까지 뜻하지 않게 그것을 키우게 되는, 옛날부터 전해오는 오래된 실수를 항상 경계했다. 그리고 그는 미국이 제2차 세계대전 이후에 스스로 저지른 커다란 실수들이 너무 심하게 경계한 결과였다는 사실을 뼈저리게 인식하고 있었다. 그는 때때로 내게 새로운 우크라이나 정부에 지나치게 많은 약속을 하지 말라고 주의를 주었다. "우리는 82 공수 부대를 파견하지는 않을 겁니다, 조. 그들은 그걸 알고 있어야 합니다." 대통령과 나는 우리가 유럽 동맹국들을 설득해 러시아에 대한 상당한 경제 제재를 지지하고 확대하도록 해야 한다는 데 동의했다. 하지만 경제 제재는 미국과 미국의 유럽 동맹국의 입장이 다른 만큼 실현되려면 갈 길이 멀었다.

오바마 대통령은 항상 유럽의 빅 4인 영국, 독일, 프랑스, 이탈리아가 우려하고 있는 것을 염두에 두고 있었다. 그래서 그 나라의 지도자들과 끊임없이 연락을 취했다. 그 네 나라 중 가장 영향력 있는 독일의 앙겔라 메르켈^{Angela Merkel} 총리는 통제 불능의 위기를 만들어 내는 우크라이나의 대치 상황을 극도로 염려하고 있었다. 심지어 그녀와 다른 지도자들은 경제 제재와 러시아에 대한 수출 금지가 자국 기업체들을 힘들게 했을 때 그들이 자국에서 맞게 될 정치적 반발을 훨씬 더 걱정하고 있었다. 그들 중 아무도 지도자가 부패를 저지르고 사적으로 금융 거래를 하는 등 자멸을 초래하고 있는 신생 민주국가를 구하는 데 자신의 정치적 자본을 걸려는 적극적인 열의가 없어 보였다. 폴란드와 루마니아, 발트 제국, 발칸 지역과 같이 유럽에서 좀 더 최근에 우리의 동맹이 된 나라의 지도자들과 자주 연락을 취함으로써 어쩌면 생각이 흔들렸던 것도 같다. 러시아가 우크라이나로 진입한 것을 보고 그들은 탄광에 든 카나리아가 된 것 같은 느낌이 들었다. 그들은 만약 서방 세계가 든든히 지켜주지 않는다면, 푸틴은 러시아 국경과 인접한 그들의 국경을 분할하기 시작할지도 모른다며 두려워하고 있었다. 하지만 러시아는 그보다 더한 일도 벌일 수 있었다.

피네건과 보좌관들, 그리고 내가 마침내 웨스틴 호텔의 객실로 들어온 것은 거의 밤 열 시가 다 되어서였다. 나는 보고 자료를 다시 살펴보고 다음 며칠 동안의 시나리오를 검토하기 시작했다. 나는 토요일 오후에 뮌헨 회의에서 연설할 예정이었고, 주말에는 6개 이상의 공식 회의가 있었다. 가장 중요한 것은 토요일 정오 바로 전에 열리는 우크라이나의 페트로 포로셴코^{Petro Porroshenko} 대통령과 메르켈 총리와의 삼자 회의였다. 메르켈과 프랑스의 프랑수아 올랑드^{François Hollande}는 위태로운 민스크 협정의 새롭게 수정된 버전을 규정하고 실행하는 것을 두고 푸틴과 한창 강도 높은 협상을 벌이고 있었다. 메르켈은 다음 날 푸틴과 전화 통화를 하기로 되어 있었다. 그래서 나는 메르켈에게 미국이 포로셴코와 그의 나라 우크라이나의 국경을 위해 강경한 태도를 취할 준비가 되었음을 이해시키기 위해 삼자 회의에서 포로셴코 편에 서고 싶었다. 하지만 그 모든 것에 앞서 나는 안보 회의에서 메르켈 총리가 하는 연설을 꼭 듣고 싶었다. 그래서 그것이 내가 공적으로 해야 할 일의 목록 맨 위에 올라와 있었다. 연설까지는 이제 10시간도 안 남았다.

총리는 그다음 날 자신의 연설에서 강경한 태도를 취했다. "우크라이나의 영토 보전과 주권이 짓밟히는 것을 지켜보고 있습니다. 국제법이 무너지고 있습니다."라고 그녀는 말했다. 하지만 내 입장에서 보면 그녀는 더 강경해야 했다. 수동태는 그녀의 말을 약화했다. 그리고 그녀가 연설한 후에 열세에 놓인 우크라이나의 군대에 실질적인 무기를 제공하는 것은 고려하지 않겠다고 딱 잘라 거절한 것은 나를 실망하게 했다.

"우크라이나에 필요한 진전은 무기가 더 많아진다고 이루어지는 것이 아닙니다." 그녀는 그렇게 말했다. 그 점에 있어서 그녀는 누구나 가질 수 있는 군중의 동정심만 가진 것처럼 보였다.

나는 메르켈의 연설장을 나와 보좌관에게 연설을 손봐야겠다고 말했다. 내 말은 최대한 직설적이고 선언적이어야 했다. 연설문을 고칠 수 있는 시간은 4시간도 채 안 되었다. 그리고 우선 메르켈과 포로셴코와 회의를 해야 했다. 나는 담당 팀에게 연설 문구를 검토하라고 지시했다. 그리고 그들에게 분명히 의미해야 할 것이 빠지지 않았는지 확인하라고 한 후 가능한 한 빨리 돌아와 돕겠다고 했다.

포로셴코 대통령과 메르켈 총리와 회의를 한 방은 잘 꾸며져 있지 않았다. 우리는 회의실 구석에 있는 비교적 작은 탁자에 앉았다. 그것은 긴밀한 대화가 이루어질 거라는 걸 의미했다. 포로셴코는 내가 있어서 안심되는 듯했다. 그는 우크라이나의 성공 그 자체를 위해서, 그리고 또 유럽의 결의를 러시아에 보여 주는 증거로서 내가 우크라이나의 성공을 위해 헌신하고 있음을 알고 있었다. 나는 우크라이나의 위기가 가져온 결과가 좋든 나쁘든 수십 년 동안 중부와 동부 유럽의 분위기를 결정할 거로 생각했다. 나는 9개월 전 포로셴코가 대통령으로 당선된 이후 계속 그를 가혹하게 대해 왔다. 그가 유럽인들이 러시아에 대한 제재를 지키지 않게 할 어떠한 빌미도 제공해서는 안 된다는 걸 그에게 분명히 했다. 그는 야체뉴크가 이끄는 반대당과 포로셴코 자신의 당 양쪽에서 소련 통치 시기와 소련 붕괴 후 우크라이나의 정치 문화에 뿌리박힌 부패 요인들과 계속 싸워야 했다. 그러나 그는 이미 국제통화기금International Monetary Fund 으로부터 원조를 받고, 미국으로부터 대출 담보를 받을 수 있도록 내가 도와줄 거라는 걸 알고 있었다. 그리고 내가 장관급 회의에서 우크라이나 군대에 훈련을 제공하자고 강하게 밀어붙이고 있으며, 이미 우크라이나 군대에 러시아 박격포의 위치를 알아내는 데 필요한 특수 레이더 같은 비 살상 무기를 제공할 수 있게 되었다는 것도 알고 있었다. 포로셴코가 우크라이나의 미래가 걸린 내 위기의식을 놓쳤을 리가 없었다.

포로셴코는 자신이 메르켈과 함께할 정도로 위상이 훨씬 더 높아졌다는 것도 알고 있었다. 그녀와 푸틴의 관계는 최근 몇 달 내에 우크라이나에서 푸틴이 한 행동 때문에 틀어져 있었다. 여기서 푸틴은 악당이었다. 메르켈 총리는 그날 우리 회의에서 포로셴코를 안심시켰지만, 그런데도 자신이 우리 편에 섰으니 그에게 푸틴을 위해 일종의 '출구'를 만들어 주라고 압박했다. 그녀는 다음 날 푸틴에게 가져다줄 수 있는 양보안을 우크라이나 대통령에게 내놓으라고 하고 있었다. 그녀는 러시아 지도자가 떠나면서 승리했다고 생각할 수 있어야 한다고 믿었다. 그녀는 분명히 말하지는 않았지만, 포로셴코에게 협상 테이블에서 내놓을 수 있는 무언가를 찾으라고 계속 요구했다. 그녀가 푸틴에게 필요한 것에 사용한 말은 '체면이 서는' 출구였다.

"우리는 여기서 희생자를 비난해선 안 됩니다." 나는 포로셴코에게 고개를 끄덕이며 말했다. 나는 푸틴이 민스크 협정 아래 자신이 한 약속을 전혀 지키지 않은 데 대한 책임을 져야 한다고 지적했다. 우크라이나의 지도자는 다른 지역에 더 많은 자치권을 주겠다고 제안하거나, 러시아어를 극동 지역의 공통 공식 언어로 지정하거나, 전선에서 자신의 중포병 부대를 철수시킬 수 있었다. 하지만 우선되어야 하는 것은 푸틴의 조치였다. 푸틴은 먼저 그의 탱크와 병사들을 철수시키고, 국경 지역의 통제권을 우크라이나로 다시 넘겨야 했다. 포로셴코 대통령이 어떤 것을 내 주기 전에 우크라이나의 국경 회복이 선행되어야 했다. 회의가 끝날 때쯤 메르켈은 내게 매우 실망한 것 같았다.

회의를 마치고 나니 연설문을 다시 쓸 시간이 아주 조금밖에 남지 않았다. 점심을 먹는 단 1시간과 그 이후 남는 시간 30분뿐이었다. 그날 오후 3시에 강단에 서기로 되어 있었다. 하지만 3시 5분이 됐는데도 나는 연설문 작성자에게 수정한 문장을 불러주고 있었다.

"러시아는 정체를 알 수 없는 리틀 그린 맨(러시아군으로 추정되는 소속 불명의 우크라이나 반정부 시위대)들과 분리주의자들에게 제공한 다양한 탱크들을 비밀에 부치려 했습니다. 하지만 우리는 그것들이 존재한다는 명백한 증거를 여러분에게 제공했습니다. 여러분도 사진을 본 적이 있을 겁니다."

3시 10분에도 나는 계속 문장을 불러주고 있었고, 보좌관의 혈압은 이미 위험 수준까지 올라갔다. 하지만 나는 제대로 해야만 했다.

"러시아의 경제를 무너뜨리거나 약화하는 것이 미국의 목표가 아닙니다. 그것은 우리의 목표가 아닙니다. 하지만 푸틴 대통령은 단순하고 냉정하게 선택해야만 합니다. 우크라이나에서 나오거나, 아니면 계속되는 고립과 늘어나는 자국의 경제적 비용을 감당하거나."

전체 그림 속에서 15분 늦는 게 대수겠는가? 20분이면 어떻고 25분이면 어떻단 말인가?

"신사 숙녀 여러분, 오늘 의장님께서 앞서 말씀하신 것처럼 저는 6년 전에 이 자리에 서서 저희 정부의 가장 우선적인 해외 정책에 관한 연설을 하면서 '재설정'에 대해 이야기했습니다." 나는 계획보다 32분 늦게 시작해 겨우 28분간 연설을 했다. 나는 선언적이었고 직설적이었다. "미국과 유럽은 시험을 당하고 있습니다. 푸틴 대통령은 그가 변하면 우리의 초점도 달라진다는 사실을 알아야 합니다."라고 나는 말했다. "우리는 이 중요한 관계를 재설정하는 것에서 유럽의 자유와 안정이 달린 근본적인 기본 원리를 거듭 주장하는 쪽으로 입장을 바꿨습니다. 그리고 다시 한번 더 말씀드리겠습니다. 신성한 국경과 세력권 없는 세상, 자신의 동맹을 선택할 수 있는 주권, 그것은 아무리 반복해 말해도 부족합니다. 아무리 반복해도 지나치지 않습니다. 오늘 아침 메르켈 총리께서 말씀하신 대로 우리는 우크라이나를 지원하겠다는 의지를 확고히 하고 하나가 되어야 합니다. 우크라이나에서 일어난 일은 그곳을 넘어서 반향을 불러일으킬 것입니다. 우크라이나 문제는 모두에게 중요한 일입니다. 단지 유럽에서만이 아니라 전 세계에 중요한 일입니다. 모두가 공격의 대상이 될 수 있습니다."

나토 동맹국에게 우크라이나에 무기를 제공하는 것이 우리의 도덕적 의무라는 식으로 말하기 위해 최대한 노력했다. 우크라이나 국민은 진정한 용기를 보여 주었다. 그리고 그들이 러시아의 단호한 군사 공격을 전혀 막아내지 못할 가능성이 크더라도, 그들이 자신을 보호하기 위해 필요한 준비를 하는 데 도움받을 자격이 있다고 믿었다.

"푸틴 대통령은 아주 여러 번 평화를 약속했습니다. 그러고는 탱크와 군대, 무기들을 동원했습니다. 그러므로 우리는 우크라이나의 안보를 위해 지원을 계속할 것입니다. 그것은 전쟁을 부추기는 것이 아니라 우크라이나가 스스로를 지킬 수 있도록 하기 위한 것입니다. 그렇다고 우리가 우크라이나에 군사적 해결책이 있다고 믿는 것이 아니라는 점은 분명히 하겠습니다. 하지만 그와 마찬가지로 러시아 역시 지금 그들이 하는 행위를 할 권리도 없다는 점을 분명히 하겠습니다. 우리는 명예로운 평화를 시도해야 한다고 믿습니다. 반면, 우크라이나 국민이 스스로 방어할 권리도 가지고 있다고 믿습니다."

그 방 안에 있는 모든 정책 결정권자들이 박수를 보내는 동안 잠시 멈췄다. 나는 그 박수가 결의와 다름없는 것이길 바라고 있었다.

연설이 끝나자 내가 말하고 싶은 것을 다 말했다는 생각이 들었다. 특히, 뮌헨에서 미국 의회 대표단을 이끌고 있던 존 매케인John McCain이 자기가 들어본 내 연설 중 최고였다고 말한 후에는 더 그러했다. 그의 지지는 개인적으로 내게 중요했다. 그리고 상황적으로도 중요했다. 돈줄을 쥐고 있는 곳이 의회였기 때문이었다. 우리가 우크라이나에 무기를 제공해야만 한다면 의회가 그렇게 할 돈의 지출을 승인해야 했다. 그리고 양당의 지지율이 높아지고 있는 것으로 보였다. 내가 말하는 것이라면 거의 찬성하는 일이 없는 테드 크루즈Ted Cruz 상원의원조차 사면초가에 몰린 우크라이나 전사들을 지원해야 한다는 데 동의했다. 공화당 상원의원 린지 그레이엄Lindsey Graham도 그랬다. 메르켈 총리는 "기꺼이 자유를 위해 싸우다 죽겠다는 사람들이 어떻게 상황을 호전시키는지 보고만 있을 수는 없다."라고 말했고, 린지 그레이엄은 뮌헨에서 기자들에게 이렇게 말했다. "저는 돕겠습니다."

　일요일 이른 아침에 뮌헨은 눈이 내린데다가 기온이 영하를 벗어나지 못하고 있었다. 그래서 그날 오후 손녀딸 피네건과 함께 어렴풋이 보이는 초소 근처에 있는 출입문 쪽으로 걸어가는 데 발아래서 저벅저벅 거리는 소리가 났다. 출입문에는 95세나 된 노인이 휠체어에 앉아 우리에게 인사를 하려고 기다리고 있었다. 나는 동유럽의 몇몇 동맹국가의 지도자들을 안심시키고, 몬테네그로Montenegro 대통령에게 그 나라의 나토 합류 기회를 어떻게 늘릴지에 대한 조언을 해 주고, 이라크의 쿠르드 지역 정부Kurdish Regional Government 지도자에게 그들의 나라에서 ISIL을 몰아내려고 노력하고 있는 이라크의 새 총리 하이데르 알 아바디Haider al-Abadi를 도와달라고 설득하면서 그날 오전을 보냈다. 아바디는 모든 지역으로부터 도움을 구하고자 뮌헨에 와 있었다. 그리고 나는 1시간 내내 약간 의기소침해 있던 그에게 용기를 주었다. 그럴 만도 했다. 회의 첫날이 끝날 무렵 주제가 우크라이나에서 ISIL로 바뀌었을 때 한 기자가 이렇게 말했다. "회의장이 텅 비었습니다. 아바디를 위한 사람들은 남아 있지 않습니다. 좋은 징조가 아닙니다." 나는 그에게 그를 위해 남아 있겠다고 약속하고 회의장을 떠나지 않았다.
　일요일 오후가 되어서야 그 주의 공식 업무가 마침내 다 끝났다. 하지만 할아버지로서의 해야 할 일이 남았다. 부통령으로서 해야 할 일보다 할아버지로서 해야 할 일을 덜 중요하다고 생각하지 않는다. 피네건과 내가 독일에서 마지막으로 들른 곳은 제2차 세계대전 당시의 '다하우 강제 수용소Dachau Concentration Camp'였다. 우리는 가이드를 동반해 그곳을 둘러보았다. 현장 학습은 바이든 집안의 또 다른 전통이었다. 이곳은 내가 내 자식들과 손주들 모두가 와 봐야 한다고 생각하는 곳이었다. 나는 보와 헌터와 애슐리가 10대일 때 따로따로 다하우에 데려왔었다. 그리고 피네건도 이제 그 나이가 되었다.

자식들과 손주들에게 다하우를 보여 주어야겠다는 내 고집은 내 아버지와 관련되어 있다. 아버지는 내가 아이였을 때 식탁에 앉아 두려운 홀로코스트에 대해 말씀하시곤 했다. 이야기는 그리 길지 않았다. 그리고 아버지는 우리에게 설교하거나 히틀러가 독일에서 유대인의 씨를 말리려 했다는 것에 대해 거창한 연설을 하시지도 않았다. 하지만 그는 진정한 지혜를 전해 주셨다. 아버지는 우리에게 그러한 규모의 정치적 운동이 비밀리에 진행되었을 리 없다는 사실을 일깨워 주셨다. 독일 사람들이 그러한 일이 벌어지고 있다는 것을 몰랐다는 생각은 어불성설이었다. 아버지는 인간들이 믿을 수 없을 만큼 잔혹해질 수 있었다는 사실을 나와 내 여동생, 내 형제들이 이해하기를 바라셨다. 그리고 그는 인간이 말도 안 되는 일이 자기 주변에서 벌어지고 있을 때 외면하고 침묵할 수도 있다는 사실을 우리에게 깨우쳐 주셨다.

휠체어에 앉아 있던 막스 만하이머Max Mannheimer는 젊었을 때 다하우와 다른 강제수용소에 수용되었던 사람이었다. 그와 남자 형제 한 명은 살아남았지만, 그의 아내와 부모, 여자 형제들과 다른 남자 형제는 모두 죽임을 당했다. 나는 피네건에게 그의 개인적인 이야기를 들어보라고 했다. 그리고 여행을 준비하라며 손녀에게 읽을 자료도 조금 주었다. 다하우는 1933년에 운영에 들어간 나치의 첫 번째 강제 수용소였다.

처음 수용된 사람들은 히틀러의 정적들인 독일 공산주의자들과 사회민주주의자, 노동조합원들이었다. 그런 다음 '여호와의 증인'과 집시, 동성애자 그리고 나치가 '바람직하지 않다'고 여긴 사람들이 수용되었다. 1930년대 후반에 들어 나치는 수용소를 유대인으로 채우기 시작했다. 1940년과 1945년 사이에 다하우에서는 거의 3만 명의 수용자들이 일하다 죽거나 살해당했다. 아무도 그 이전에 다하우에서 몇 명이 죽임을 당했는지는 확실히 말할 수 없다. 나는 피네건에게 마틴 니묄러 Martin Niemöller 가 쓴 다음 시가 들어있는 에세이를 읽어보라고 주었다. 마틴 니묄러는 전쟁 끝 무렵에 독일 강세수용소로 끌려간 개신교 목사였다.

처음 그들이 사회주의자들을 잡으러 왔을 때 저는 아무 말도 하지 않았습니다.

왜냐하면 저는 사회주의자가 아니었으니까요.

그런 다음 그들이 노동조합원들을 잡으러 왔을 때 저는 아무 말도 하지 않았습니다.

왜냐하면 저는 노동조합원이 아니었으니까요.

그런 다음 그들이 유대인을 잡으러 왔을 때 저는 아무 말도 하지 않았습니다.

왜냐하면 저는 유대인이 아니었으니까요.

그런 다음, 그들이 나를 잡으러 왔을 때 저를 위해 말을 해줄 사람이 아무도 없었습니다.

피네건과 나는 여행 가이드와 만하이머 씨의 안내를 받아 수용소를 둘러보았다. 내가 30년 전에 피네건의 아버지 헌터와 함께 갔던 것과 경로는 같았지만, 분위기는 조금 달라져 있었다. 마치 방문자들의 마음을 덜 불편하게 하기 위해 배치를 바꾼 것 같았다. 그들은 여러 해에 걸쳐 참혹한 부분을 순화시켰다. 나는 다하우 현장 인쇄 자료의 문구에서 그것을 알아차려야 했다. "독일은 모든 계절이 그 나름대로 매력이 있기 때문에 여러분은 아무 때나 수용소를 방문할 계획을 세우셔도 됩니다." 거기에는 그렇게 쓰여 있었다. 다하우 거주 구역에는 여전히 이층 침대가 있었다. 그걸로 우리는 나치가 수만 명의 사람을 어떤 식으로 수용소에 가둬놨는지 알 수 있었다. 전에 방문했을 때, 이층 침대의 나무 프레임에 이름들이 새겨져 있던 걸 본 기억이 났다. 하지만 이제 이층 침대들은 칠을 한 듯 말끔해 보였다.

가이드는 처음에 피네건과 나를 캠프의 가장 악명 높은 가스실로 데려가길 주저했다. 하지만 나는 고집했다. 보와 함께 처음 거기 갔을 때, 어떻게 저 건물로 걸어 들어가야 할지 생각하고 있었다. 가이드들은 우리에게 수용소 간수가 그들의 희생자들에게 샤워할 거라고 말하고 신발과 옷을 벗고 틀니를 빼라고 지시했다고 설명했다. 그런 다음 가이드들은 우리를 바로 그 가스실로 데리고 들어가서 등 뒤에서 무시무시하게 문을 쾅 닫았다. 오늘 다하우의 가이드들은 수용자들이 거기서 가스를 마시게 하지 않았다거나 아주 드물게 사용되었을 뿐이라고 주장하고 있다. 하지만 나는 피네건이 그 모든 것을 보기를 바랐다. 그리고 간수들이 총에 맞아 죽었거나, 목매달아 죽었거나, 굶주림으로 죽었거나, 의학 실험을 위해 살해되었거나, 실제로 가스를 흡입해 죽은 희생자들을 화장했던 시체 소각실을 그 아이에게 보여 주고 싶었다. 막스 만하이머는 살아있는 증인이었다. 그는 강제 노동 수용소 근처에서 죽은 희생자들의 시체를 수레에 싣고 다하우의 시체 소각실로 끌고 가야만 했다.

피네건은 그 모든 것을 보고 들었다. 그런 다음 우리는 밖으로 나와 몇 블록 떨어진 곳에 중산층의 집으로 보이는 기와집들이 줄지어 있는 것을 담장 사이로 보았다. 1930년대와 40년대에 그 집에 살았던 사람들은 이 강제 수용소에서 무슨 일이 벌어지고 있는지 알았어야 했다. 나는 손녀가 이해하기를 바랐다. 그들은 말 그대로 인간의 살이 타는 냄새를 맡을 수 있을 만큼 가까이 있었다. 어떻게 그들이 모를 수 있단 말인가?

피네건이 내가 공직에서 한 일들의 많은 부분에 영감을 주었던 것과 같은 본능적인 충격을 느끼길 바랐다.

"봐라, 얘야. 이 일은 다시 일어날 수 있단다. 이런 일은 지금도 이 세상 다른 곳에서 일어나고 있어. 너는 너의 신념을 표현해야 한다. 그냥 침묵을 지키면 안 돼. 침묵하는 사람은 공범인 게야."

Joe Biden

Promise me, Dad

�֍
�֍
✷

제6장

It Has to Be You

당신이어야 합니다

밤하늘이 평소와는 달리 어둡고 점점 더 불길한 느낌을 주는 것 같았다. 우리 다섯은 조용한 우리 집 서재의 커다란 창문을 통해 바깥을 내다보며 구름이 땅에 닿을 것처럼 무거워지는 걸 보고 있었다. 기압계의 압력이 가파르게 올라가고 있었다. 이미 영하 9도 이하로 떨어진 기온은 두 자리 숫자를 향해 가고 있었다. 우리는 해군 천문대의 할로겐 가로등 불빛 사이로 이따금 눈송이가 휘날리며 떨어지는 걸 볼 수 있었다. 하지만 2015년 2월 19일 목요일 밤, 방 안의 분위기는 확실히 낙관적이었다. 마이크 도닐런이 준비한 2016년에 대한 22쪽 분량의 새로운 자료에 관해 이야기를 나누기 위해 마이크와 스티브 리체티 Steve Ricchetti, 보와 헌터 그리고 나는 한자리에 모였다. 그는 자료를 9일 전에 우리에게 건네주어서 그것을 자세히 검토할 수 있었다. 대통령 후보 경선이 내게 다가오고 있다는 마이크의 메시지를 그냥 지나칠 수는 없다.

마이크는 자료에서 직설적이고 노골적인 문장으로 의견을 펼쳤다. 2015년 초 우리 경제는 금융 제도의 내적 붕괴의 결과였던 길고 어두운 불황의 터널을 마침내 벗어나기 시작해 상승 중이었다. 그는 내가 그 공로를 주장할 권리가 있다고 주장했다. 경제회복 법안 추진에서부터 은행 안정화와 자동차 산업 구제, 내가 의회에서 공화당원들과 협상했던 골치 아팠던 수많은 예산 및 세금 협상에 이르기까지 나는 오바마 대통령이 이 나라를 위기에서 구해 다시 재기할 수 있도록 하는 걸 돕는 계획을 수립하고 실행한 중요한 협력자였다. 마이크는 누가 그 일을 나보다 더 잘 마무리하겠느냐고 주장했다.

마이크는 몹시 지쳐 있는 미국의 중산층 회복이 2016년 선거 운동의 주제가 될 거라고 확신했다. 공화당원들조차 그런 이야기를 하고 있었다. 그리고 마이크가 분석한 바로는 양당에서 선거 후보로 나설 사람 중 그 누구도 나보다 중산층과 밀접하게 동일시되고 있는 사람은 없었다. 마이크가 지적한 대로 중산층의 관심사는 내 공직 생활 45년 동안의 중심 주제였다. 그는 아무도 나만큼 최근 몇 년 동안 중산층이 무엇 때문에 고통받았는지 더 깊이 이해하고 공감할 수 있는 사람은 없다고 했다. 그리고 국가가 열심히 일하는 평범한 가족들과 오랫동안 유지해 온 합의 내용을 수정해야 할 많은 기회가 생겼을 때 확신을 갖고 말할 수 있는 것도 나를 따를 사람이 없다고 그는 믿었다.

유권자들은 교묘하게 포장된 후보에 식상해 했다. '실수 제조기gaffe machine'로서의 내 명성은 더 이상 약해 보이지 않았다. 대중은 내가 마음에서 우러나오는 말을 하며, 내가 한 말은 진심이라는 것을 알았다. "진정성이 중요하다." 마이크는 그렇게 썼다. 그리고 유권자들이 진정성을 간절히 바란다면, 나는 그 순위의 정상에 있었다.

나는 해외 정책에서 길고 다양한 경력을 쌓았고, 전 세계 지도자들을 사실상 모두 만났다. 마이크는 유권자들이 우리나라가 가까운 미래에 맞이할 도전 과제와 우리의 놀랄만한 힘을 어디에, 어떻게 가장 효과적으로 사용할지에 대한 실질적인 전략이 내게 있다고 믿는다고 말했다.

또한, 당시에는 내가 2008년과 2012년에 막대한 선거 운동 자금을 모으러 다니면서도 선거 운동을 위해 엄청난 금액을 모금하는 데 대해 오랫동안 불편해했던 사실과 일부 터무니없는 기부에 대해 보여 줬던 불편함이 결국 하나의 강점으로 보일 수도 있었다. 유권자들은 정책 문제를 쥐락펴락하고 있는 것처럼 보이는 소수의 억만장자가 제한 없이 선거 운동 자금을 대는 걸 허용하고 심지어 장려하기까지 한 대법원의 '시민연대 판결Supreme Court's Citizens United decision'에 대해 점점 불편해하고 있었다.

"고결한 척 하지 말고 당신만의 입장이 있어야 합니다. 이 체제의 문제가 무엇인지 아는 사람들, 전부터 이 체제의 일부인 사람들, 이 체제가 통제할 수 없는 수준이라는 걸 알 수 있는 사람들이 가진 그런 입장…… 부통령님이 젊은 상원의원이셨을 때 가장 처음(처음이 아닐 수도 있지만) 입안하신 법안은 공공부문 재정을 지원하는 것이었습니다. 부통령님은 그 문제에 오랜 이력을 가지고 계시죠."

두 아들과 최측근 보좌관 두 사람 그리고 나, 이렇게 다섯 사람은 마이크가 제시한 주안점과 마지막 부분에 해당하는 향후 계획을 몇 시간 동안 검토했다. 그는 자료를 통해 앞으로 2개월 간의 의제를 매우 구체적으로 전달했다. 바로 그 전 주에 아이오와에서 전 국민에게 경제 회복 확대에 대한 나의 계획에 대해 연설했다. 그리고 마이크는 내가 뉴햄프셔에서 중산층의 꿈에 대한 연설을, 그다음에는 워싱턴에서 바이든의 대통령 임기 중 해외 정책의 목표에 대해 알리는 연설을, 그다음에는 뉴욕에서 월가와 기업체 지도자들을 상대로 분기 실적과 개인 보너스를 넘어서 자신의 직원들에 대한 책임을 다하라고 촉구하는 연설을 하면서 경제 회복 계획을 구체적으로 보여줘야 한다고 생각했다. 우리는 또한 핵심 인력을 발굴해 모으기 시작해야 했고, 예비 선거 초반과 정당 지도부 간부회의 단계에서 선거 운동 체계를 구축하기 시작해야 했다. 마이크는 여름이나 가을까지 기다릴 필요 없이 4월에 경선 출마를 선언하는 게 낫겠다고 생각했다. 그 모든 것이 낙관적인 듯했다. 발표 문제만 제외하고는.

하지만 나는 2월 마지막 주에서 3월까지 북부 삼각지대 출장을 준비하는 데 방해가 되는 일정은 잡지 않겠다는 확답을 받고 싶었다. 그곳에 가려면 비행기를 오래 타야 했기 때문에 내게도 준비가 필요했다.

대화를 나누면서 내 시선은 자꾸 보를 향했다. 아들은 6주 전에 법무부 장관 임기를 마쳤다. 그래서 더 이상 업무로 인한 압박은 없었다. 아직 늦은 시간도 아닌데 그는 이미 지쳐 보였다. 그의 수척한 얼굴은 창백했다. 아들의 바지 위로 하지 보조기의 윤곽이 드러난 게 보였다. 20년 이상 나는 모든 정치 선거 운동 회의에서 아들에게 조언을 구했다. 보는 그날 밤 거기 있던 사람 중 나를 제외하고는 유일하게 선출직 공무원에 입후보해 당선된 사람이었다. 보의 충고는 내가 그 순간 가장 가치 있게 생각하는 조언이었다. 하지만 그날 밤 그는 그냥 가만히 앉아 있었다. 보는 최근 들어 점점 더 적절한 명사를 떠올리지 못하고 있었다. 그리고 그것과 싸우려는 의지도 줄어든 것 같았다. 애슐리는 내게 보가 더 이상 자기를 언어 치료실로 부르지 않는다고 말했다. 보는 자신의 병세가 악화되는 걸 괴로워하고 있기 때문이었다. 워싱턴의 그 추웠던 2월의 밤, 보는 거의 아무 말도 하지 않았다. 대신 동생에게 무언가 속삭였고, 헌터가 형을 대신해 이야기하곤 했다.

보와 헌터를 보면서 그 방에 있는 사람들 모두 약간의 연극을 하고 있다는 생각이 들었다. 그날 밤에 우리가 마이크의 주장을 실제로 실행할지 말지는 둘째 문제였다. 마치 우리 모두 꼭 필요한 연극을 공들여 하는 것 같았다. 스티브와 마이크는 내 아들들과 나만큼이나 그걸 잘 알고 있었다. 보가 얼마나 내가 대통령 선거에 출마하기를 바라는지 우리는 잘 알고 있었다. 무엇보다도 보가 자기 때문에 내가 출마하지 않는 걸 가장 걱정한다는 것은 모두 잘 알고 있었다. 보는 나를 위해 내 곁에 있을 것이다. 그는 그것을 감당할 수 있었다. 보는 우리에게 그런 확신을 주려고 애쓰고 있었다. 그리고 우리는 보를 안심시키려고 애쓰고 있었다. 그러니 그날 밤 우리 다섯이 다른 생각은 모두 접고, 다음 단계에 대해 의논하는 것 이외에 달리 무엇을 할 수 있었겠는가?

회의가 끝날 무렵까지 눈이 내리고 있었다. 모든 사람이 그날 일을 마치고 일어서고 헌터만 남았다. "아버지, 이야기 좀 할까요?"그가 말했다.

"물론이지, 얘야."

마이크와 스티브가 차를 타러 나가고 보가 자기를 집에 데려다줄 비밀경호국 요원들과 함께 떠나자 헌터와 나는 우리 가족 공간이 있는 2층으로 올라갔다. 그가 얼마나 간절히 이야기하고 싶어 하는지 알 수 있었다. 형의 병세가 빠르게 악화하고 있다는 사실은 정말로 그의 마음이 찢어지는 일이었다. 그 둘은 다음 주에 보의 정기 검진을 위해 휴스턴의 MD 앤더슨 암 센터에 갈 예정이었다. 그리고 날짜가 다가오면서 두 사람은 새로운 이미지가 무엇으로 밝혀질지 점점 더 걱정하고 있었다. 헌터는 긴장한 모습이었다. 보는 여전히 차분했고, 자기를 바라보는 누구에게도 감정을 드러내지 않았다. "다 괜찮아요. 다 괜찮아." 그는 물속에서는 미친 듯이 발을 저으면서 연못 위에서 유유히 떠다니는 백조 같았다. 오로지 헌터만 보이지 않는 곳에서 바쁘게 돌아가고 있는 보의 프로펠러였다.

나는 두 아들이 함께 지내는 걸 보아왔다. 그들은 아주 어렸을 때 사고로 병원에 입원했던 때부터 보가 주 법무부 장관에 처음으로 출마했을 때 헌터가 전략 수립을 도와주던 때까지 늘 함께였다. 이제 45년이 지났다. 나는 그가 열정적으로 활동했던 시절을 잘 알고 있었다. 보가 감정을 억제하려고 무진 애를 쓰면 쓸수록 헌터는 그것을 자기가 떠맡으려고 했다. 보는 자기 심정을 헌터에게는 솔직히 털어놓는 것 같았다.

"보는 두려워하고 있어요. 그걸 지켜보는 게 힘들어요, 아버지."

우리만 남게 되자 헌터가 말했다.

"나도 그게 제일 힘들구나. 얘야. 그것 때문에 한밤중에도 자다 가 깬단다."

2016년을 계획하는 오늘 같은 밤은 하늘이 주신 선물이었다고 헌터가 말했다. 그는 우리 가족 모두에게 이러한 목적, 이러한 출 구가 필요하다고 믿고 있었다. 그러고 나서 헌터는 만약 최악의 일이 벌어지면, 우리가 두 가지를 모두 포기해야 하는 거라고 말 했다. 그는 그런 일이 벌어지게 두고 볼 수는 없다고 말했다. 헌터 는 2012년 말, 버락과 내가 재선된 후, 보와 함께 미래에 관해 이 야기를 나눴다고 했다. 그들은 보가 2016년 주지사에 출마해 당 선될 테고, 그런 다음 내가 백악관에 들어가든 그렇지 않든 보에 게 대통령 선거에 출마할 기회가 생길 거라고 생각했다.

"하지만 지금은 아버지가 하셔야 해요." 헌터는 그렇게 말했다. 나는 헌터가 그 두 사람을 대표해서 말하고 있다고 생각했다.

다음 날 아침, 포로셴코 대통령과 사흘 만에 두 번째 통화를 했 다. 그는 의지할 데가 없다고 느끼고 있었다. 포로셴코가 푸틴의 '체면을 세워 달라는' 요구에 응한 후, 메르켈과 올랑드는 푸틴과 새로운 휴전 협상인 민스크 II를 체결했다. 포로셴코는 몇몇 지역 에서 새로운 선거가 시작될 때까지 우크라이나 국경 일부를 러시 아의 통제 속에 두는 것에 마지못해 동의했다. 그러면 포로셴코 가 얻은 것은 무엇이었는가? 민스크 II는 처음에는 민스크 I만큼 유익한 것처럼 보였다. 러시아의 지원을 받는 우크라이나의 분리 주의자들이 휴전이 효력을 발휘하기 전 몇 시간 동안 적어도 우 크라이나 시민과 군사를 28명이나 죽였다. 그리고 이후 며칠 동 안 교통의 요지인 데바체베Debaltseve에서 학살을 자행했다. 러시아는 많은 중포병 부대를 철수시키러 나타나지 않았다. 그리고 우크라이나 국경으로 탱크 60대를 더 투입했다는 사실이 보고됐다. 나는 포로셴코 대통령에게 공감하고 있으며, 우리가 여전히 함께하고 있다고 말하는 것 외에는 내가 할 수 있는 것이 많지 않았다. 나는 공개적으로 푸틴의 뻔뻔한 새로운 휴전 협정 파기를 비난했다. 그리고 포로셴코에게 러시아 탱크와 중포병 부대의 철수에 대한 합의가 지켜지고 있는지 실제로 감시하도록 하겠다고 했다. 나는 포로셴코 대통령에게 정당하든 아니든 여전히 그의 유럽 동맹국들에게 발뺌할 핑계를 만들어 줘서는 안 된다는 사실을 상기시켰다. 그의 군대가 카이사르의 아내처럼 국경에서 의심을 살만한 행동을 조금이라도 해서는 안 된다고 했다. 즉, 러시아가 지원하는 분리주의자들이 공격을 받았다고 주장하게 할 어떤 일도 해서는 안 되었다. 그리고 포로셴코와 야체뉴크 총리는 국제통화기금이 그들에게 필요한 만큼의 돈을 지원하는 데 서명하기를 바란다면, 계속 힘을 합쳐 반부패법을 통과시키고 의회를 개혁해야 했다. 나는 그들의 군대에 시급하게 필요한 것을 채우는 데 도움을 주기 위해 내가 할 수 있는 모든 것을 하겠다고 했다. 그리고 그날 아침 야체뉴크 총리에게도 같은 이야기를 했다. 하지만 그들 두 사람이 여전히 같은 방에 있으려 하지 않았기 때문에 통화는 따로 해야 했다.

전화를 끊고 나는 국방 분야 참모들을 불러 모았다. 우리는 푸틴과 우크라이나에 있는 그의 대리인들에게 추가로 경제 제재를 할 방법과 우크라이나 군대에 더 많은 장비와 훈련을 제공할 방법을 찾기 시작했다. 우크라이나 국민이 러시아군을 시체 운반 가

방에 넣어서 집으로 보내 버리는 것처럼 러시아가 이런 침략에 대해 진정한 값을 치르게 할 수만 있다면, 푸틴은 공격을 계속하는 것이 현명한 일인지 다시 생각할 수도 있을 것이다.

오바마 대통령이 주도한 경제 회복과 우리가 그것을 중산층으로 확대하기 위해 얼마나 더 많은 일을 해야 하는지 알리기 위해 뉴햄프셔로 날아갔던 2월 25일 수요일은 힘든 하루였다. 아침에 일어나니 목이 따끔거렸다. 그리고 뉴햄프셔 대학교의 루드만 센터Rudman Center에서 그날의 첫 연설을 시작할 무렵에는 기침을 참는 게 힘들었다. 시시각각 상태가 더 나빠지고 있었다. 하지만 나는 이정표를 세우기로 작정했다.

"정부가 일하지 않으면 피해를 보는 사람은 정치인들이 아니라 미국 사람들입니다. 피해를 보는 사람들은 매일 아침 일어나 일터로 가고, 세금을 납부하고, 청구서를 해결하며, 가족을 돌보는 그저 열심히 일하는 평범한 미국 사람들인 것입니다." 나는 그렇게 말했다. "그리고 그들은 자기 지역 사회를 돌보고 있습니다. 피해를 보는 사람들 그들은 바로 중산층입니다." 이 메시지는 의미가 있는 중요한 이야기였다. 2016년의 본질을 규정하는 문제는 미국 중산층에게 닥친 매우 현실적인 문제였다.

"우리가 할 일은 중산층에게 싸울 기회를 주는 것입니다. 이것은 과장된 이야기가 아닙니다. 중산층이 성공하면 모든 사람이 성공합니다. 경제가 활성화되고 노동자 계급과 가난한 이웃들이 더 잘살게 됩니다. 단언컨대 미국이 걸어온 여정의 역사에서 보통 사람들에게 싸울 기회가 주어졌을 때 그들이 나라를 망친 적은 단

한 번도 없었습니다. 절대로, 절대로, 절대로 없었습니다.”

그날 하루 그 주제에 대해 두 번의 연설을 하면서 질의응답 시간을 길게 가졌다. 나는 거기 참석한 사람들과 연결되어 있다고 확신했다. 그들은 누군가 중산층의 꿈에 말을 걸어 주기를 바랐다. 상황이 여전히 얼마나 어려운지 이해하는 사람, 그들의 꿈이 죽지 않았다는 희망을 줄 사람을 그들은 원했던 것이다. 이것은 사람들이 들을 준비가 되었다는 메시지이며, 내가 할 수 있다고 확신하는 것이었다. 중앙아메리카 출장 준비를 위한 회의가 잡혀 있는 워싱턴으로 돌아가기 위해 에어포스 투에 탑승하던 때쯤 나는 녹초가 되었다. 열이 올랐고 숨을 깊게 쉴 때마다 왼쪽 폐에서 딱딱거리는 소리가 났다. 나는 전용 객실로 가서 소파에 누웠다. 이륙 전에 오코너 선생이 들어와서 오랫동안 나를 지켜본 후 뮤시넥스^{Mucinex}와 항생제를 처방해 주었다.

다음 날 아침 침대에서 간신히 일어나 집무실로 갔다. 하지만 시간이 가면서 증세가 더 심해졌다. 항생제로도 더 좋아지지 않았다. 오코너 선생이 나를 확인하러 와서 걱정스러운 얼굴을 했다. 그가 6년 동안 나를 돌보면서 내가 이렇게 아픈 것은 두 번째였다. 마른기침이 계속되었고 열도 계속 오르고 있었다. 아마도 폐렴을 키우고 있었기 때문인 것 같다. 선생은 내게 3가지 항생제와 몸에 체액을 보충하는 정맥 주사를 처방했다. 그는 다음날 관저에 들러 좋아졌다 해도 아주 조금 좋아졌을 뿐이라고 힘주어 말했다. 선생은 내가 중앙아메리카 출장을 취소해야 할 만큼 병세가 안 좋다고 말했다. 다음 날인 2월 28일 토요일에 우루과이로 가서 우루과이 신임 대통령의 취임식에 참석하며 이틀을 보낸 다음, 과테말라시티에서 북부 삼각지대 국가의 대통령들과 중요한 협상을 하면서 이틀을 보낼 예정이었다. 선생에게 내가 아무 데도 가지 못한다는 생각은 접으라고 말했다. 그것은 너무나 중요한 일이었다. 비행기에서 잠을 자면서 증세가 호전되기를 기다려야 할 수도 있었다. 그가 내 옆에서 나를 지켜봐야 할 수도 있었다. 하지만 나는 그 출장을 가야만 했다.

"부통령님, 해외 출장을 물리는 것이 큰 사안이라는 건 압니다. 이해해요. 그건 좋은 기삿거리가 아니지요. 당황스러운 일이에요. 그렇지만 뭐가 더 나쁜 기삿거리인 줄 아십니까? 카메라 앞에서 쓰러지는 거지요. 일본에서 조지 부시 대통령이 저녁 만찬 식탁 위에 토했던 거 기억하시지요? 그런 게 유튜브 동영상으로 게시되기를 바라시는 거라면 그렇게 하세요." 선생이 말했다.

"이번 출장은 중요하다오, 선생."

"저도 압니다. 부통령님. 하지만 부통령께서는 지금 폐렴에 걸리셨습니다. 그리고 지금 아주 많이 아파 보이세요. 저는 부통령님을 아파 보이지 않게 해 드릴 능력은 없습니다."

그는 계속 말했다. 나는 그만두라고 말할 힘도 없었다.

"제가 지금까지 출장을 취소하라고 말씀드린 적은 없었습니다. 부통령께서도 아실 겁니다. 하지만 지금 그렇게 하지 않으시면, 그 대가를 치르거나 회복하기 힘드실 겁니다. 이번에는 아주 안 좋습니다."

선생은 밖으로 나가 스티브와 질을 데리고 왔다. 나는 어쩔 수 없이 일정을 조금 조정했다. 다음 날, 우루과이에는 가지 않고 며칠 쉬면서 몸을 회복한 다음, 두 번째 목적지인 과테말라시티로 가기로 했다.

주말에는 내가 할 수 있는 일을 하면서 해군 천문대에 꼼짝도 하지 않고 머물렀지만, 완전히 회복된 것 같지는 않았다. 우루과 이 대통령으로 선출된 타바레 바스케스^{Tabaré Vázquez}에게 전화를 걸 어 몬테비데오^{Montevideo}에서 열리는 취임식에 참석하지 못하게 된 데 대해 사과의 뜻을 전했다. 그리고 새로운 휴전 협정이 발효되 기 2주 전 포로셴코 대통령과 통화를 했다. 그는 러시아인들이 계 속 국경을 넘어 우크라이나를 포격하고 있다는 사실을 알리고 싶 어 했다. 우크라이나 군인과 시민들이 여전히 살해당하고 있었다. 그리고 국제 감시단은 푸틴이 약속한 대로 러시아가 중포병 부대 를 전선에서 퇴각시키고 있다는 아무런 증거를 찾지 못했다. 나 는 포로셴코에게 마음을 단단히 먹으라고 말하고, 그를 돕기 위해 할 수 있는 모든 것을 계속하겠다고 했다. 그리고 그의 새로운 정 부가 다음 주에 반부패법을 통과시키기로 한 것을 축하해 주기도 했다. 그 정도면 IMF로부터 돈을 끌어올 수 있었다. 그 돈은 우크 라이나의 경제를 안정시키고, 푸틴의 계속되는 공격으로부터 나 라를 보호하는 데 매우 중요한 자금이 될 거다.

질과 나는 관저의 위층에서 휴스턴으로부터 보에 대한 새로운 소식을 전해 줄 전화를 기다리고 있었다. 새로운 검사 결과는 좋 지 않아 보였다. 하지만 우리가 들은 바로는 의사들은 그것들이 새로운 종양이 자란 것인지, 암세포가 죽었다는 증거인 괴사가 더 많이 일어난 것인지 확실하지 않다고 했다. 그들은 더 자세한 정 보가 나오는 대로 즉시 전화를 하겠다고 말했다. 나는 전화를 끊 고 숨을 깊이 들이마시며 괴사여야 한다고 혼잣말을 했다. '부디,

하느님, 괴사이게 해 주세요.' 그날 밤늦게 전화가 왔다. 최악의 소식이었다. 모두 새로운 종양이 자란 것이었다. 보의 뇌 속에 있는 암세포들은 빠른 속도로 증식하고 있었다. 그것도 새로운 자리에서. 심장이 철렁 내려앉았다. 사와야 박사가 원래 있던 종양을 제거하던 날부터 우리가 계속 마음 졸이며 걱정하던 순간이 온 것이다.

헌터는 주말에 콘퍼런스 콜로 따로 나를 불렀다. 그래서 보와 헌터와 나, 우리 셋은 융 박사와 사와야 박사와 함께 이야기를 나눴다. 의사들은 새롭게 성장한 종양의 구조가 예사롭지 않다고 설명했다. 사와야 박사가 원래 있던 종양을 제거한 공간의 앞쪽에 커다란 덩어리가 있었다. 사와야는 안으로 들어가 종양을 가능한 한 빨리 제거할 준비가 되어 있었지만, 원래 있던 종양 꽤 뒤쪽에도 종양이 자라있었다. 그것은 사와야 박사가 안전하게 제거할 수 없는 것이었다.

융 박사는 우리에게 다른 치료 선택지가 있으며, 여전히 희망을 가져도 될 이유가 있다고 말했다. 헌터는 우리가 몇 달 전에 이야기했던 유망하고 새로운 면역 치료법을 의료진이 시도해 볼 수 있을 것 같다고 생각했다. MD 앤더슨 암 센터 의료진은 한 달 전에 그 치료를 위해 보의 혈액을 채취해 T 세포 일부를 모았다. T 세포는 외부에서 병원균이 몸속으로 들어오면 그것을 찾아내 파괴하는 백혈구다. 이 새로운 면역제 치료법의 개념은 암세포 내에서 암세포의 성장을 촉발하고 있는 특정 단백질을 찾아내 환자의 원래 T 세포가 그 특정 단백질만 공격하도록 조작하는 것이었다. 이론적으로 T 세포는 암세포를 먹어 치우고 주변의 건강한 뇌

세포는 손상하지 않는다. 하지만 보의 암세포는 너무 악성이었다. 검사 결과, 의사들은 암세포의 성장을 촉발하는 보의 특이 단백질을 찾아 분리할 수 없었다.

융 박사는 자신들이 이제까지 해온 어떤 치료법보다도 훨씬 더 새로운 치료법이긴 하지만, 다른 가능성 있는 치료법이 있다고 했다. 사와야 박사가 외과적으로 앞에 있는 암 덩어리를 제거한 다음, 며칠 후에 MD 앤더슨 암 센터의 다른 전문의가 뒤에 있는 새로운 암 덩어리에 특수하게 조작된 생 바이러스를 주입하는 것이었다. 주입의 목적은 보 자신의 면역 체계를 활성화시켜 암세포를 공격하게 만드는 것이었다. 그들은 이미 25명의 환자들에게 생바이러스를 주입해 그중 몇몇 사람에게서 이례적으로 성공을 거둔 바 있었다. 융 박사는 종양에 대한 유기적 공격을 과도하게 활성화하도록 설계된 별도의 면역제 치료법을 다른 치료법과 조합해 보고 싶다고도 설명했다. 보는 이러한 조합을 하게 된 첫 번째 사람이 될 것이다. 그리고 그 위험성은 어마어마했다. 보의 면역 체계가 과도하게 반응해 건강한 뇌세포를 잡아먹기 시작할 가능성이 있었다.

진눈깨비가 펑펑 소리를 내며 천문대 창문에 부딪히고 있었다. 나는 참담한 기분으로 의학 용어들을 들으면서 약간 멍하니 앉아 있었다. 머릿속에는 단백질이니, 항생제니, 항원이니, 재조작된 바이러스니 하는 말들이 떠다니고 있었다. 나는 맞는 방법이 무엇인지 확신할 수 없었지만, 보는 결정을 내렸다.

"다 좋습니다. 해봅시다. 다 괜찮아요. 다 괜찮아."

보가 복용하고 있는 항암제들로 인해 그의 몸을 정화하는 데 3,

4주 걸리기 때문에 수술은 그 이후에 할 수 있다고 했다. 그래서 그는 다른 중요한 수술을 한 후 회복 기간을 가질 수 있었다. 의사들은 면역항암제anti-PD-1 항체라고 불리는 면역법 치료제를 우선 최대한 빨리 투여하기로 했다. 융 박사는 다음 주 중인 3월 4일 수요일에 투여하고 싶어 했다. 질과 나는 전화를 끊고 서로 바라보다가 끌어안았다. 그 순간 희망이 없다는 생각이 들었다. 나는 질 앞에서는 무너지지 않겠다고 결심했다. 그러면 정말로 그녀가 두려워할 거라는 걸 알기 때문이었다. 그래서 나는 침실로 걸어가 묵주를 쥐고 기도를 시작했다. 무엇을 구해야 할지 몰랐지만, 기도라는 단순한 행동으로 감정이 좀 가라앉았다. 나는 강해져야 했다. 희망의 끈을 놓지 말아야 했다. 진정한 싸움은 이제부터였다. 보는 초반전과 중반전에서는 살아남았지만, 결정적인 전투가 코앞으로 다가오고 있었다. 그리고 우리는 모두 준비해야 했다. 이것은 죽고 사는 문제였다.

보가 면역항암제 항체를 처음 투여받기 위해 헌터와 함께 휴스턴으로 올 거라는 걸 알고 있었지만, 그다음에 무슨 일을 해야 할지 혼자 곰곰이 생각하며 그 주 일요일을 보냈다. 당시 공식적인 일정은 다음 날인 3월 2일 월요일에 비행기를 타고 과테말라를 방문하는 것이었다. 하지만 집에 머물며 보와 함께 있고 싶었다.

백악관에 있는 버락에게 전화를 걸어 출장을 취소하려는 이유를 말한다면, 그가 "그렇게 하세요, 조."라고 말할 거라는 걸 알고 있었다. 하지만 내가 이 나라를 나가 있는 동안 보에게 아무 일도 생기지 않을 거고, 내가 출장을 취소하면 공연히 그의 신변에 대해 더 많은 관심만 쏠리게 될 거라는 사실도 알고 있었다. 게다가 나는 면역항암제^{anti-PD-1} 항체를 처음 투여하기 전인 수요일 아침에 돌아올 것이다.

또한, 내가 취소를 하면 보가 실망할 거라고 생각했다. 내게는 나라를 위해 해야 할 일이 있었다. 보라면 그것을 의무라고 불렀을 것이다. 그렇다 해도 그날 밤 만약 백악관에 다른 사람이 있었다면, 내가 의심하는 정책과 인품을 가진 사람이 있었다면 나는 아마 전화를 했을지도 모른다. 아마 잠시 내 일에서 벗어나려 했을지도 모른다. 하지만 나는 버락에게 책임감을 느꼈다. 그는 내 친구였다. 대통령은 내게 신뢰와 믿음을 주었고, 나를 의지하고 있었다. 그는 내 문제가 아니어도 걱정거리가 이미 충분히 많았다.

질과 나는 다음 날 아침 9시 40분에 해군 헬리콥터를 타고 앤드루 공군 기지로 가서 과테말라시티로 가는 에어포스 투에 탑승했다. 제대로 자지 못했고, 여전히 다량의 뮤시넥스와 항생제를 복용하고 있었다. 숨을 깊이 쉴 때마다 왼쪽 폐에서 날카롭게 찌르는 듯한 통증을 느꼈다. 하지만 옳은 일을 하고 있다고 확신했다. 잠시 후 객실로 들어가 보고서를 읽기 시작했다.

나는 백악관에서조차 소수파에 속했을지 모른다. 하지만 당시 장기적인 국가 안보를 위한 게임 체인저라는 관점에서 중앙아메리카는 가장 큰 잠재력을 가지고 있는 지역이었다. 흔히 그렇듯이 기회는 위기에서 생겨났다. 그 위기는 2014년 여름 우리 국경에 북부 삼각지대에서 온 수천 명의 아이가 나타나기 시작했던 때였다. 부모를 동반하지 않은 아이들이 유입된다는 소식이 미국 사람들의 상상력뿐만 아니라 언론의 헤드라인을 사로잡았다. 무엇이 그 많은 부모로 하여금 자식을 버스에 태워 미국으로 혼자 보내게 했을까? 어떤 부모가 그게 가장 최선의 대안이라고 상상할 수 있을까? 얼마나 상황이 좋지 않았으면, 부모들이 자식들에게 목숨을 걸게 했던 걸까?

버락이 나를 보며 "조, 당신이 이 문제에 대해 뭔가 해야겠어요."라고 말했을 때 그가 나를 선택해 줘서 기뻤다. 그리고 얼마 안 가 우리에게 역사의 흐름을 조금 바꿀 진정한 기회가 생겼다고 믿었다. 사실 전 세계의 모든 위기 지역 중에서 중앙아메리카에 가장 큰 기회가 있다고 믿었다.

임기가 겨우 2년 남은 시점에서 우리는 대부분 지역에서 큰 성과를 거두지 못하고 있었다. 우리가 중동에서 기껏 의도했던 것은 전선을 유지하고 ISIL과 다른 테러 집단을 흔들고 파괴하는 기나긴 작전을 시작하기 위해 동맹국 간 체제를 구축하는 것이다. 이라크와 리비아, 시리아 같은 나라들의 진정한 안정화는 갈 길이 멀었다. 동유럽에서 우리가 할 수 있는 일이라고는 동맹국들로부터 푸틴과 러시아를 수치스럽게 만들고 고립시키기 위한 합의를 계속 끌어내는 것이 전부였다. 어쩌면 중국과의 관계를 실질적으로 진전시키기 위한 토대 구축을 시작할 수도 있었다.

하지만 나는 우리가 현명한 판단을 통해 큰 용기를 내고 약간의 운이 따라 준다면 라틴아메리카와 우리의 관계를 완전히 희망에 찬 새로운 여정으로 바꿀 수 있다고 생각하게 되었다. 그것은 미국이라면 대부분 약소국에 자기 멋대로 정책 지시를 내리는 대륙의 불량배쯤으로 여기는 주민들에게 미국이 나라 발전을 위한 진정한 파트너가 될 수도 있다는 사실을 깨닫게 하는 것이었다.

2014년, 동반자 없는 어린이들이 유입되는 위기가 생기기 전부터 나는 그에 대해 언급했다. 2013년 5월 국무부에서는 라틴 아메리카에서 온 수십 명의 외교관과 다른 정부 관료들이 포함된 청중들 앞에서 연설했다. 거기서 나는 라틴아메리카에 미국이 참여하는 데 있어 지표가 되는 몇 가지 원칙을 밝혔다.

"그 지역의 많은 주민은 여전히 우리를 무심하거나 오만하거나, 또는 둘 다인 존재로 여기고 있습니다. 하지만 저는 그런 모습은 더 이상 우리가 아니라고 주장하려 합니다. 우리나라의 대부분 사람은 남쪽을 인구 6억 명이 사는 대부분 가난하고 불화가 끊이지 않는 지역으로 알고 있습니다. 하지만 그것은 더 이상 여러분의 모습이 아닙니다. 둘 다 사실이 아닌 고정 관념일 뿐이며, 미국이나 라틴 아메리카는 잠깐이라도 그런 적이 없다고 확실히 주장합니다."

"현재 나타나고 있는 변화들이 우리 모두에게 전혀 다른 시각으로 이 지구의 남반구를 볼 수 있는 기회를 주고 있습니다. 저는 우리가 안전하고 민주적인 중산층으로서 이 반구에 관해 이야기해야 한다고 생각합니다. 캐나다에서 칠레까지, 그 사이의 있는 모든 나라를 똑같이."

중앙아메리카는 그것을 현실화하는 데 있어 핵심적인 연결 고리였다. 그리고 내 직감으로는 최근 나와 밀접하게 일한 과테말라와 온두라스, 엘살바도르 대통령들은 내가 그것을 실천할 거고, 그것이 가능하다고 믿었다.

21세기의 가장 색깔 있고 성공적인 하원 원내 대표인 내 오랜 친구 팁 오닐Tip O'Neil은 이렇게 말했다. "모든 정치는 지역 정치다." 나는 그 문구를 발전시킬 수 있다고 생각할 수 있을 만큼 오래 정치를 해 왔다. 모든 정치는 개인 간의 정치라고 믿는다. 정치는 밑바닥부터 신뢰에 의존하며, 개인적인 관계를 만들지 못한 채 신뢰를 구축하기란 엄청나게 어렵기 때문이다. 나라가 다른 사람들은 흔히 서로에 대해 아는 게 별로 없고 공유하고 있는 역사나 경험도 많지 않다. 그래서 그 문구는 특히 해외 정책에 있어서 맞는 말이다. 나는 다른 국가들과 신뢰를 쌓기 위해 수없이 많은 시간을 보냈다. 그러면서 항상 다음과 같은 아버지의 조언을 따랐다. '다른 사람에게 그가 얻을 수 있는 이득에 대해 말하지 말아라. 그리고 열린 마음을 갖고 단도직입적으로 너 자신의 이득에 대해 말하라. 그리고 그의 입장이 되어 그가 바라는 것과 그의 한계를 이해하려고 애써라. 그리고 네가 생각하기에 그가 할 수 없는 것을 그에게 하라고 고집하지 말아라. 그것이 바로 진심으로 개인적인 관계를 만들기 위해 기울이는 노력이다.'

과테말라의 오토 페레스 몰리나Otto Pérez Molina 대통령과 온두라스의 후안 오를란도 에르난데스Juan Orlando Hernández 대통령, 엘살바도르의 살바도르 산체스 세렌Salvador Sánchez Cerén 대통령은 지난 9개월 동안 나와 친구가 되었다. 나는 그들이 나를 신뢰하고 있다고 믿었다. 엘살바도르의 연로한 게릴라 출신인 산체스 세렌 대통령에게 이렇게 말했다. "내가 만약 정글에 있는 처지가 된다면, 당신과 함께 있고 싶소." 나는 그들의 연락책이었다. 그들은 내가 대통령을 대신해 말을 한다고 알고 있었다. 나는 그들에게 비밀도 털어놓는 절친한 친구였다. 그러므로 2015년 3월 정상회담에 갑자기 다른 사람이 나타난다면, 모든 계획이 심각한 퇴보를 맞게 될 가능성이 있었다. 그것은 감수하고 싶지 않은 부분이었다.

　나는 진정한 선물을 들고 과테말라시티에 도착했다. 그것은 북부 삼각지대에 대한 대규모 신규 원조 계획이었다. 나는 이 세 나라의 안보 문제뿐만 아니라 통치 문제까지 포함된 계획안을 준비했다. 국무부와 내 보좌관들이 함께 작업했으며, 하원과 상원의 공화당과 민주당의 지원으로 우리는 콜롬비아의 국가 발전 계획인 '플랜 콜롬비아Plan Colombia'와 유사한 원조 계획안을 만들 수 있었다. 북부 삼각지대에 대한 10억 달러 규모의 원조 계획은 그들이 미국으로부터 본 적도 기대한 적도 없는 큰 규모였다. 그 지역은 항상 마약 퇴치를 위한 자금 2억 5,000만 달러를 받는 데 있어 공화당이 장악한 의회에 의존해 왔다. 하지만 이 원조 계획안의 규모와 범위는 완전히 새로운 것이었다. 예산 요구안에는 경찰과 치안을 위한 자금도 포함되어 있었다. 이들 나라의 살인 사건 발생률은 세계 최고였기 때문이었다. 하지만 우리 정부의 요구안은 플랜 콜롬비아에서 배운 중요한 교훈을 기반으로 치안과 개발 지원에 균형을 맞추고 있었다. 그것은 바로 고강도 법 집행은 확고한 사법제도와 강력한 정부 기관 없이는 장기적인 해결책이 될 수 없다는 것이다.

　1월에 의회에 제출된 예산 요구서에는 불우한 환경에 놓인 젊은이들이 폭력 조직에 가입하는 것을 예방하기 위한 소년소녀클럽 지원금을 비롯해 정부 기관이 효율적으로 세금을 징수하고 그러한 세금을 공정하고 투명하게 관리할 수 있는 지원금과 믿을 수 없을 정도로 높은 에너지 비용 절감을 위한 지역 에너지 집적화를 위한 투자가 포함되어 있었다. 나는 에너지 부분이 열쇠라고 믿었다. 북부 삼각지대의 일반 시민들이 에너지에 지출하는 비용을 낮추면 불평등을 줄이고, 경제 성장을 촉진하고, 심지어 폭력 발생률을 낮추는 데도 도움이 된다.

우리는 남반구 전체와의 관계에 근본적인 변화를 예고하고 있었다. 이번이 2년도 안 되는 기간에서 다섯 번째 중요한 출장이었다. 그동안 오바마 대통령은 쿠바와의 외교 관계를 막 정상화하려던 참이었다. 관계 정상화는 미 제국주의에 대한 선동이 더 어렵게 된다는 것을 의미했다. 그리고 정부의 중요한 사람이 일어나 "이건 우리가 당신들을 위해 할 수 있는 게 아닙니다. 이것은 우리가 함께할 수 있는 것입니다"라고 말하자 라틴아메리카는 받아들이기 시작하고 있었다. 이미 상원에 있는 양쪽 당 동료들과 이야기를 하면서 법안 통과가 가능할 거라는 감을 잡았다. 그래서 나는 북부 삼각지대 세 나라 대통령들의 눈을 똑바로 바라보면서 통과가 유력해 보인다고 말했다.

북부 삼각지대 지도자들과 나만 참석하는 이번 출장의 가장 중요한 회의를 하러 갔을 때, 내가 그들을 돕는 데 진지하게 임하고 있다는 것을 그들이 알고 있었다고 생각한다. 하지만 내가 그들을 도울 수 있도록 그들도 나를 진지하게 도와줘야 한다고 말했다. 나는 하원에서 예산 요구안이 통과되도록 로비를 할 것이다. 그러나 그들이 미국 의회의 결정권자들에게 확신을 주려면 해야 할 일들이 있었다. 그래서 나는 이렇게 말했다.

"첫 번째, 내가 만나는 모든 사람은 여러분 모두가 부패했다고 생각합니다. 두 번째 그들은 여러분이 약속을 지키지 않을 거라고 생각합니다. 세 번째, 여러분의 세금 체계와 단속 체계는 부패로 얼룩져 있습니다. 여러분은 부자들에게는 세금을 거의 거둬들이지 않고, 가난한 사람과 궁핍한 중산층의 돈만 뽑아내고 있습니다. 그러므로 여러분은 변화를 꾀하겠다는 약속을 해야만 합니다."

그들은 한 사람씩 나와 가졌던 사전 면담을 통해 내가 그들에게 정치적으로 힘든 약속을 기대한다는 것을 알고 있었다. 그들은 각각 밀수 네트워크와 싸워야 했고, 우리의 남쪽 국경으로 이민자들이 유입되지 않도록 미국 이민체계에 대한 잘못된 정보를 바로잡아야 했다. 또한, 그들은 각자 자기 국민 모두에게 봉사하는 통치를 하겠다고 진지하게 약속해야만 했다. 그리고 그들은 각자 우리의 원조 계획안에 부응해야 했다. 그것도 받은 돈보다 더 값어치 있게. 현실적인 진지한 계획을 세우고 나서 결과를 보여 달라고 그들을 북돋웠다. 그렇게 하면 오바마 대통령과 내가 그들이 정치적 목표를 이룰 수 있도록 단계적으로 도와줄 거라고 장담했다. 하지만 그들이 앞으로 나가지 않는다면, 우리도 앞으로 나가지 않을 것이다. 내가 요구하고 있는 것이 그들에게 매우 힘든 일이라는 것을 이해한다고 했다. 충분히 이해하고 그들이 그러겠다고 한다면, 나는 의회로 가서 내부 개혁을 이루기 위해 전쟁을 치르겠다는 그들의 의지에 대한 내 신뢰를 보여 줄 생각이었다. 나는 이제 이곳의 상황이 달라질 것이라는 확신을 의회에 전달할 것이다. "하지만 여러분이 약속을 지키지 못한다면, 나는 여러분 뒤를 쫓는 사람이 될 겁니다." 나는 그렇게 말했다.

15분에서 20분 정도로 예정되어 있던 세 명의 대통령들과의 비공개회의는 1시간 이상 계속되었다. 우리 넷은 이후 몇 시간 동안 '엘살바도르, 과테말라, 온두라스의 대통령과 미국 부통령의 북부 삼각지대의 번영을 위한 동맹 계획에 관한 공동 성명'이라는 촌스러운 이름이 붙은 공동 성명을 만들어내느라 머리를 짜냈다. 몰리나와 에르난데스, 산체스 세렌 그리고 나는 함께 모여 시간을 낭비하고 싶지 않았다. 우리는 실시간 협상이라는 독특한 방식을 취했다. 그동안 우리 각자의 보좌관들은 특정한 문구에 대해 합의를 보느라 우리 사이를 바쁘게 오고 갔다.

그것은 진을 빼는 과정이었다. 하지만 우리는 고려해볼 만한 성명서를 들고나왔다. 거기에는 북부 삼각지대 대통령들이 그들 정부가 우리가 제공할 예정인 돈과 전문 지식을 반드시 국민의 필요를 채워 주는 데 사용하겠다고 약속하는 중대하고 특별한 약속이 36가지 넘게 담겨 있었다. 취약 계층에게 양질의 교육을 받을 기회를 제공하고, 여성들의 역량을 강화하고, 의료 보험과 영양 공급 프로그램, 공공 치안을 개선하고, 사법 제도를 위에서부터 아래까지, 즉 경찰서부터 법원, 감옥 체계까지 모두 개혁하겠다는 특별한 약속들이 포함되었다. 세금 징수의 효율성과 유효성뿐만 아니라 세금 체계의 공정성을 높인다는 약속과 경제적 기회와 저렴한 에너지를 제공한다는 자세한 계획도 있었다. 미국 정부는 사법부와 재무부, 세관, 에너지부의 전문가들을 제공해 과테말라와 온두라스, 엘살바도르의 지도자들이 완성하지 못한 통치 체제를 수립하는 데 도움을 주도록 했다. 정말로 이러한 노력이 그 세 나라를 정치적 안정과 모든 사람에게 혜택을 골고루 주는 일종의 폭넓은 경제 확장으로 가는 길 위에 데려다 놓을 수 있다고 믿었다.

몰리나, 에르난데스, 산체스 세렌 그리고 나 이렇게 넷은 함께 서명한 성명서를 공개했다. 이것은 이번 출장에서 글로 쓴 가장 중요한 결과물이었다. 나는 북부 삼각지대 나라들의 뜻이 진지하다는 증거이자 우리가 그 합의에 부과한 책임 사항의 증거로서 성명서를 의회에 제출할 수 있었다. 내 계획은 국무부가 특별히 위험한 환경에 있는 지역을 위해 일정 수의 교사와 경찰들을 채용해 훈련시키거나 부자들에게 징수한 세제 수입 증대 목표를 이루는 것과 같은 확실한 알맹이가 있는 약속이 이행되기 전에는 자금을 풀지 않을 거라는 점을 국회에 확실히 하는 것이었다. 그들이 어떤 프로그램에 대해 목표를 이룰 때까지 해당 프로그램에 줄 수표에 서명하지 않겠다고 약속하려 했다. 국회의사당에서 내 신뢰를 걸 예정이었다. 그곳의 의원들은 내가 약속을 저버리지 않는다는 걸 알고 있었다.

돌아오는 길에 에어포스 투에서 주요 참모들과 오랫동안 마음을 터놓고 대화를 했다. 이 계획이 실제로 효력을 발휘하기까지 그 과정에는 수많은 장애물이 있었다. 하루빨리 위기에 대처하고자 하는 북부 삼각지대 세 지도자의 의지가 강해 보였던 게 가장 인상 깊었다고 말했다. 그리고 보좌관들에게 훌륭하게 일을 잘해주었지만, 집에 도착하면 해야 할 일이 더 많다고도 했다.

우리는 예산안 통과를 위해 의회에서 로비를 시작해야 했으며, 북부 삼각지대 지도자들로부터 좀 더 구체적인 약속을 받아내야 했다. 우리는 그 지역이 진정한 번영을 이룰 수 있도록 해 줄 구조적 개혁과 통치력 향상에 대해 세 나라의 지도자들과 함께 인내심을 가지고 작업하는 동시에 폭력 문제와 취약 계층의 기회 부족 문제 해결과 같은 단기적 요구를 지원하려면 우리의 지원책을 조정해야 했다.

질과 내가 천문대에 도착한 것은 화요일 한밤중이 다 되어서였다. 워싱턴은 기온이 여전히 영하로 떨어져 있었다. 다음 날로 예정된 보의 첫 면역항암제 항체 투여에 대해 생각하느라 그날 밤 잠을 이루기 힘들었다. 다음 날 아침 대통령 집무실에서 과테말라에서 거둔 성과에 대해 보고할 때도 보는 여전히 내 머릿속에서 떠나지 않았다. 그 이후부터 하루 중 많은 시간을 휴스턴의 집무실에서 보의 치료 과정에 대한 소식을 전하는 전화를 기다리며 보냈다. 나는 피곤했고, 걱정이 되었고, 운명에 약간 화가 났다. 왜 이러한 일이 내 아들에게 생겼는가? 그는 그런 일을 당할 만한 일을 하지 않았는데 말이다. 그 주의 남은 일정을 훑어보았다. 큰 부담이 되는 일정은 없는 것 같아 안심되었다. 드디어 보에게 초점을 맞출 수 있는 틈이 생긴 것 같았다. 그런데 그때 하이데르 알아바디 총리로부터 전화가 왔다. 그는 흥분을 잘하는 사람이 아니었지만, 확실히 목소리에서 심각한 위기 상황이라는 게 느껴졌다.

"조, 당신 도움이 필요합니다." 이라크의 새 총리는 그렇게 말했다.

Joe Biden

Promise me, Dad

⊗
⊗
⊗

제7장

계산된 위기

2015년 3월 4일, 그날 아바디 총리는 이라크 중부에 있는 도시인 티크리트^{Tikrit}를 놓고 벌어진 새로운 전투에 상당한 군사적 지원이 필요하다고 말했다. 그것도 하루가 급하다고 했다. 아바디는 '이라크 레반트 이슬람 국가^{Islamic State of Iraq the Levant}' 또는 ISIL이라고 불리며 중동에서 새롭게 성장하고 있는 악랄한 테러 조직과의 중요한 전투에서 통제권을 잃을 위험에 빠져 있었다. 그의 요구는 이라크와 미국 양국에 크고 중대한 사안이었다. 그리고 그것이 전 세계에 암시하는 것은 둘째치고라도, 내게 개인적으로 큰 의미가 있는 문제였다.

대다수 미국인은 우리가 이라크에서 12년간 벌인 오랜 고투에 확실히 피로감을 느끼고 있었다. 많은 사람이 그 일을 항상 깔려 있는 매우 신경을 거스르는 잡음 정도로 생각하고 무시해 왔다. 하지만 나는 그럴 수 없었다. 2003년 이후 진정한 민주주의로 발전할지도 모르는 이라크에 제구실하는 포괄적 정부를 세우는 데 도움을 주기 위해 스무 번도 넘게 이라크를 다녀왔다. 처음에는 상원 외교위원회의 간부 회원이자 의장으로서, 그 후 2009년에 대통령 집무실에서 열린 고위급 회의에서 대통령이 나에게 "조가 이라크를 맡을 겁니다."라고 말한 후에는 부통령으로서 다녀왔다.

확실히 이라크는 내가 외교 관계 분야에서 45년간 일하면서 가장 좌절감을 느끼게 한 문제였다. 이라크의 세 가지 주요 분파인 시아파와 수니파, 쿠르드족 간의 관계는 분노와 과대망상으로 얼룩져 있었으며, 간간이 돌발적인 폭력 사태가 발발하기도 했다. 세 분파는 고대로부터 현대에 이르며 발생한 원한을 품고 있었다. 그 나라의 현재 국경은 제1차 세계대전 이후 등장한 오스만 제국 Ottoman Empire에 의해 정해진 것이었다. 사담 후세인Saddam Hussein의 바스당 정권Baathist regime은 소수파인 수니파에 우호적이었다. 반면, 다수파인 시아파의 열망은 중부와 남부 이라크에 집중되어 있었고, 북부의 소수파 쿠르드족은 혹독하게 탄압받고 있었다. 2003년 미국의 침공은 이러한 질서를 뒤바꿔 놓았다. 수니파는 권리를 박탈당하고, 시아파는 강화되었으며, 쿠르드족의 독립을 향한 꿈에는 다시 불이 붙은 것이다. 이라크 지도자들에게 원초적인 권력과 당파적인 지배력을 제외한 채 정부가 주는 혜택을 누려보라고 설득하며 보낸 12년간의 노력은 시간만 소비하면서 지치게 하다 결국 아무 쓸모 없는 것이 되어 버렸다. 하지만 나는 아직 포기할 준비가 안 됐다. 보는 목숨을 걸고 이라크에서 1년간 복무했다. 아들은 말은 많이 하지 않았지만, 그곳에서 죽음과 파괴를 목격했다. 하지만 그는 항상 미국이 하려고 하는 일은 고귀한 일이라고 주장했다. 그는 만약 장기적으로 이라크에서 제대로 일을 할 수 있는 타당한 기회가 있다면, 우리는 다시 해 봐야 한다고 믿었다. 우리는 이미 너무 많은 좋은 사람을 희생시키고 포기했다. 아바디 총리가 전화한 날, 우리에게 마침내 기회가 생겼다고 생각했다. 모든 역설 중 가장 역설적인 것은 그 나라를 분열시키려는 바로 그 집단, ISIL이 사실상 이라크를 하나가 되게 하고 있다는 것이었다. 최소한 일시적이라도 말이다.

이라크 북부와 남부에서 ISIL 군대가 전격적인 공격을 감행한 2014년 여름, ISIL은 뜻밖에 미국뿐만 아니라 동맹국 전체의 주목을 받게 되었다. ISIL 군인들은 이라크 안보군을 날려 보내면서 중동 전체와 그 외 지역에 '억압적인 이슬람 국가라는 칼리프 통치 지역Caliphate'을 수립한다는 터무니없고 가당치 않은 프로젝트의 첫 번째 굳건한 발판을 확보했다. ISIL은 거의 이라크의 3분의 1을 차지했다. 그 지역의 대부분은 수니 다수파 영역이었다. 이 집단은 약탈한 은행들과 제대로 지휘를 받지 못한 이라크 부대가 달아나면서 남기고 간 수억 달러어치의 고성능 무기와 장비를 팔아 챙긴 현금으로 배를 채웠다. ISIL은 참수와 집단 학살, 죄수에 대한 화형과 십자가 처형으로 사람들에게 테러를 가했다. 그리고 그러한 행위를 전 세계가 볼 수 있도록 동영상으로 녹화까지 했다. 그들은 시아파의 종교 유적과 서적들을 짓밟거나 파괴하고 소수파인 기독교인과 예지드인을 말살하겠다고 위협했다. ISIL은 석유가 풍부한 쿠르드 지역인 키르쿠크Kirkuk를 위협하고, 살라딘Salah ad-Din주의 주도인 티크리트Tikrit뿐만 아니라 이라크 제2의 도시인 모술Mosul을 점령했다.

ISIL의 피비린내 나는 통치가 확산하자 바그다드의 세 분파 모두 어쩔 수 없이 옛날 미국의 혁명가 벤 프랭클린^{Ben Franklin} 처럼 생각하게 되면서 그들의 정치 계산법에 변화가 생겼다. 프랭클린은 독립 선언에 서명하면서 이런 유명한 말을 했다.

"우리는 모두 협력해야 합니다. 그렇지 않으면 의심할 것도 없이 모두 지리멸렬할 것입니다."

나의 팀은 그러한 위기의 순간을 진정한 기회로 활용했다. 2014년에 나는 각 분파가 포괄적 연정의 토대를 마련할 수 있을 정도로 서로 충분히 양보하고 있는지 동정을 살피기 위해 바그다드에 있는 스튜어트 존스^{Stuart Jones} 대사와 브렛 맥거크^{Brett McGurk} 대통령 특사, 그리고 내 국가 안보팀과 여러 시간 동안 전화를 했다. 누리 알 말리키^{Nouri al-Maliki} 전 총리의 완고한 종파적 정책들이 ISIL의 탄생의 원인이 되었기 때문에 우리는 결국 더욱 포괄적인 정부를 약속한 하이데르 알 아바디를 총리로 세우려는 계획을 갖고 세 종파들과 협상하기 위해 악착같이, 죽어라 일했다. 아바디 총리와 시간을 보내며 그가 일하는 모습을 지켜본 나는 아바디 총리를 진정으로 일하는 연립정부를 수립하는 데 있어 유일한 최상의 인물로 생각하게 되었다. 그는 이라크가 중동에서 민주주의의 희망이 되는 것에 대해 나와 이야기를 나눴다. 우리는 그가 명명한 '제대로 된 연방주의^{functioning federalism}'가 필요하다는 데 동의했다. 그것은 어떤 지역은 수니파가, 어떤 지역은 쿠르드족이 지배하는 각각의 지역에 더 많은 자치권을 허용하는 것을 의미했다. 우리는 이라크 석유 매장량의 놀라운 경제적 잠재력에 대해서도 이야기했다. 이라크에는 쿠웨이트나 러시아보다 더 많은 석유가 매장되어 있으며, 이것은 거의 이란과 맞먹는 수준이었다. 석유는 모두에게 공평히 분배된 은혜일 수 있었다. 그것은 이라크를 하나로 묶어줄 수 있는 접착제 같은 것이었다.

우리는 이라크 안보군의 형태를 갖추고 ISIL을 물리치기 위한 전략을 세우기 위해 아바디 총리와 밀접하게 일해 왔다. 우리의 전략은 이라크가 반드시 선두에 서도록 하는 것이었다. 그렇게 해서 우리는 미국 군대를 이라크에 파견하는 걸 피할 수 있었다. 말리키^{Maliki} 정부는 군대와 군대의 명령 체계를 상당히 약화했다. 두 가지 모두 다시 구축되어야만 했다. 우리의 군사 고문은 아바디 총리가 종교 분파가 아닌 능력을 토대로 임명할 수 있는 이라크 사령관을 찾아내는 걸 도왔다. 우리 특수부대에 어떤 이라크 부대가 회복될 수 있을지 평가하게 하고, 그들이 사단을 재구성할 수 있도록 돕고, 신규 군사를 훈련하는 임무를 맡겼다. 이렇게 새로 구성된 군대를 장갑차와 탄약, 소화기, 헬파이어^{Hellfire} 미사일, 폭탄 감지 기술로 재무장시켰다.

아바디 총리가 2015년 3월, 그날 아침 내게 전화를 걸었을 때 티크리트에서는 ISIL을 소탕하는 주요 작전이 수행되고 있었다. 그리고 총리는 전화로 자신이 이렇게 펼치는 공격에 대해 극도로 걱정하고 있다고 분명히 전했다. 티크리트는 종파 간 불화의 발화점이었다. 9년 전 사마라^{Samarra} 와 인접한 지역에서 발생한 시아파와 수니파 간의 폭력 사태는 이 나라를 피비린내 나는 내전으로 몰아넣었다. 그리고 이어서 ISIL이 2014년 6월 이라크 공군 기지 근처에서 대다수가 시아파였던 공군사관 생도 1,500명을 잔인하게 살해했다. 현실적으로 이와 같은 일이 반복될 것이라는 걸 예상할 수 있었다. 바그다드의 중앙 정부의 시계 밖에서, 그리고 국방부 장관의 통제 밖에서 이 도시를 탈환하려는 작전이 계획되었고 지금 그 작전이 실행되고 있는 것이다. '민중동원부대Popular Mobilization Forces, PMF'라고 불리는, 되는 대로 모아놓은 시아파 민병대가 공격수 3만 명의 4분의 3을 차지하고 있었는데, 그중 많은 수가 이란 정부에 동조했다. 마치 테헤란이 작전의 운전대를 잡고 있는 것 같았다. 이란은 대포와 탱크, 드론, 군사적 조언을 제공했다. 가장 눈에 띄는 잘 알려진 전장의 사령관은 이란의 악명높은 '이란 혁명수비대 정예군 쿠드스군Islamic Revolutionary Guard Corps Quds Force'의 사령관 가셈 솔레이마니Qasem Soleimani였다. 솔레이마니는 이란 국기를 높이 들고 전장을 누비면서 이란과 이라크 양국에 뿌려질 셀카를 찍고 있었다. 그 공격이 효과가 있었다면, 솔레이마니는 그 지역 시아파 주민 중 많은 이에게 티크리트의 영웅으로 비쳤을 것이며, 바그다드의 이라크 정부는 이란에 신세를 진 셈이 됐을 것이다. 그리고 그것은 이라크의 다른 지역에서 유사한 작전이 이란 사람들에 의해 수행되는 위험한 선례가 되기도 했을 것이다. 무엇보다도 아바디 총리는 티크리트의 해방에 반드시 뒤따를 것으로 예상되는 수니파에 대한 시아파 전투원들의 폭력적인 보복으로 인해 수니파와 시아파 간의 긴장이 고조되어 자신의 보잘것없는 새 정부가 산산이 조각나지 않을까 두려워하고 있었다.

우리 둘은 적절한 방법, 적절한 물리력으로 티크리트에서 ISIL을 몰아내야 한다는 것을 알고 있었다. 상황이 걷잡을 수 없게 되기 전에 아바디 총리는 자신이 작전의 통제권을 쥐고 이라크 군대를 앞장서게 해야 했다. 그러려면 미국의 도움이 필요했다. 그리고 그는 그것을 해내는 데 있어 나를 의지하고 있었다. 그는 테헤란의 화력과 맞먹거나 그것을 능가하는 화력을 요청했다. 정보와 감시, 정찰ISR을 제공하는 드론과 지상에 있는 ISIL 병사들을 목표로 공습할 수 있는 미국 전투기, 추가 탄약과 방탄복, 그리고 공격 조직에 도움을 줄 미국의 군사 고문과 설계자들이 요청 목록에 있었다. 나는 여전히 아바디 총리를 도와줄 가치가 있다고 믿고 최대한 신속하게 할 수 있는 모든 일을 하겠다고 말했다. 하지만 미국의 군사 지원에는 모두 조건이 붙는다고도 했다.

같은 날 휴스턴에서 전화가 왔고 솔직하게 소식을 알려 주었다. 보에게 면역항암제 항체 펨브롤리주맙pembrolizumab, 혹은 의사가 부른 대로 말하면 펨브로pembro를 투여하는 과정은 잘 진행되었다. 그 과정 자체는 간단한 것으로 보의 팔에 정맥주사를 놓은 다음, 30분에 걸쳐 그의 혈류로 펨브로 150mg을 투여하는 것이었다. 그 과정은 별문제 없이 잘 진행되었다. 하지만 나는 웨스트 윙의 집무실에 서서 앞으로 몇 달 동안 간단한 일은 거의 없을 거라는 걸 직감했다. 우리는 의학적인 루비콘강을 건넌 것이다. 보와 우리 가족의 진정한 싸움은 이제부터였다. 이것은 완전히 퇴치된 적이 없는 암을 세 갈래로 공격하는 교모세포종 치료로 역사상 완전히 새로운 싸움이었기 때문에 얼마나 지속될 지 아무도 알 수 없었다. 3월 말에 사와야 박사가 보의 종양에서 떼어 낼 수 있는 부분을 떼어 내는 두 번째 위험한 수술을 집도할 예정이었다. 보가 그 수술에서 회복되자마자 프레더릭 랑Frederick Lang 박사가 특수하게 조작된 생 바이러스를 나머지 종양에 주입할 것이다.

그런 다음 몇 주 후, 또는 보가 견딜 수 있게 되자마자 펨브로를 투여한다. 그것이 계획이었다.

생바이러스 그 자체는 지난 15년간 MD 앤더슨 암 센터의 연구진과 임상의들이 개발한 비교적 새로운 치료법이었다. 하지만 그 치료의 과학적인 면을 지탱하는 생물학은 수십억 년 전으로 거슬러 올라간다. 바이러스는 거의 살아 있는 유기체만큼이나 오래된 존재다. 그리고 그 둘은 때로는 트랙을 바꿔가면서 나란히 진화해 왔다. 바이러스들은 기회주의자다. 그것들은 살아 있는 세포에 침투해 세포를 자기 목적대로 조작한다. 바이러스는 정상적인 인간 세포를 공격해 건강한 세포의 분열을 막는 단백질을 쉽게 만들어내고, 그 숙주 세포의 이미 활성화된 분열 장치를 사용해 자신을 복제하기 시작한다. MD 앤더슨 암 센터의 의료진은 그러한 못된 바이러스의 수단이 좋은 쪽으로 사용되게 하는 방법을 완벽하게 만들고 있었다. 그들은 실제로 바이러스가 전이되지 않은 건강한 조직에 머물면서 암세포를 죽일 수 있도록 조작했다. '델타-24'라는 바이러스 스마트 폭탄은 세포 보호 단백질을 없애는 능력이 결여되어 있다. 그래서 건강한 숙주 세포에는 해를 끼치지 않는다. 하지만 암세포에는 세포가 분열하는 걸 막는 유전자가 없다. 그래서 델타-24가 일단 종양에 침투하면, 이미 분열하고 있는 악성 세포의 기제를 사용해 스스로 분열하고 복제하기 시작한다.

델타-24는 암세포가 팽창한 바이러스 물질로 채워지다 터질 때까지 증식을 멈추지 않는다. 그러한 폭발로 바이러스 입자가 근처에 있는 다른 암세포로 들어가게 되고 그러면 같은 과정이 계속 반복되는 것이다. 그래서 랑 박사는 오직 한 번 아주 작은 지점에 바이러스를 주입해야 한다. 그리고 델타-24가 보의 종양 전체에 퍼지면서 연속적으로 세포 폭발을 일으켜 암세포를 파괴하기를 바랐다. 이러한 특수 바이오테라피는 10년 전만 해도 검증되지 않은 이론이었다. 당시 MD 앤더슨 암 센터의 의료진은 위험한 결과를 배제할 수 없었다. MD 앤더슨 암 센터에서 처음으로 환자에게 생 바이러스를 주사했을 때 그 과정을 담당한 의사는 너무 걱정이 돼서 그날 밤 잠을 잘 수 없었다고 한다. 하지만 보가 델타-24 주입 후보자로 나섰을 때는 MD 앤더슨 의료진들이 몇 번의 성공을 거두고 있었다.

첫 번째로 중요한 연구를 막 마친 상태였던 랑 박사는 연구 결과에 고무되어 있었다. 연구에 참여한 환자 25명 중 3명의 종양이 폭파됐다. 그들의 종양은 보의 종양처럼 크고 자꾸 재발하는 것이었다. 그 세 환자의 수명은 3년 이상 연장되었다. 그리고 랑 박사는 그 성공 사례에서 조짐이 좋은 패턴을 알아냈다. 생바이러스가 종양이 사라진 것으로 판명된 환자들 각각의 면역 체계에 흥미로운 반응을 끌어낸 것이다. 암세포는 면역 체계의 감시망을 교묘히 빠져나가는 방법이 있다. 하지만 바이러스는 그렇지 못하다. 면역 체계는 바이러스를 외부 물질로 인지하고 그것을 공격한다. 바이러스가 암세포에 일단 들어가면 델타-24가 중요한 스위치를 켜는 것이다. 면역 체계는 확실히 종양의 단백질도 외부 물질로 인지하기 시작하고 교모세포종을 파괴하기 위한 작전을 시작한다.

랑 박사와 융 박사는 이미 바이러스가 작업하는 동안에도 면역 체계의 활동을 촉진시킬 방법을 별도로 생각하고 있었다. 할 수 있는 최상의 방법은 면역항암제 항체인 펨브로였다. 펨브로는 면역 체계가 스스로 할 수 없는 일을 하도록 설계된 약물이었다. 이약물은 달갑지 않은 위험한 외부 물질로서 종양의 정체를 밝혀 줄 것이다. 그러면 몸에 있는 T 세포가 그것을 파괴하러 간다. 암세포들은 킬러 T 세포에 제동을 건다. 그러면 면역항암제 항체가 들어가 그 제동을 풀어 준다. 펨브로는 이미 흑색종과 폐암 치료에서 성공을 거둔 바 있었다. 그리고 두 의사들은 보에게 그 치료법을 사용함으로써 그것이 교모세포종의 획기적인 치료법이라는게 증명될 수도 있다고 생각했다.

랑 박사와 융 박사는 이 계획을 모두 보와 헌터에게 설명하면서 위험성에 대해서 분명히 말해 주었다. 생바이러스만으로도 뇌에 큰 부종이 생길 수 있었다. 그 결과 장기적 손상이 생기거나 사망할 수도 있다. 예상대로 효과가 있더라도 보는 상태가 좋아지기 전에 먼저 상태가 훨씬 더 나빠질 것 같았다. 펨브로를 추가 투여하면 합병증이 생길 가능성이 높아질 것이다. 랑 박사는 보가 최초 투여자이기 때문에 알 수 없는 것들이 많다고 아들들에게 말했다. 보는 그 모든 것을 하기로 하고 설명을 들으며 옆에 있던 헌터를 살폈다. 헌터는 굳게 결심한 듯 보였다. 그리고 보는 랑 박사를 다시 보며 말했다. "하겠습니다."

나중에서야 알았지만, MD 앤더슨 암 센터의 전문 의료진 사이에서 보가 얼마나 두려움을 내색하지 않고, 위축되지 않는지에 대한 이야기가 나오고 있었다. 그는 의사들이 할 수 있는 모든 것을 해 주길 원했다. 그리고 그것을 감당할 수 있다며 계속 그들을 안심시켰다.

"우리는 이길 확률이 반반일 때 싸우러 가면 자기가 용감하다고 생각합니다. 진정한 용기는 이길 가망이 아주 적을 때 싸우려는 겁니다. 그런데 당신은 계속 싸우고 있으니 진정 용감하신 겁니다."

20개월 동안 보가 휴스턴을 갈 때마다 보를 지켜봐 온 마취과 의사는 그렇게 말했다.

국가안보 고문인 콜린 칼Colin Kahl과 팀원들은 함께 아바디 총리에 대해서 이야기를 나눈 후 중동 지역을 맡은 미군 사령관 일로이드 오스틴Lloyd Austin 장군에게 처음으로 전화를 걸었다. 오스틴 장군은 우리 정부가 ISIL을 퇴치하기 위해 6개월째 실시하고 있는 군사 작전인 '내재적 결의 작전Operation Inherent Resolve'의 중추부였다. 장군은 국무부의 우리 외교관들과 협력해 이미 ISIL을 반대하는 광범위한 국제동맹을 구축했다. 그리고 전쟁터에서 기꺼이 공세로 나가겠다는 의지를 보여 주었다.

"제 목표는 ISIL에 패배를 안겨주고 결국은 퇴치하는 겁니다. 그리고 ISIL이 계속 우리에게 주요 공격 목표가 된다면, 그때는 확실히 손봐줘야지요."

오스틴 장군은 첫 번째 폭격이 시작된 직후 그렇게 말했다. 그는 아바디 총리를 도울 방법을 찾고 싶다는 의사를 내게 분명히 했다. 하지만 현재 형태로 티크리트의 작전에 공군력 지원과 군사 고문을 제공하는 것은 현명하지 못하다고 생각했다. 미국이나 동맹국이 시아파 민병대나 그들의 이란 지원군을 실수로 공습한다면 테헤란과의 불필요한 마찰이 빚어질 가능성이 너무 크다는 것이었다. 그리고 확실히 그는 이란이 펼치는 작전을 지원하는 데 참여하고 싶지 않아 했다. 아바디 총리가 미군의 실질적인 도움을 바란다면, 그 자신이 작전을 맡아 전장에서 시아파 민병대를 몰아내고 자기가 지휘하는 군사들로 대체해야만 했다.

오바마 대통령과 함께 앉아 아바디 총리를 돕기 위해 골몰하면서, 티크리트에서 궁지에 몰린 상황이 하나의 기회로 보이기 시작했다. 대통령이 원조 조건으로 신속히 처리해야 하는 요구 사항을 제시하고, 아바디 총리가 그것을 이행해 도움을 받아낸다. 그런 다음 그가 티크리트에서 ISIL을 몰아낸다면, 모두에게 이라크 통합 정부의 가치가 분명히 보일 것이다. 아바디 총리라면 첫 번째 시험을 통과할 것이었다. 내가 대통령에게 제안한 조건은 이러했다. 미국이 공습을 시작하기 전에 미국이 주도하는 반 ISIL 동맹과의 조율을 통해 공격 명령권과 통제권이 국방부 장관과 아바디 총리 자신에게로 넘어가야만 한다. 우리는 전쟁터의 모든 군대를 훤히 볼 수 있어야 하고, 시아파 민병대부터 솔레이마니와 그의 특수부대, 이라크 군대와 연합 경찰에 이르기까지 모든 참전자가 위치한 곳을 정확히 알고 있다는 확신이 필요했다.

도시를 탈환하기 위한 최종 공격은 이라크의 대테러 정예군과 이라크 군대, 지역의 수니파를 포함해 우리가 신뢰하는 군대에 의해 주도되어야 했다. 이란이 지원하는 민병대는 도시 외곽으로 퇴각해 전쟁 기간에 그곳에 남아 있어야 했다. 가장 중요한 것은 수니파 부족 전사들이 마지막 전투에서 강력하고 가시적인 역할을 담당해 주어야 한다는 것이었다. ISIL의 통치 기간을 포함해 이 전투 기간에 티크리트에서 도망친 수니파 시민들은 수도와 전기 같은 핵심 서비스가 복구되고, 시아파의 복수로부터 보호해 준다는 약속을 받은 상태에서 이 도시에 있는 자기 집으로 돌아갈 수 있어야만 했다.

이 계획에서 수니파의 참여는 두 가지 이유로 매우 중요했다. 첫째, 이라크에서 벌어지는 ISIL과의 전투가 시아파 대 수니파의 전쟁이 아니라 애국적인 시아파와 수니파, 쿠르드족 이라크인들이 위험하고 급진적인 이슬람 원리주의 테러 집단에 대항하는 전쟁이라는 사실이 증명될 것이다. 둘째, 티크리트(그리고 ISIL로부터 해방된 다른 도시)의 평화와 안전이 오랫동안 유지될 수 있도록 하는 것이 가장 크게 바라는 일이었다. 그리고 평화와 안전이 군사적 그리고 정치적으로 이라크 사람들 스스로에 의해 유지되지 않는다면, 그 싸움에 단 한 명의 미국인의 목숨도 위태롭게 할 이유가 없었다.

우리는 이미 이라크에서 미국인 4,489명의 목숨을 잃었고 1조 달러를 넘게 썼지만, 그 모든 손실에 비해 얻은 것이 너무 없었다. 오바마 대통령도 나처럼 또 다른 힘든 전쟁에서 수만 명의 미군의 희생을 치르는 데 대해 매우 조심스러워했다. 하지만 티크리트에서 작전이 계획대로 된다면, 앞으로 그곳에서 펼칠 '대 ISIL 작전'의 본보기로 세울 가능성이 컸다. 전투가 모술로 향하면, 인근의 쿠르드족 사령관은 미군의 지원을 받기 위해 바그다드의 아바디 총리와 그의 국방부 장관과 협력해야 한다는 사실을 알게 될 것이다. 바그다드의 명령과 통제 하에 있는 이라크 군인들(시아파, 수니파, 쿠르드족)은 미국 공군력과 작전 계획, 훈련의 지원을 받으며 자신의 교전지에서 전투를 벌일 것이다. 그러면 이란의 영향력

174

은 약화될 것이다. 대통령은 위험 요소가 있다는 걸 알고 있었지만, 긍정적인 면도 이해하고 있었다. 바그다드에 조건을 전달해야겠다고 그는 말했다. 공은 아바디 총리에게로 넘어갈 것이다.

아바디 총리는 3월 중순에 우리 대사가 조건 목록을 전달하자 주저하지 않았다. 그것은 그에게 아주 적절한 시기에 전달된 것이었다. 티크리트 회복 전투가 교착 상태에 빠져있던 것이었다. 공격 첫 주에 현장의 이라크 민중 동원군Popular Mobilization Forces(정부가 승인한 준군사 통솔 기구)과 이란의 지원을 받는 집단들은 도시의 약 절반에 대한 통제권을 탈환했다. 하지만 그 후로 새로운 영토를 회복하지 못하고 있었다. ISIL 군인들은 수적으로 훨씬 열세인데도 실질적으로 큰 피해를 입히고 있었다. 그들은 공격을 늦추기 위해 지상에 임시로 준비한 폭발 장치를 깔아놓았다. ISIL의 자살 폭탄 테러자들은 PMF 목표물을 찾아 거리를 돌아다녔다. PMF 사상자는 하루에 100명을 넘어섰고, 인근의 시체 보관소는 시신들로 넘쳐났다. "정말 격렬한 전투예요." 전투에서 방금 아버지를 잃은 한 민병대원이 한 말이었다. "우리가 생각했던 것보다 훨씬 심합니다."

전투가 진전이 없는데 실망한 세력들이 이란으로 돌아가 2천 파운드 규모의 로켓과 소형 미사일들을 전장으로 실어 나르기 시작하며, 그들이 도시에 남은 사람들에게 대규모 폭격을 퍼부을 준비를 하고 있다는 우려가 대두됐다. 한 국방 분석가는 〈뉴욕타임스〉 기자에게 이렇게 말했다. "일반적으로 말하면 이러한 무기들은 지상전에 화력 지원을 하는 것이라기보다는 민간인을 공포에 떨게 하는 데 더 효과적입니다." 그러는 동안 시아파 민병대가 티크리트 안팎에서 수니파의 집과 사업체를 불태우고 약탈하고 있다는 반갑지 않은 소식이 들려왔다. 전투가 시아파 대 수니파의 또 다른 분파 간 다툼으로 비화하고 있는 것처럼 보였다. 그러한 다툼은 아바디 총리의 정부를 산산이 날려버릴 수도 있는 것이었다.

그래서 총리는 우리가 제시한 조건을 기회로 삼아 지휘권을 손에 넣을 결심을 했다. 아바디 총리는 미국이 주도하는 동맹국들에게 공습과 다른 원조를 공식적으로 요청하고, 이라크 의회에 미국의 지원이 긴박하게 필요하다고 설명했다. 그런 다음 해야 할 목록의 확인란을 체크해 나가기 시작했다. 그는 명령권과 통제권을 이슬람교 수니파인 자신의 국방부 장관에게 넘기고 자신의 대테러 정예 부대를 티크리트에 파견해 공격의 선봉에 서게 했다. 더 많은 수니파 부족을 전투에 끌어들이고, 시아파 민병 부대에게 티크리트에서 물러나라고 명령했다. 그리고 사우디아라비아와 이집트, 요르단의 수니파 정부 지도자들에게 일단 탈환한 수니파 도시의 치안은 그때까지도 이해할 수 없는 원한을 품고 있는 것 같은 외부 시아파 민병대가 아니라 지역 수니파 경찰이 관할하도록 할 거라는 사실을 재확인시켰다.

아바디 총리는 이 새로운 계획에 대해 이라크 의회의 다수당인 시아파 정당으로부터 동의를 얻느라 힘든 시간을 보냈다. 하지만 그는 이라크 시아파 이슬람교의 정신적 지도자로부터 중요한 정치적 비호를 받았다. 2015년 3월 20일, 아야톨라 알리 알 시스타니Ayatollah Ali al-Sistani가 티크리트 전투에 있어 국가적 통합의 필요성을 피력하기 위해 카발라Karbala의 금요 기도회에 대리인 한 사람을 보냈다. 그것은 시아파가 ISIL을 몰아내기 위해 수니파 편에서 싸우겠다는 것을 의미했다. 시스타니의 대리인이 내놓은 성명서를 본 순간 나는 아바디 총리가 암호를 해독했다는 것을 알았다. 그것은 내가 아바디 총리의 정치적 본능뿐만 아니라 전략적 능력에 대해서도 더 많은 신뢰를 갖게 된 계기가 되었다.

2015년 3월 25일, ISIL을 타격하기 위한 미국의 첫 공습이 개시됐다. 예상대로 이란의 후원을 받는 시아파 민병대 지도자 몇 명이 폭격이 시작되었을 때 불쾌감을 드러냈다.

"군대의 일부 약골들은 우리에게 미국인이 필요하다고 말했다. 하지만 우리는 미국인들이 결코 필요하지 않다." 한 민중 동원군 사령관이 그렇게 말했다. 다른 시아파 민병대원들은 자기 무기를 수거해 집으로 가고 있다고 했다. 몇몇은 미국이 공격하는 걸 보게 되리라는 희망으로 그곳에 머물러 있다고 말했다. 하지만 가장 강력한 신호는 솔레이마니의 퇴각이었다. 이란의 쿠드스군 사령관은 이란을 대리해 티크리트에서 승리를 쟁취할 기회를 잃었다는 사실을 깨달았다. 그는 허를 찔렸고 테헤란으로 돌아가는 길밖에는 달리 선택할 게 없었다. 미 공군력의 등장은 티크리트 내에서 전투의 판도를 바꿔 놓았다. 그날 저녁 아바디 총리는 이라크 관영 텔레비전에 나와 '구원의 시간'이 왔다고 선언했다.

"우리는 이라크 곳곳을 탈환할 것입니다. 우리의 우방과 전 세계 동맹국들의 지원으로 우리 이라크인, 우리 이라크 영웅들이 이라크의 승리를 쟁취하고 있습니다."

새로운 전투가 전개되기 시작했기 때문에 그날 나는 기분이 좋았다. ISIL이 여전히 도시의 절반 이상을 점령하고 있었다. 하지만 아바디 총리는 작전권을 얻었다. 그리고 우리는 그의 군대에 전투 기회를 주었다. 여기서부터는 일이 어떻게 진행될지 확실하지 않았다. 나는 이름을 알 수 없는 미국 관료가 이라크 현지의 한 기자에게 제공한 판단에 동의했다. 그는 이렇게 말했다. "이것은 계산된 위기 상황이었습니다. 하지만 감수해야만 하는 것입니다."

티크리트에서 공습이 시작된 다음 날, 나는 가족과 함께 아무 표시도 되어 있지 않은 비행기에 올라 휴스턴의 MD 앤더슨 암센터로 향했다. 보는 수술을 받은 다음 생바이러스를 주입하기 위해 적어도 일주일은 그곳에 머물 예정이었다. 보의 요청으로 우리는 그의 사생활을 지키기 위해 애쓰고 있었다. 그러기 위해 많은 사람이 자신의 직무 범위를 벗어나 눈부신 활약을 해야 했다. 가장 결정적으로 비밀경호국 요원들이 그랬다. 나는 항상 그들을 크게 칭송하고 존경해왔지만, 지난 18개월 동안 비밀을 지켜준 그들에게 새삼스럽게 감사하는 마음을 갖게 되었다. 나의 팀은 가족들을 친절하게 대해 주었다. 그것은 업무를 넘어선 것으로 보답하기 힘든 일이었다. 나는 우연히 비밀경호국 요원 중 한 명이 자신들은 우리의 신체만 지키려고 있는 게 아니라 그 이상의 것을 보호하기 위해 거기 있는 거라고 말하는 걸 들었다. 그들은 우리의 존엄을 지키려 한 것이었다. 그리고 마지막 몇 달 동안 점점 더 그것을 느낄 수 있었다. 특히, 최근 우리 가족 여행에서 확연히 쇠약해 보이는 보의 모습을 시민들이 찍지 못 하게 하려고 요원들이 알게 모르게 그들 앞에 끼어들었을 때나 보와 헌터와 내가 테톤스 산꼭대기에서 개인적인 시간을 가질 수 있도록 등산로에서 되도록 우리와 떨어져 있으려고 노력하는 걸 보았을 때 그 점을 더욱 실감했다.

　나는 새로운 개인 보좌관 존 플린Colonel John Flynn 대령도 의지하게 되었다. 플린은 C-17을 몰았던 공군 조종사로 보에게 처음 문제가 생겼을 때 내 군사 보좌관 중 한 명이었다. 2013년 8월 대령은 이목을 끌지 않고 온 가족이 MD 앤더슨 암 센터를 오고 갈 수 있는 방법을 찾아보겠다고 자청했다. 그는 공군에 있는 믿을 수 있는 친구에게 전화를 걸어 비행 패턴과 우리가 착륙할 수 있는 보안이 확실한 원거리 비행장을 알아냈다. 그는 공군 내에서 어떤 말도 돌지 않게 하면서 이 모든 것을 해냈다. 그때부터 가까운 친구가 된 플린 대령은 3월 26일에 다시 한번 그 일을 해 주었다. 우리는 엘링턴 공군 기지로 날아가 호송 오토바이 경찰이나 사이렌도 없이 느슨하고 조용한 차량 행렬을 이용해 병원에 도착했다. 그리고 주도로에서는 거의 보이지 않는 병원 건물의 옆문을 통해 병원으로 들어갔다.

　병원으로 걸어 들어가던 그 순간, 나는 MD 앤더슨 암 센터 사람들이 우리에게 의미 있는 사람들이라는 생각이 들면서 가족처럼 느껴졌다. 융 박사와 사와야 박사만 그런 게 아니었다. 병원에는 보가 항상 최소한의 수속 절차를 거쳐 외부에 전혀 노출되지 않고 검사나 치료를 받게 해 주는 특별 담당자가 있었다. 우리가 병원에 들어서면 그가 우리를 맞아 주었다. 보와 할리, 헌터는 그에게 "크리스, 잘 지냈어요?"라고 인사를 하고 지낼 정도로 그와 가까워졌고, 그의 도움에 많이 의존했다. 그가 보를 융 박사의 진료실까지 데려다 주면, 그곳에는 검체 채취를 맡고 있는 전문 간호사 에바가 있었다. 그녀는 보를 안아주면서 나탈리와 헌터의 안

부를 물었다. 그리고 보의 녹색 양말을 가리키면서 이렇게 말했다. "보, 역시 그 양말을 신을 줄 알았어요." 2013년에 보가 의식하 개두술을 받을 때 중요한 역할을 했던 마취과 의사 데이비드 퍼슨 박사는 수술 전 MRI 검사에 반드시 동행했다. 검사를 받으려면 보는 오랫동안 그 작은 기계에 깊숙이 들어가 있어야 했다. 보가 그걸 불편해하면서 약간의 폐소공포증을 느낀다는 걸 알고 있는 퍼슨 박사는 항상 도움을 줄 수 있는 위치에 있었다.

여기 MD 앤더슨 암 센터에 보의 지원군이 얼마나 많은지 보면서 질과 나는 기분이 조금 나아졌다. 그리고 우리는 보가 온 가족으로부터 믿을 수 없이 커다란 지원을 받고 있다는 사실을 다시금 깨닫게 되었다. 할리는 남편의 몸이 확연히 쇠약해지고 있는 걸 지켜보면서도 여전히 바위처럼 굳건했다. 애슐리는 항상 큰오빠 곁을 지켰다. 의학 박사인 애슐리의 남편 하워드는 MD 앤더슨 암 센터의 의료진들과 치료에 관해 이야기도 나누고 의사들이 회진하지 않을 때는 대신 보를 지켜보면서 그들과 계속 연락을 취했다. 하워드는 또한 의학용어로 된 대화를 내가 알아들을 수 있도록 바꿔 말해 주었다. 하지만 내가 MD 앤더슨 암 센터에서 이것저것 더 많을 것을 보고 들을 수 있도록 노력하는 일은 헌터 바이든이 맡았다. 그는 보의 지원 체계에 있어 가장 중요한 기둥이었다. 헌터가 융 박사에게 털어놓은 바로는, 그의 사명은 형을 살리는 것이었다. 헌터의 결심은 진정으로 용감한 행동이었다. 나는 항상 자식들에게 어머니께서 우리 형제자매들에게 가르쳐주신 이 교훈을 전해 주려고 노력했다.

'형제자매들보다 너와 가까운 사람은 이 세상에 아무도 없다.

그러니 너희는 서로 의지할 수 있어야만 한다.'

헌터는 어렸을 때부터 바이든 가족의 코드를 이해하고 있었다. 그는 누군가에게 의지가 되어줄 수 있었다. 그는 보가 어디든 시간 맞춰 도착할 수 있도록 비밀경호국 요원보다 앞서서 문을 잡고 서 있는 사람이었다. 그는 융 박사를 따로 불러 보가 듣지 않았으면 하는 대답이 나올지도 모르는 질문을 했다. 헌터는 검사실에서도 MRI 기계 한쪽 옆에 서 있다가 보의 발을 문질러주기도 하고 말도 걸어주며 그를 안심시켰다. 그는 보가 달라고 하는 것은 무엇이든 물이든, 과일이든, 샌드위치든 형이 기다리지 않게 하려고 달려 나갔고, 휴일에는 형과 함께 호텔 방에 앉아 골프 중계를 보기도 했다. 보가 늘어나는 약을 제대로 복용할 수 있도록 헌터가 선물용품점에서 새로 나온 멀티 데이 알약 케이스를 사다 준 적도 있었다. "헌터, 난 이미 먹는 방법이 있어. 어떻게 해야 하는지 다 안다고." 보는 그렇게 말했다. 하지만 헌터는 그가 실수라도 할까 봐 걱정이었다. "그래도 확실히 해둬야겠어." 그는 그렇게 고집을 부렸다. 헌터는 보와 그냥 가까이 있는 게 좋아서 침대로 기어들기도 했다. 그러면 보가 이야기를 할 수 있었다. 또 헌터는 보가 수술을 받으러 들어가기 전에 그의 곁에 있다가 형을 품에 안아주기도 했다.

MD 앤더슨 암 센터에서 본 광경에 나는 용기를 얻었다. 하지만 한 가지 가장 큰 문제는 보가 여전히 의지가 굳고 정신적으로는 강하지만, 몸은 좋아 보이지 않는다는 것이었다. 그는 3월 27일에 인지 능력이나 운동 능력에 아무런 영향을 받지 않고 수술을 잘 마쳤다. 사와야 박사는 제거하고자 했던 것을 모두 제거했다. 하지만 종양이 빠른 속도로 자라고 있는 것으로 나타났다. 보는 기력이 많이 떨어져 있었다. 그래서 의료진은 4월 2일 그다음 주 화요일까지 기다렸다가 생바이러스를 투여하기로 했다. 엿새나 기다려야 했다. 하지만 융 박사와 랑 박사는 보가 그것을 감당할 수 있을 정도로 충분히 체력이 회복되었다는 걸 확신하고 싶었다. 그러니 우리가 할 수 있는 것은 기다리는 것뿐이었다.

가족들은 그 후 거의 48시간을 보의 침대 옆에서 그를 보살피거나, 융 박사와 상담을 하거나, 아직은 희망이 있다고 서로를 알게 모르게 격려하면서 호텔 객실에 모여 앉아 있었다. 우리가 할 일은 불꽃을 살려두고 보가 그것을 느끼도록 하는 것이었다. 할리는 걱정을 하느라 지쳐 있었지만 내색은 하지 않았다. 며느리는 그날 밤 자기 호텔 방으로 가지 않고 병실에서 보와 함께 있겠다고 고집했다. 그녀는 여러 시간 동안 남편의 발을 문질러 주며 잘이겨낼 거라고 용기를 주었다.

백악관 커뮤니케이션 팀White House Communications Agency 은 내가 다루어야만 하는 응급 상황을 처리할 수 있도록 보의 병실과 가까운 방에 보안 전화선을 설치했다. 내 일정에서 가장 중요한 전화 통화는 보의 수술 다음 날인 3월 28일에 아바디 총리와 한 것이었다. 나는 그 주 토요일 아침, 국무부와 국방부의 관료들, 국가안보팀과 함께 15분간 브리핑을 하고 10시쯤 아바디 총리와 통화를 했다.

그날 아침, 아바디 총리는 더 좋아 보였다. 티크리트를 탈환하기 위한 전투가 활기를 띠고 있었다. 총리의 군대가 사방에서 도시 중심부를 향해 진격하고 있었다. 들리는 바에 의하면 미 공군

기와 드론들이 그날 18번의 공습을 퍼부어 ISIL의 주요 전투진지 중 11곳을 '쳐부수었다'고 했다. 그러나 전투는 점점 격화되고 있었다. 거주 지역이 밀집된 곳에서 가옥을 대상으로 한 전투가 되어가고 있었다. ISIL 전투원들은 도시의 작은 점령지를 지키려고 계속해서 재편성되고 있었다. 그들은 가옥에 불을 지르거나 부비트랩을 설치했다. 아바디 총리는 더 많은 공습을 원했을 뿐만 아니라 아군에게 정보를 제공하기 위해 필요한 드론도 더 많이 제공해 달라고 했다. 그는 또한 ISIL이 이라크 정부의 초점이 티크리트에 맞춰져 있는 것을 틈타, 주도권을 두고 다투고 있는 도시인 라마디Ramadi가 있는 안바르Anbar주에 대한 압박 수위를 높이고 있다고 지적했다. 라마디는 바그다드 시내에서 차로 2시간도 안 걸리는 곳이었다.

보아하니 그날 통화에서 내가 할 일은 나의 친구에게 신뢰를 표하고, 그가 이미 이룬 것이 무엇인지 일깨워 주는 것이었다. 거기에 더해 다른 좋은 소식들도 많았다. 아바디 총리가 시아파 민병대와 그들을 후원하는 이란을 설득해 전선에서 물러나게 했다는 것이다. 현지에 있는 아바디 총리의 사령관은 능력을 제대로 보여 주었고, 지역 수니파 전투원들을 설득해 확실히 작전에 참여시켰다. 나는 진정한 용기와 근성을 보여 주는 이라크 안보군에게 박수를 보냈다. 전투가 끝나려면 아직 멀었지만, 내가 아바디 총리에게 전하고 싶은 의미 있는 메시지는 대통령과 미군이 여전히 그의 뒤에 있고, 나도 그러하다는 것이었다.

나는 이번 작전이 효과가 있을지도 모르겠다고 생각하면서 아바디 총리와 통화를 끝냈다. 하지만 그와 동시에 그 결과는 내 손에서 벗어난 것이라는 사실을 인식하게 되었다. '이것이 효과가 있을지도 모른다'는 내 전 생애를 규정하는 것처럼 보이는 문구였다. 티크리트에 대한 믿음을 유지하는 것은 보에 대한 믿음을 유지하는 것처럼 의지에 찬 행동이다. 나는 그날 밤 침대에 들어가 묵주 기도를 한 다음, 네일리아와 나의 어머니에게 특별히 간청했다.

"제발, 제발, 보를 살펴주세요. 그리고 무슨 일이 일어나든 제게 그것을 감당할 힘을 주세요."

수술 후 이틀 만에, 보는 안정을 찾았다. 수술로 인해 나타나는 안 좋은 증상은 없는 것 같았다. 그는 일어나 걸었고 기분도 좋았다. 우리가 며칠 동안 집에 갔다가 4월 2일, 생바이러스를 주입하는 날 돌아와도 괜찮겠다고 생각할 수 있을 만큼 상태가 좋았다. 헌터는 형과 함께 남아 있겠다고 했다. 그래도 나는 보만 휴스턴에 남겨두고 오기 힘들었다. 그 도시를 떠나는 길에 병실에 들러 생바이러스를 주입하는 목요일에 돌아오겠다고 말하고 그가 자랑스럽다고 말해 주었다.

"얘야, 너는 지금 대단한 일을 하는 게다. 과학은 우리 편이야. 정말로 빨리 발전하고 있지 않니? 우리는 이 나쁜 녀석을 물리치고 말게야. 너랑 헌터랑 나랑 할 일이 많다. 우리는 살아야 할 날이 많아."

"아버지. 다 괜찮아요. 다 좋아요."

그런 다음, 선글라스를 끼고 야구 모자를 쓴 채로 가족들과 함께 옆문으로 병원을 빠져나와 엘링턴으로 가는 차를 탔다. 에어포스 투가 이륙하자 나는 일기장을 펴고 뭔가 써야겠다는 생각이

들었다.

3월 29일

희망을 안고 MD 앤더슨 암 센터를 떠나며.

보가 놀랍다. 헌터도 그렇다. 헌터는 다음 치료 때까지 보와 함께 있을 것이다. 나는 다시 돌아올 것이다.

일기 쓰기를 그만두었다. 달리 무슨 말을 하겠는가? 한번 마음을 터놓기 시작하면 숨어 있던 절망감에 항복할 것 같아 두려웠다. 그렇게 될 수는 없었다. 보나 다른 사람들에게 그런 내 모습을 보여 줄 수는 없었다. 절대로. 나는 비행이 거의 끝날 때까지 일기장을 옆으로 치워 두었다가 다시 집어 들고는 한 줄 더 썼다.

방금 착륙했다. 6:07. 젠장, 너무 외롭다.

2015년 4월 1일 일정에 딱 맞춰 대통령 집무실에서 전화가 왔다. 버락과의 주간 점심을 먹기 위해 노트를 손에 들고 복도를 지나 대통령 집무실로 갔다. 우리에게 축하할 일이 생겼는데, 아바디 총리가 아침 내내 큰 뉴스거리가 되고 있었다. 총리가 이라크 대테러 부대와 연방 경찰, 수니파 부족 전사들 그리고 약간의 시아파 민병대원들에 둘러싸여 티크리트 거리를 걸어가는 모습을 담은 뉴스 프로그램과 사진들이 나왔다. 일부 사진에서 아바디 총리는 빨간색과 흰색, 검은색 세 개의 각기 다른 가로선과 녹색으로 쓴 '알라후 아크바르 Allahu Akbar' 또는 '신은 위대하다'라는 의

미의 아랍어로 장식된 깃발을 들고 있었다. 이라크 국기였다. 군기는 치운 것 같았다. "우리의 영웅적인 군대가 티크리트 중심부로 진입해 이라크 국기를 들어 올렸습니다." 아바디 총리는 군인과 시민, 기자들이 섞여 있는 군중을 향해 그렇게 말했다. 바그다드로 돌아온 그의 국방부 장관 칼리드 알 오비디 Khalid al-Obeidi 는 티크리트 함락 소식을 전국에 널리 알리고 있었다. 이라크 군사들과 연방 경찰, 수니파 전사들은 그 도시에서 ISIL 전투원을 마지막 한 명까지 소탕하기 위해 미군 조종사들과 군사 고문, 미국이 제공한 무기의 실질적인 지원을 받으며 곳곳에서 힘든 전투를 치러냈다. 티크리트에서 ISIL은 소탕되었다. 그들의 불패의 영광에 마침표가 찍힌 것이다. "우리는 엄청난 승리를 거뒀다는 기쁜 소식을 자랑스럽게 선포하는 기쁨을 누리게 되었습니다." 오비디가 말했다. 티크리트 시민들은 구출되었고, 바그다드에서는 국방부가 이제 막 일을 시작하고 있었다. 다음은 북부의 모술이었고, 그다음은 서부에서 ISIL이 장악하고 있는 도시들이었다. "니네베여, 여기 우리가 당신들에게 가겠소!" 오비디가 말했다. "안바르여, 여기 우리가 당신들에게 가겠소!"

대통령과 나는 점심을 먹으면서 티크리트와 이라크에서 다음에는 어떤 일이 벌어질지에 대해 간단히 이야기를 나눴다. 그런데 도저히 집중이 안 되고 기분도 좋지 않았다. 그는 분명 눈치챘을 것이다. 그는 내가 MD 앤더슨 암 센터에서 막 돌아왔다는 것을 알고 있었다. 그리고 곧 다시 돌아간다는 것도 알고 있었다. 대통령은 휴스턴에서 벌어지는 일에 대해 어느 정도 알고 있었다.

"어떻게 됐어요, 조?" 그가 물었다. "보는 괜찮아요?"

점심을 먹으며 나눈 대화는 거의 모두 보에 대한 것으로 끝났다. 건너편에 앉은 대통령을 보니 정말로 걱정하고 있는 것 같았다. 그는 보를 좋아했고 존경했으며, 내가 생각하는 것처럼 그의 앞날이 창창하다고 생각했다. 냉정을 유지하려고 애쓰면서 보가 지난주에 어떤 일을 겪었고, 앞으로 치료 계획은 어떤지 설명했다. 그렇게 애쓴 것은 일부분 나 자신을 보호하기 위한 것이었다. 다른 사람들, 최소한 미국 대통령 앞에서는 무너지고 싶지 않았다. 보가 암 진단을 받기 3년 전 뇌졸중 발작 같은 증상을 처음 겪은 지 몇 시간 후, 딱 한 번 남들 앞에서 운 적이 있었다. 그러고 나서 창피했던 기억이 있다. 그 이후, 가족과 함께 있을 때 빼고는 다시는 울지 않겠다고 결심했다. 그리고 그 결심을 지키며 살았다. 하지만 그날 맞은편 식탁에 앉은 버락에게 나는 의도치 않게 상황을 솔직하게 털어놓아야만 했다. 아주 힘든 일이었다.

대통령도 그걸 알 수 있었다. 다음 치료 과정은 미지의 영역이지만, 그것이 보를 살릴 수 있는 유일한 희망이라고 설명하고 나서 버락을 보니 그의 눈에 눈물이 보였다. 그는 공적으로나 사적으로 감정을 드러내는 사람이 아니다. 그래서 마음이 좋지 않았다. 어느새 내가 그를 위로하고 있었다. "사는 게 뭔지 참 힘드네요." 그가 말했다.

그에게 그날 밤 휴스턴으로 날아가 아침에 생바이러스를 주입할 때 보와 함께 있어 주는 게 좋을지, 아니면 내일 날아가 보가 깨어났을 때 옆에 있는 게 좋을지 고민 중이라고 말했다. 버락은 아들이 치료에 들어간 후가 아니라 들어가기 전에 함께 있어야 한다고 주저 없이 말했다. 어떤 일정도 그보다 더 중요할 수는 없었다.

"조, 오늘 밤 가셔야 합니다." 그가 말했다.

그가 옳다고 생각했다. 나도 그렇게 하려고 했지만, 버락에게서 그 얘기를 듣는 건 의미 있는 일이었다. 몇 시간 후, 휴스턴을 향해 날아가는 비행기를 타고 있었다.

Joe Biden

Promise me, Dad

제8장

Home Base

홈 베이스

4월 12일 일요일은 모든 일이 순조로울 것 같은 그런 날이었
다. 질과 나는 윌밍턴의 우리 집에서 아침을 맞았다. 태양이 이미
우리 집 뒤편 호수에 내려앉은 안개의 마지막 한 자락을 증발시
켜 버리고 있었다. 수수꽃다리가 피어나고 있었고, 심지어 키 큰
나무들까지 싹을 틔우고 있었다. 마침내 아주 혹독했던 겨울의 어
둡고 음산한 분위기가 걷히는 것 같은 기분이 들었다. 질과 나는
어린 손주들과 함께 보낼 시간을 몹시 기다리고 있었다. 보와 할
리가 〈리딩 레인보Reading Rainbow〉(미국의 어린이 교육 프로그램 TV
시리즈)의 '스토리 타임Story Time'에 방송될 부분을 녹음하러 그날
아침 늦게 아이들을 데리고 올 예정이었다. 나탈리와 헌터, 질과
나는 질이 해외에서 복무 중인 미군 가족들을 위해 쓴 어린이 책
을 읽을 예정이었다. 사실 이것은 보가 멀리, 그것도 그 위험한 곳
에 1년 이상 가 있을 때 나탈리와 헌터가 그 힘든 상황을 어떻게
잘 이겨냈는지 들려주는 이야기였다.

모든 사람이 도착했다. 방송국 직원들이 오전에 서재에 조명을 설치하는 동안 우리는 각자 읽을 부분을 다시 보고 있었다.

"아빠는 군인이란다."
나탈리의 엄마가 조용한 목소리로 대답했습니다.
"군인들은 때로 힘든 일을 해야만 한단다."
나탈리의 아빠는 나탈리를 팔로 감싸 안았습니다.
"내가 너희와 함께 있는 곳이라면 어디든 집이란다."
아빠가 부드럽게 노래를 불러 주었습니다. 나탈리의 입가에는 미소가 떠올랐습니다.
"아빠, 저는 그 노래가 좋아요."

　나탈리와 헌터, 질과 내가 녹화를 하기 위해 서재에 앉았을 때는 이미 해가 높이 떠 있었다. 날씨가 뒷베란다로 나가는 문을 열어두어도 될 정도로 따뜻해져 있었다.
　보는 그날 방문한 방송국 직원들의 눈을 피해 계속 혼자 있었다. 하지만 나는 문 두 개를 지나 겨우 몇 미터만 걸으면 아들을 볼 수 있었다. 그는 일광욕실에서 창문을 열어 놓고 있었다. 거기서 호수를 내려다보며 부드럽고 따뜻한 바람이 얼굴에 닿는 걸 느끼고 있었다. 그곳은 보가 우리 집에서 가장 좋아하는 장소였다. 오늘같이 날씨가 좋은 날이면, 나는 때때로 거기 조용히 앉아 호수 위를 지나가는 구름 한두 점이 물 위에 드리우는 빛과 그림자를 바라보고 있는 아들을 발견하곤 했다. 그 아래에는 보가 아들과 함께 여러 시간을 보내던 선창이 있었다. 그들이 쓰던 낚싯

줄이 물속에 축 늘어져 있었다. 멀리 하늘에서 해오라기 한두 마리가 부드럽게 몸을 돌리면서 긴 아치를 그리며 내려와 잔잔한 호수 위를 스치듯 날아가곤 했다. 보는 그 모습을 유심히 바라보곤 했다. 질이 우리 집은 보에게 물려줘야겠다고 입버릇처럼 말할 정도로 그는 우리 집을 좋아했다. 헌터와 애슐리에게는 그에 상응하는 것을 찾아 줄 수 있지만, 보는 이 집을 가져야 한다고 질은 말하곤 했다.

우리 맏아들은 암에 맞서려는 의지를 꺾지 않았다. 의지 이상으로 상태도 좋았다. 그는 열흘 전에 단 한 번의 합병증도 없이 생 바이러스를 주입받았다. 그는 움직이는 데도 문제가 없었고 식욕도 여전히 좋았다. 그리고 의식도 온전했다. 하지만 머리 위에 생긴 도드라진 상처 2개가 우리 모두를 초조하게 했다. 온 가족이 검증되지 않은 실험적 치료가 어떤 결과를 가져올지 염려하고 있었다. 융 박사와 랑 박사는 우리에게 보의 상태가 먼저 더 나빠졌다가 좋아질 거라고 미리 주의를 주었다. 그들은 아들이 셋째 주나 넷째 주에 가장 힘든 상태에 놓일 가능성이 높다고 말했다. 그때가 바로 바이러스와 보의 면역 체계가 종양과 전쟁을 벌이는 때였다. 염증으로 인해 고통스럽고 몸이 쇠약해질 수 있었다. 아들이 어떻게 얼마나 나빠진다거나 그 공격으로부터 살아남을 수 있는지에 대해서는 아무도 예측할 수 없었다. 육체적으로 최저점까지 내려갔다가 다시 위로 올라가기까지 시간이 오래 걸릴 수도 있었다. 그때까지는 아무도 치료가 성공적인지, 보의 종양이 사라졌는지 확실히 알 수 없었다. 앞으로 6주 내지 8주가 지나야 모든 것을 알 수 있었다.

보는 여전히 의지가 굳었다. 하지만 나는 그가 지친 게 보였다. 그런데 이틀 후에 다른 검사를 받기 위해 MD 앤더슨 암 센터로 돌아가려면 힘을 끌어모아야 했다. 검사 결과가 좋으면 면역항암제 항체인 펨브로를 2차 투여할 것이다. 하워드는 2차 투여에 대한 지식을 얻기 위해 융 박사와 이미 통화를 했다. 보의 면역 체계가 정상적인 활동을 벗어나 건강한 뇌 조직을 먹어 치우기 시작할 수도 있었다. 의료진 사이에서는 여전히 논쟁이 있었다. 보는 이미 위험을 감수할 준비가 되어 있었다. 아는 거라고는 상황이 얼마나 나빠질 수 있는지 그것뿐이었지만 그는 그것을 기꺼이 감당하려 했다. 나는 아들이 우리 나머지 사람들을 위해 그것을 감당하려 했다고 생각한다. 그는 친구에게 문자 메시지를 보내 상황이 어떻게 진행되고 있는지 알려주면서 이렇게 말했다. "다 잘 되고 있어!"

나는 녹화 때 우리 넷 중 마지막으로 질의 책을 읽었다.

나탈리와 헌터는 아빠 인형들을 가지고 군인 놀이를 하고 있었습니다. 그런데 헌터가 울기 시작했습니다.

나는 문득 이 일을 겪는 게 쉽지 않을 거라는 생각이 들었다. 아버지의 부재가 이 집에 너무 가깝게 느껴졌다. 이 가정에 너무 가까이 와 있는 것 같았다.

"아빠 보고 싶어요."
나탈리가 자기 얼굴 앞으로 인형을 들어 올렸습니다. 나탈리는 인형을 꼭두각시처럼 움직였습니다.

"울지 마, 헌터. 크고 강한 아이가 돼야지."

나탈리가 아빠 목소리로 말을 했습니다.

"그건 아빠가 말하는 게 아니잖아." 헌터가 말했습니다.

"아니야, 맞아. 아빠라면 그렇게 말했을 거야."

녹화를 끝내고 일광욕실로 가 보니 보가 내 여동생 발^{Val}과 앉아 있었다. 그들은 뉴스 채널을 여기저기 돌리면서 신문을 보고 있었다. 그날 일요일의 큰 뉴스는 힐러리 클린턴이었다. 그녀는 공식적으로 민주당 대통령 후보 경선에 나서겠다고 선언했다. 전문가들과 정치평론가들은 케이블 뉴스에 나와 그녀의 발표로 거의 결론이 난 것과 다름없다고 떠들고 있었다. 그녀가 후보가 되는 건 떼놓은 당상이었다. 그들은 그녀가 초기 여론 조사에서 가장 강력한 도전자인 나보다 50포인트 앞서고 있으며, 버니 샌더스^{Bernie Sanders} 버몬트주 상원의원의 지지율은 겨우 3% 미만이라고 했다. 오바마 대통령은 그 전날 일부러 반대와 지지를 섞은 것처럼 보이는 말을 했다. "2008년에 그녀는 막강한 후보였습니다." 대통령은 파나마 방문 중에 기자들에게 이렇게 말했다. "그녀는 대선에서 저를 대단히 많이 지지해 주었습니다. 그녀는 뛰어난 국무장관이었고, 제 친구이기도 합니다. 저는 그녀가 탁월한 대통령이 될 거로 생각합니다." 이 일은 나와 대통령의 믿을만한 여론조사원이 그 전주에 회의를 가진 바로 직후에 일어났다. 그 회의는 대통령이 요청한 것으로, 내가 그 회의에서 받은 메시지는 힐러리의 여론 조사 숫자와 그녀의 자금, 그녀의 선거 운동 조직이 정말

막강하다는 것이었다. 나에게는 후보로 갈 수 있는 길이 사실상 없었다. 그런데 무엇 때문에 당에 물의를 일으키고 상황을 복잡하게 만들겠는가?

그중 어느 것도 보에게는 중요하지 않았다. 그는 클린턴의 선거 운동 메시지와 후보 순회 일정, 초기 현장 전략까지 그녀의 선거 운동에 대해 읽을 수 있는 것은 모두 읽었다. 그는 내가 후보 출마를 선언하는 순간, 치고 나갈 준비를 위해 전부 다 제대로 알고 싶어 했다.

보는 내가 대통령직을 수행할 준비가 되어 있다고 믿었다. 외부 사람들이 뭐라 말하든, 무슨 생각을 하든 보와 헌터는 내가 당선될 수 있다고 믿었다. 내 생각에 경선은 무엇보다 대담함의 문제였다. 내 뒤에 두 아들만 든든히 버티고 있다면, 무슨 일이든 가능했다. 보는 내게 용기를 불어넣고 나를 진정시키는 법을 알고 있었다. 2007년 대통령 예비 선거 토론과 2008년 부통령 후보 토론, 버락이 미트 롬니Mitt Romney와의 첫 번째 토론에서 당황스러운 결과를 내는 바람에 민주당의 항로에 바람이 불게 하는 일이 나한테 달려 있었던 2012년 부통령 후보 토론을 하기 전에 회의실에 끝까지 남아 있던 사람은 보였다. 보는 내가 무대로 올라가기 직전 항상 내 팔을 잡고 나를 끌어당기고는 내 눈을 똑바로 보고 이렇게 말했다.

"아버지, 저를 보세요. 저를 보세요, 아버지. 기억하세요, 아버지. 홈 베이스, 홈 베이스 말이에요." 그는 대략 이렇게 말했다.

"아버지가 누구인지 기억하세요. 중요한 게 무엇인지 생각하세요. 아버지의 이상만 생각하세요. 그리고 용기를 내세요." 그런 다음 그는 내게 키스를 하고 나를 앞으로 떠밀었다.

그렇게 2016년 바이든의 선거 운동은 늦게 출발하게 되었다. 그런들 어떤가? 보가 다음 몇 달을 잘 견디고 살아남는다면, 우리가 이것을 해낼 수 있을 거라는 걸 나는 알고 있었다.

사흘 후인 그 주 수요일 나는 집무실에 있다가 휴스턴으로부터 전화를 받았다. 융 박사와 랑 박사가 생바이러스 투여의 초기 결과를 평가하고 융 박사로부터 펨브로 2차 투여를 받기 위해 내 동생 지미Jimmy가 보를 MD 앤더슨 암 센터로 데려갔다. 매우 기쁜 소식이 전해졌다. 사실 거의 믿을 수 없을 정도로 좋은 소식이었다. 검사 결과에서 염증 소견이 나타나긴 했지만 종양의 성장 속도가 실제로 느려진 것으로 보았다. 종양 가장자리에 괴사가 일어난 증거가 분명히 보였다. 그것은 바이러스가 어쩌면 이미 암세포들을 터뜨리고 있을지도 모른다는 걸 의미했다. 보의 몸 상태도 좋았고, 아직 바이러스의 부작용도 나타나지 않고 있었다. 그리고 이미 종양이 파괴된 증거도 나타났다. 이것은 그들이 생바이러스 주입을 거의 서른여섯 번 시도하는 동안 한 번도 볼 수 없었던 현상이었다. 나는 이것이 초기 펨브로 치료 때문인지 물었다. "그게 바로 저희가 바라는 바입니다." 융 박사는 그렇게 대답했다.

나는 하워드와 동생 지미에게 전화를 걸었다. 하워드는 랑 박사와 융 박사가 이런 성공 가능성을 보고 흥분해 있다고 전했다. 지미는 훨씬 더 들떠 있었다. 의료진은 이런 치료를 해본 적이 없었지만 매우 고무되었다. "우리가 정말로 뭔가 해낼 것 같아요." 지미는 그들이 그렇게 말하는 걸 들었다고 했다. "'우리가 불가능한 일을 해낼지도 몰라요.' 하며 랑 박사랑 융 박사가 너무 좋아서 어쩔 줄 모르는 게 보여." 동생이 그렇게 말했다. 나는 전화를 끊고 몇 달 만에 처음으로 길고 깊게 제대로 숨을 쉴 수 있었다. 너무 많이 바라지 말자. 그러면서 마음을 다잡았다. 운명에 도전하지 말자.

융 박사는 지나치게 공격적으로 치료를 하는 것 같아 염려되었다. 불과 2주 전에는 종양이 빠른 속도로 자라고 있었다. 융 박사와 보는 그와 비슷하게 공격적으로 종양과 싸우기로 합의를 본 상태였다. 하지만 지금은 종양이 성장을 늦췄거나 심지어 줄어들고 있는 것처럼 보이고, 보의 몸 상태가 아주 좋았기 때문에 융 박사는 조심하자는 쪽으로 기울어지고 있었다. 그는 보에게 2주 더 기다렸다가 검사를 한 번 더 받은 후에 펨브로 추가 투여가 필요한지 판단해도 된다고 말했다. 융 박사와 랑 박사의 속도를 늦추자는 제안에 보가 보인 반응을 보고 약간 놀랐다. 그는 그 이야기를 듣자 약간 위축된 듯했다. 그날 밤늦게 윌밍턴 집으로 돌아왔을 때 내색은 안 했지만, 보는 낙담해 있었다. 지미가 그를 집에 내려주자 보는 그에게 엄지손가락을 치켜세우며 이렇게 말했다. "다 괜찮아요. 삼촌, 완벽하게 다 좋아요."

다음 날인 목요일 보는 침대에서 일어나지 않았다. 가족들은 모두 집에 오느라 지쳤기 때문이겠거니 했다. 하지만 그는 금요일에도 침대에서 나오지 못했다. 그는 피로감에 어쩔 줄 몰랐고 먹지도 못했다. 하워드가 토요일에 들러서 보니 보는 무기력하고 반응도 없었다. 그는 심한 탈수 상태였다. 그렇지만 보는 병원에 가지 않으려 했다. 그래서 하워드는 전해질 보충을 위해 수액을 3리터 놔 주고 갔다. 하워드가 다음 날 다시 들러보니 상태가 더 나빠져 있었다. 하워드는 보를 필라델피아에 있는 토마스 제퍼슨 대학 병원으로 보냈다. 바이러스가 일으키는 심각한 첫 번째 증상이 시작되는 것 같았다. 병원에 입원했을 때 보는 여전히 심한 탈수 상태로 나트륨 수치가 위험할 정도로 낮았다. 그는 눈을 뜨지도 못하고 거의 반응도 하지 않았다. 질문을 했을 때 그가 할 수 있는 최선의 반응은 엄지를 치켜세우거나 "응." 하고 거의 들리지 않게 말하는 것뿐이었다.

이제 시작이었다. 우리는 최악의 상태에 있었고, 그것이 얼마나 지속될 지 몰랐다. 바이러스의 영향이 보를 괴롭히기 시작하고 있었다. 뇌에 부종이 심해지면서 고통이 말도 못 하게 심해지고 있었다. 의료진은 거의 계속 과량의 진정제를 투여했다. 윌밍턴에서는 주지사 출마 의사를 밝혔던 보가 연초 넉 달간 모든 중요한 정치 행사에 참석하지 않고 있는 이유가 무엇인지 의견이 분분했다. 보는 여전히 자신의 병을 대중에게 알리고 싶어 하지 않았다. 그는 앤더슨 암 센터에서 쓰던 것과 같은 '조지 링컨^{Georgy Lincoln}' 이라는 이름으로 제퍼슨 병원에 입원했다. 비밀경호국 요원들은 보의 사생활을 보호하고 그의 품위를 지켜주기 위해 특별히 애를 썼다. 나는 아무도 몰래 병원에 드나들 수 있을 때 아들을 방문하곤 했다. 하지만 그가 입원한 데 관심이 쏠리지 않도록 일정을 모두 소화하고 있었다. 그래서 원하는 만큼 오랫동안 보의 곁에 머물 수 없었다. 매번 그랬다. 하워드와 오코너 선생이 병원에서 내 귀와 눈이 되어주기로 했다. 하워드는 시간이 날 때마다 집중 치료실로 달려갔다. 오코너 선생은 할리나 다른 가족이 있는 면회 시간에는 그들과 함께 병실에 앉아 있었다. 그리고 면회 시간이

그는 앤더슨 암 센터에서 쓰던 것과 같은 '조지 링컨Georgy Lincoln'

아닐 때는 MD 신분증을 이용해 병실에서 그와 함께 있어 주었다. 하워드와 오코너 선생은 가능한 한 자주 내게 전화를 걸어 상황을 알려 주었다. 보는 온종일 엄청난 진정제를 투여하고 있기 때문에 거의 의식이 없었다. 어쩌다 간호사가 그를 깨우려고 무언가를 주었다. 그리고 사람들이 기분이 어떠냐고 물으면 그는 엄지를 치켜들었다. 그것은 그가 말로 하지 못하는 '다 괜찮아!'라는 말이었다.

내가 일정을 다 취소하고 제퍼슨 병원으로 그냥 들어가야 할 것 같다고 오코너 선생에게 크게 중얼거리면, 그는 우리는 먼 길을 가야 한다고 주의를 주곤 했다. 일본 총리가 오기로 되어 있었고, 디트로이트에서 열리는 전미 흑인 지위 향상 협회NAACP에서 중요한 연설을 해야 했다. 그리고 나탈리가 현장학습 차 백악관으로 반 친구를 모두 데리고 왔다가 피자를 먹으러 해군 천문대에 오기로 되어 있었다. 오코너 선생은 내게 보가 이 상황에서 빠져나오기까지 시간이 얼마나 오래 걸릴 지 모른다고 말해 주었다. 그러니 인내심을 갖고 내 역할을 충실히 해야 했다. "지금은 아무 일도 없습니다. 무슨 일이 있으면 바로 알려드리겠습니다. 그리고 필요하면 저희는 지체 없이 부통령님을 여기로 모셔 올 수 있습니다." 그는 계속 그렇게 말했다.

가족 중 누군가가 항상 보의 곁에 있었고, 다른 좋은 친구들도 우릴 도와주기 위해 병원에 들렀다. 보의 대학 친구 마이클 호크만Michael Hochman은 보에게 선물을 들고 오기도 했다. 2013년 8월에 보가 암 진단을 받자마자 둘은 마라톤을 시작했다. 둘 다 한 번도 해본 적 없는 일이었다. 가을, 겨우내 브랜디와인 주립공원

Brandywine State Park의 얕은 언덕길에서 둘은 함께 훈련했다. 보는 아픈데도 마이클을 이끌고 갈 정도로 여전히 활력이 넘쳤다. 하지만 시간이 지나면서 점점 느려졌고, 천천히 뛰다가 결국 걷기만 했다. 하지만 그는 자기 없이도 친구가 계속할 수 있도록 북돋아주었다. 그리고 친구는 해냈다. 마이클은 '켄터키 더비 축제 마라톤Kentucky Derby Festival Marathon'을 완주하고 나서 4월 마지막 주에 보의 병실을 찾았다. 그가 와 있는 동안 보는 사실 말도 할 수 없었고, 거의 의식도 없는 상태였다. 하지만 마이클은 그에게 마라톤에 관해 이야기했다. "우리가 해냈어, 보." 그는 그렇게 말하고 완주자의 메달을 보의 가슴에 내려놓았다. 보는 그의 팔을 꼭 쥐었다. "이 메달은 제 것이 아니라 보의 거예요." 마이클이 그날 보와 함께 있던 밸에게 말했다. "보가 바람이 되어서 제 뒤에서 등을 밀어줬거든요."

나는 버락에게 보가 입원했다고 말했던 기억이 없다. 하지만 그는 무슨 일이 일어났다는 걸 알아차린 게 분명했다. 그는 자신에게 가장 편한 방식으로 자기가 나를 생각하고 있다는 걸 알려주었다. 내가 없을 때도 공개적으로 나에 대해서 좋은 말을 하려고 특별히 애쓰는 듯했다. 보가 입원한 지 이틀 후, 나스카 스프린트 컵 시리즈NASCAR Sprint Cup Series의 우승자들을 백악관에 초대했을 때, 그는 우승을 거두는 데 필요한 팀워크와 그들의 우승을 보고 자기와 나의 관계를 떠올렸다고 말했다. '즉각적인 화학 작용instant chemistry', 버락은 그것을 그렇게 불렀다.

"여러분의 귓가에 세계적인 수준의 조언을 들려주는 믿을만한 협력자가 있다면, 여러분은 지고 싶어도 질 수 없습니다." 대통령은 백악관 기자단 만찬에서는 나에 대해 이례적으로 호의적인 말을 했다. 당시 동성애자 결혼식에 연회 요리를 제공하지 않겠다고 한 기업들과 관련된 논란을 꼬집는 농담으로 마무리하긴 했지만 말이다. "저는 때때로 조를 괴롭히기도 합니다. 하지만 그는 7년 동안 제 곁에 있어 주었습니다. 저는 저분을 사랑합니다. 그는 제게 단지 훌륭한 부통령, 그 이상입니다. 훌륭한 친구죠. 우리가 너무 가까워지는 바람에 인디애나주에서는 우리한테 피자를 팔지 않을 곳들이 많다죠." 버락이 한 말이다.

보의 병으로 인해 나는 암 치료 분야에서 이루어지는 놀랄 만한 발전과 새로운 가능성에 대해 점점 많은 것을 알게 되었다. 하지만 우리의 건강관리 체계에 존재하는 불필요한 걸림돌과 장애물을 고통스러운 방식으로 실감하기도 했다. 우리에게는 MD 앤더슨 암 센터과 토마스 제퍼슨 대학병원에서 보를 살리기 위해 헌신하는 특별한 의료진들이 있었다. 그래도 우리는 시작부터 계속 좌절할 일이 생겼다. 예를 들어, 토마스 제퍼슨 대학병원에서 보의 방사선 치료를 담당하는 의료진은 다른 병원 의사의 오더를 받아야 하는 상황을 흔쾌히 받아들이지 않았다. 심지어 우리가 MD 앤더슨 암 센터의 알 융을 선택했다는 사실을 분명히 했는데도 말이다. 하워드가 제퍼슨 병원의 방사선 전문의들에게 자세히 설명한 후에야 그들은 융 박사의 지시를 따라야 한다거나 보가 치료를 받으러 어디든 갈 수 있다는 데 동의했다.

하워드는 보에게 매우 훌륭한 비밀 병기였다. 환자의 헌신적인 변호인이라는, 어느 가족에게나 있으면 좋은 그런 역할을 했다. 그는 이해하기 힘든 의학 용어로 말하는 의사들과 보, 할리, 헌터 그리고 나머지 우리 가족들 사이에서 통역사 역할을 했다. 또한, 모든 가족이 반드시 겪는 복잡한 행정적 문제를 최선을 다해 해결해 주었다. 가장 큰 문제 중 하나는 병원 간의 간단한 의사소통과 정보 공유였다.

우리 정부가 2009년 한 해 동안 추진하고 있던 경제 회복안에는 병원과 의사 진료실에서 전자 의료 기록 시스템을 구현하고, 그것을 업데이트하는 데 필요한 비용으로 200억 달러에 달하는 예산이 책정되어 있었다. 문제는 시스템 업그레이드에 단일한 소프트웨어가 사용되지 않다는 점이었다. 주요 보건 의료 서비스 제공자들에게 서비스를 제공하는 몇 안 되는 역량 있고 독창적인 벤더들은 각자 독점적인 기술을 가지고 있었다. 그것은 다양한 시스템들이 서로 대화를 나눌 수 없다는 것을 의미했다. 시스템을 만드는 사람들은 시스템 간에 대화가 불가능하게 만들고 싶어 하기 때문이다. 보가 그 필라델피아 병원에 있는 동안 우리를 가장 힘들게 했던 것 중 하나는 MD 앤더슨 암 센터와 토마스 제퍼슨 대학병원의 의료진과 전문가들이 상호 작용을 할 수 없는 것이었다. 융 박사와 랑 박사는 실시간으로 검사 결과를 봐야 했다. 하지만 두 병원은 서로 다른 시스템을 사용하고 있었다. 그래서 MD 앤더슨 암 센터에서는 토마스 제퍼슨 대학병원에서 보의 뇌를 검사한 결과를 전자 파일로 받을 수 없었다. 아무도 CD 한 장이 우편으로 전달되기까지 기다리느라 그 귀중한 시간을 낭비하고 싶지 않았다. 그래서 할 수 없이 하워드와 헌터가 페이스타임^{FaceTime}에서 융 박사를 만나 아이패드의 카메라를 사용해 이미지를 필라델피아에서 휴스턴으로 보냈다. 그때 나는 이것을 반드시 개선해야 한다고 생각했다.

10일에서 12일 동안 보는 안정적이었다. 그리고 검사 결과, 종양이 줄어들고 있는 것처럼 보이는 증거도 몇 있었다. 하지만 식욕은 여전히 좋지 않았다. 그래서 의료진은 영양 보급관을 삽입했다. 5월 초 관을 삽입한 지 며칠 만에 그는 약간 회복하는 것처럼 보였다. 반응도 좀 나아졌다. 그래서 간호사가 그를 침대에서 일으켜 세워 거의 2주 만에 처음으로 걸을 수 있게 도와주었다. 어느 날, 오후 늦게 보가 깨어있을 때 우리는 간호사 한 명과 이야기를 나누고 있었다. "어디 사시오?" 내가 그녀에게 물었다. 그녀는 창문 너머 델라웨어강을 가리켰다. 따뜻한 봄비가 내린 후에 아름다운 저녁놀이 하늘을 물들이고 있었다. "바로 저 너머에 살아요." 그녀가 어딘가 가리키며 말했다. "오, 무지개 좀 보세요! 무지개요. 무지개가 끝나는 바로 저기에 우리 집이 있어요." 그런 다음 그녀는 보를 돌아보며 말했다. "좋은 일이 생길 것 같아요. 보, 정말 좋은 일이 생길 것 같아요." 나는 그 무지개를 어떤 징조로 여겼다. 보가 좋아지고 있다면, 그를 워싱턴 바로 외곽에 있는 월터리드^{Walter Reed}에 데리고 가는 게 좋겠다고 생각했다. 아들이 일시적인 바이러스 부작용에서 일단 회복되면 거기서 그의 신체 치료와 언어 치료, 작업 치료를 다시 시작할 수 있을 것이었다.

2015년 5월 5일, 보가 월터리드에 도착하자 그의 재활 프로그램을 위해 이미 팀 하나가 꾸려져 있었다. 첫날에는 영양 상담사와 언어치료사, 앞으로 몇 주 동안 그의 나트륨 수치를 지켜볼 내분비학자가 방문했다. 그들은 보가 어쩌면 치명적일 수도 있는 상황에 빠지지 않도록 도움을 주었다. 매우 주의 깊은 한 레지던트가 그를 확인하러 들렀다가 보가 아주 힘들어하고 있는 걸 보았다. 복막염이었다. 보의 배에 삽입된 영양 공급관의 연결이 헐거워지면서 그 자리가 감염된 것이다. 그는 응급실로 달려가 영영 공급관을 교체하고, 염증이 생긴 부위를 소독했다. 그 후 2주간 늘어나는 합병증으로 그는 더 큰 고통과 통증에 시달렸다. 씩씩하고 극기심이 강한 그는 묵묵히 싸워나갔다. 하지만 보가 더 강해지는 듯 할 때마다 더한 일이 그를 찾아왔다. 입에 물린 산소 공급관이 보를 힘들게 했다. 그래서 외과 의사가 기관절개술을 실시해 호흡관을 그의 목 아랫부분에 삽입했다. 그는 오랫동안 거의 반응을 하지 못했다. 그리고 오른쪽 몸 전체가 거의 마비되었다. 또 왼쪽 뇌실에는 물이 차 있었다. 의료진이 물을 빼내면 곧 다시 물이 찼다. 그것은 그가 의식이 있을 때는 통증을 느끼고 그렇지 않으면 혼미한 상태에 빠지게 된다는 것을 의미했다. 어느 날 밤 새벽 2시, 보에게 호흡 곤란이 왔다. 폐렴 증상으로 강력한 항생제를 투여해야 했다. 가톨릭 사제 한 분이 대화를 나누러 보의 병실을 잠깐 들렀을 때 질은 그에게 들러주어서 감사하지만, 자리를 떠나 달라고 부탁했다. 그리고 다시 오지 말아 달라고 했다. 그녀는 보가 병자의 성사를 하러 왔다고 생각할까 봐 걱정되었다. 사실 병자의 성사에 대한 논의는 있지도 않았다.

질과 나는 의료진이 보가 회복되기 전에 더 나쁜 상태에 빠질 거라고 주의를 주었다는 사실을 서로에게 계속 일깨워 주었다. 이렇게 힘든 시간은 예상되었던 것이고, 우리 아들은 고비를 넘길 거라고 계속 말하고 있었다. 지금이 그 날일 수도 있었다.

여전히 희망은 있었다.

무엇보다도 나는 무력감을 느꼈다. 내가 할 수 있는 것을 다 했다. 그것은 갈 수 있을 때마다 그냥 보에게 가 있는 것이었다. 대부분 공식 일정을 시작하기 전 아침 일찍 병원에 갔다. 그리고 매일 밤, 일을 다 마치고 나서 다시 갔다. 병원까지는 백악관에서 30분이 채 안 걸렸다. 그리고 해군 천문대에 있는 관저에서는 훨씬 더 빨리 갈 수 있었다. 차량 행렬이 일단 병원에 도착해 좌회전해서 골목길에 들어서면 나는 항상 2층에 있는 보의 병실을 올려다 보며 병실에 불이 켜져 있는지 확인하곤 했다. 어쩌면 오늘 밤에는 아들이 깨어있을지도 모른다고 생각하곤 했다. 어쩌면 아들이 창문으로 나를 내려다보고 있을지도 모른다. 차에서 내린 다음 경호원들이 옆문으로 데려다주면 나를 안으로 데려다줄 간호장교가 거기서 기다리고 있었다. 얼마 후에는 안내자가 필요하지 않았다. 보에게 가는 길을 찾아가면서 미로를 걷는 것은 어느새 감정을 추스르는 데 사용하는 의식의 일부가 되었다.

　　지금까지도 나는 내가 걸었던 모든 발걸음과 모퉁이를 돌았던 모든 순간을 기억하고 있다. 대리석으로 된 조용한 복도를 곧장 걸어가다가 우회전을 한다. 복도 두 개가 교차하는 지점을 통과한 다음 왼쪽으로 가 엘리베이터를 타고 2층까지 간다. 엘리베이터에서 내린 다음, 완전히 왼쪽으로 꺾어 간호사실에서 멈춘다. 그들에게 인사를 하고 노고에 대해 감사의 말을 전한다. 나는 간호사실 왼편은 쳐다보지 않으려고 했다. 그곳은 회복되지 못할 환자들이 머무는 방이었다. 내 아들은 그렇게 되지 않을 것이다. 나는 보의 병실이 있는 구석의 오른쪽으로 향하며 혼잣말을 하곤 했다. 그리고 그의 병실에 도착하기 바로 전에 기분을 끌어올리기 시작했다. 웃자. 나는 내게 그렇게 말했다. 웃자, 웃자, 웃자. 보가 얼마나 많이 말했던가. "아버지, 슬퍼 보이면 안 돼요. 아버지가 슬퍼 보이면 그걸 본 사람들도 슬퍼지니까 아버지는 그렇게 보이면 안 돼요. 그리고 전 누구도 저 때문에 우울해지는 게 싫어요."

'마지막으로 코너를 돌 때는 얼굴에 미소를 지어야 해.' 나는 그렇게 생각하곤 했다. 그런 다음 코너를 돌아 할리나 헌터, 질, 애슐리 중 한 명이 침대 곁에서 보의 손을 잡고 있는 게 보였다. "안녕, 얘야." 나는 할 수 있는 모든 기운을 끌어모아 말을 하곤 했다. "나 왔다."

어느 날 밤 나는 보에게 그날 백악관에서 있었던 일을 조금이라도 빨리 얘기해 주고 싶은 마음에 급히 병실에 들어섰다. "얘야, 오늘 집무실에 누가 왔었는지 아니?" 나는 그의 침대 옆에 앉으며 말했다. 보는 눈을 감고 있었다. 하지만 아들이 내 얘기를 듣고 있다는 걸 알 수 있었다. "엘튼 존Elton John이 왔었단다." 내가 말했다. "내가 너랑 헌터랑 학교에 데려다주곤 했던 거 기억나지? 우리 셋이 모두 함께 목청껏 불렀던 노래 기억나니? '크로커다일 락Crocodile Rock' 말이다." 아이들은 그 노래가 크게 유행했던 때, 그리고 우리가 달랑 셋뿐이었던 그때 네 살과 다섯 살이었다. 네일리아가 죽은 후였고 질은 만나기 전이었다. 나는 그 노래를 보에게 불러주기 시작했다. 조용히, 우리 둘만 들을 수 있게. 가사가 마치 어제 일처럼 기억났다. 하지만 몇 소절을 부르자 감정이 차올라 계속할 수가 없었다. 보는 눈을 뜨지 않았다. 하지만 눈물 너머로 그가 미소 짓고 있는 게 보였다. 그래서 나는 감정을 추스르고 기억나는 데까지 계속 노래를 불렀다.

5월 15일 아침, 의사들은 최근 받은 검사 결과를 들여다보며 보의 뇌에 가해지고 있는 압력을 줄일 방법을 찾으려 애쓰고 있었다. 그러는 동안, 나는 환자 대기실에 꼼짝 않고 있었다. 백악관 커뮤니케이션 팀은 내가 보안 통화를 할 수 있도록 그곳을 전용 공간으로 바꾸어 놓았다. 그날 이라크에는 새로운 위기가 발생했다. 나의 관심이 필요한 일이었다. 그래야 한다는 걸 알고 있었지만, 보가 아닌 다른 일로 관심을 돌려야 한다는 사실에 처음으로 화가 났다. 그것도 겨우 30분이었는데 말이다. 내 아들은 이 방에서 죽음과 싸우고 있고, 나는 다른 방에 앉아 1,000km나 떨어진 곳에서 일어나는 문제를 처리해야만 했다. 전날 밤 ISIL은 앞이 보이지 않는 모래 폭풍을 틈타 바그다드 서쪽에 있는 라마디 Ramadi라는 도시로 밀고 들어왔다. 안바르주의 주도를 공격한 ISIL의 첫 물결은 장갑차 부대였다. 앞쪽에 붙인 거대한 철제 쟁기에 이끌려 모래 벽을 뚫고 악마 같은 모습을 하고 나타난 수많은 장갑차는 영화 〈매드맥스 Mad Max〉에서 튀어나온 것처럼 보였다. 그것들은 굴러다니는 폭탄이었다. 폭약을 실은 차의 운전대는 자살 테러범이 잡고 있었다. 들리는 바에 의하면 ISIL은 초기 공격에서 적어도 열두 가족과 50명의 경찰과 부족 전투원들을 학살했다. 이 지하디스트들은 이미 라마디의 주요 정부 건물을 접수한 상태였다. 주 의회의 의장은 아바디 총리가 라마디에 관심을 두지 않고 지역 수니파 부족 전투원들에게 자금과 훈련, 무기를 지원하겠다던 약속을 지키지 않았다며 그를 비난했다.

그날 아침 아바디 총리와 통화를 할 때도 ISIL은 계속 공격을 퍼부으며 영토를 늘리고 있었다. 그 도시의 친정부군은 방어 진지를 구축할 자금이 없었다. 아바디 총리는 그의 군인들이 그저 막대한 장갑 수송차 폭탄을 막아낼 화력이 부족한 것뿐이라고 말했다. 그는 적들이 우위에 서기 전에 그들의 군대가 전세를 바꿀 수 있도록 대전차용 로켓을 제공해 달라고 했다. 그리고 공습을 늘려 달라고 했다. 그에게 대전차용 로켓은 이미 보낼 준비가 거의 다 되어 있지만 더 많이, 신속하게 보내겠다고 했다. 나는 대통령과 내가 여전히 그를 지지하고 있다며, 그를 안심시켰다. 하지만 그는 은행에서 나온 돈과 무기고에서 나온 미국의 무기를 바그다드와 라마디 인근의 절박한 수니파 부족 전투원들의 손에 전달하는 데 있어 더욱 더 일을 잘해야 했다. 그의 보안군은 전국에서 영토를 탈환하고, 그것을 지킬 수 있다는 것을 증명해야 했다. 이라크 수니파의 심장인 라마디를 되찾는 것은 티크리트를 회복하는 것보다 훨씬 더 큰 시험이었다. 하지만 우리는 도울 것이다.

아바디 총리는 몇 시간 뒤 텔레비전 생방송에 나와 이라크 국민에게 그들의 군대가 ISIL에 맞서 라마디를 ISIL로부터 방어할 것이라고 말했다. 그는 증강 병력을 보내고 있었다. "앞으로 시간은 안바르에서 우리가 거둔 승리와 함께 흐르게 될 것입니다." 그는 그렇게 말했지만, 그로부터 48시간도 못 돼서 ISIL은 도시 전체를 장악했다. 그들은 이라크 사령 센터를 포위하고 자살 폭탄 물결을 동원해 그 안에 갇혀 있던 사람들을 모두 학살했다. 최소 500명의 이라크 군인과 지역 정치인들이 라마디를 빠져나와 겨우 100km 떨어진 안전한 바그다드로 도망쳤다. 그들은 또 한 번 귀중한 장비와 무기를 ISIL이 가져가도록 남겨둔 채 몸만 빠져나왔다.

"보안군과 부족 지도자들 모두 후퇴하거나 전쟁터에서 죽었습니다. 크나큰 손실입니다." 라마디에서 수니파 부족 지도자가 애도하며 말했다. "라마디의 함락은 이슬람 국가에 올해 가장 커다란 승리를 안겨주었다."라며 〈뉴욕타임스〉는 의견을 냈다. 그리고 이번 패배는 이라크 정부의 전략이 실패했다는 것을 적나라하게 보여 주었다고 덧붙였다.

대통령은 5월 19일에 국가안전보장회의^{National Security Council}를 소집했다. 초점은 라마디였다. 장관 간의 토론이 매우 뜨거웠다. 가장 비관적인 견해는 이라크 군대는 진정한 근성이 없기 때문에 우리 전략이 매우 위험하다는 것이었다. 우리는 이라크에 군사 훈련이나 장비, 무기를 제공해 줄 수 있었다. 그리고 공습도 할 수 있었다. 하지만 우리는 이라크 군인들에게 나가서 ISIL로부터 영토를 탈환하고, 그것을 지킬 기개를 심어줄 수는 없었다. 이것은 이라크에서 ISIL에 대항해 군사 작전을 시작할 때부터 대통령이 계속 염려하고 있던 점이었다. 이 프로젝트는 처음부터 위기로 가득 차 있었다. 그리고 대통령은 확신을 하고 결정을 내릴 만큼 확실한 정보를 갖고 있지 못했다. 1년 전, 그는 우리가 너무 깊게 연루되는 게 아닌지 걱정했었다. 그는 우리가 반대쪽 힘이 얼마나 큰지 제대로 측정하지도 않고 댐에 손을 대는 것 같다고 생각했다. 우리가 ISIL을 억제할 수 있을까? 우리가 전쟁을 통제할 수 있을까? 우리가 전쟁의 여파를 통제할 수 있을까? 대통령은 동맹을 모아 지원하려고 했지만, 그는 합법적인 이라크 전투 부대가 진정한 파트너가 되지 못한다면 성공하지 못할 것 같다고 믿었다. 그리고 쿠르드 페시메르가^{Peshmerga}(쿠르드족 민병대)와 이란의 지원을 받는 민병대가 그들이 갈망하는 지역에서 일부 지역을 되찾았지만, 2015년 5월 이전에는 이라크 보안군이 수니파 핵심 지역을 되찾아 지키겠다는 의지와 그럴 수 있는 능력이 있다는 증거는 거의 찾아볼 수 없었다.

하지만 지금은 큰 차이가 하나 생겼다. 대통령에게는 의지할 희망이 약간 있었다. 아바디 총리가 불과 6주 전에 티크리트에서 ISIL을 물리친 것이다. 그것도 초 분파적 군대를 동원해 해낸 것이다. 티크리트에서 승리를 거둔 지 2주 후, 아바디 총리가 나의 요청으로 워싱턴에 왔을 때 대통령은 오랫동안 그와 함께했다. 그때 버락도 아바디 총리에게서 내가 보았던 것을 보았다고 생각한다. 그는 밀어줄 가치가 있는 파트너였다.

라마디 함락 이틀 뒤인 5월 19일에 주요 고문들이 오바마 대통령에게 제출한 계획은 어려운 결정을 내리는 데 도움이 되었다. 우리의 국무부와 국방부 동료들은 수니파 부족 군대를 전투에 끌어들여야 한다고 강조했다. 그러려면 수백 명의 특수 작전 부대와 군사 고문들을 라마디에서 25km 떨어져 있는 타카둠^{Taqaddum} 공군기지로 파견해 인근 수니파 부족을 이동시키고, 훈련시키고, 무장하는 것을 돕게 하고, 이라크 군대와 아바디 총리의 정예 부대와 함께 라마디에 대한 반격을 조직하게 해야 했다.

나는 대통령이 전략의 논리를 보고 그것을 추구하는 쪽으로 기울어졌다는 감을 잡았다. 그는 ISIL이 통제하고 있는 안바르 외곽에 고립된 공군기지에서 작전을 수행하면서 우리가 현지에 있는 수백 명의 미국인을 보호할 수 있을지에 대해 걱정했다. 게다가 그 근처에는 이란의 지원을 받는 집단까지 존재하고 있었다.

"조.", 대통령은 개인적으로 나를 이렇게 부르곤 했다. "그들이 쳐들어와서 우리 군인 스무 명을 잡아다 참수하면 어쩌죠? 그러면 우린 젠장 어떻게 해야 할까요?" 그는 이라크로 우리 군대를 끌고 들어가기를 크게 바라지 않았다. 그리고 라마디 반격에서 성공을 거둔 다음에는 어떻게 해야 할까? 라마디가 일단 해방된 다음에는 이라크 국민이 그 도시를 지키고 통치할 수 있다는 보장이 있을까? 이것은 어려운 결정이었다. 하지만 오바마 대통령은 심사숙고 끝에 라마디의 요청을 들어주기로 했다.

마침내 보에게 좋은 일이 일어났다. 라마디가 함락되던 날 그는 물리치료를 받기 위해 침대에서 일어났다. 그는 간호사의 도움으로 5분간 바로 설 수 있었다. "안녕하세요?" 오코너 선생이 그것을 녹화했다. 다음 날 나탈리와 헌터가 아빠를 보려고 병실로 왔다. 이틀 후에는 외과 의사가 마침내 보의 머리뼈에 가해지는 최악의 압력을 줄이기 위한 수술을 했다. 보의 의식이 계속 돌아오고 있었다. 오코너 선생은 내게 오랫동안 마비되어 있던 보의 오른쪽 팔뚝이 움직이는 걸 봤다고 했다. 다음 날 그는 전동 휠체어에 앉아 간호사실 주위를 한 바퀴 돌 수 있을 만큼 힘이 좋아졌다. 그는 확실히 주변을 다시 의식하고 있었다. 질문에 대한 대답으로 머리를 끄덕이거나 주먹을 맞대기도 했다. 할리는 허락을 받고 그를 태우고 바깥으로 나갔다. 거기서 그는 2주 반 만에 처음으로 얼굴에 쏟아지는 태양을 느낄 수 있었다. 생바이러스 주입 후 7주 만에 보는 마침내 어두운 터널을 빠져나오기 시작한 것처럼 보였다.

버락은 그 주 토요일에 골프를 치자고 했다. 그는 나를 걱정하고 있으며, 내가 몇 시간 만이라도 기분 전환을 할 수 있었으면 좋겠다고 말했다. 질은 골프 모임에 가라고 했다. 어쨌든 보는 더 좋아질 것처럼 보였다. 여기서 문제는 내가 그날 갔는지 안 갔는지 그것조차 기억나지 않는다는 것이다.

라마디가 함락된 지 1주일 후, 아쉬 카터Ash Carter 국방부 장관이 CNN에 출현해 이라크 군대에 대해 말했다. "분명한 건 그저 이라크 군대는 싸울 의지가 보이지 않는다는 겁니다." 카터는 대통령이 연두교서State of the Union를 하는 5월 24일 일요일에 방송되는 한 인터뷰에서 이렇게 말했다. "그들은 수적으로 부족하지 않습니다. 사실 적군보다 훨씬 많습니다. 그런데도 싸우지 못했습니다." 이 말은 우리 정부 내의 일부 인사들이 ISIL을 몰아내겠다는 이라크의 의지를 보는 합리적인 회의주의적 시각을 반영하고 있었다. 그러나 그가 그런 말을 하지 않았더라면 좋았을 것이다.

전몰장병기념일Memorial Day 다음 날 아침, 아바디 총리와 예정된 통화를 위해 브리핑을 받았다. 별로 놀랄 일은 없었다. 존스 대사와 매커크 부특사는 이라크 관료들과 계속 연락을 취해 왔다. 그들은 모두 그가 카터의 말에 자극을 받았고, 미국이 그들을 버릴까 봐 걱정하고 있다고 했다. 아바디 총리가 바로 그때 어떤 기분이었을지 상상하기 어렵지 않았다. 그가 기자들에게 "라마디를 잃다니 마음이 찢어질 것 같습니다."라고 말했을 때 그의 말이 진심이라고 생각했다. 보고자들 모두 그날 아침 통화를 하면서 내가 할 일은 아바디 총리에 대한 내 믿음을 확인시켜주는 거라는 데 동의했다. 상당한 압박을 받고 있던 아바디 총리에게 내가 여전히 그의 편이라고 말해 주고 싶었다.

ISIL의 전신인 이라크의 알카에다^{al-Qaeda}가 라마디를 통제하던 2006년에 그 지역에 가본 적이 있기 때문에 라마디가 얼마나 힘든 상황에 놓여 있는지 잘 알고 있었다. 세계에서 가장 우수한 미 육군과 해군 수천 명이 그 도시를 되찾기 위해 4개월간 지옥 같은 전쟁을 치렀다. 미군 75명과 셀 수없이 많은 이라크군이 거기서 전사했다. 나는 보를 지켜보았기 때문에 그렇게 사악하고 잔혹한 적을 상대로 힘들고 무서운 전투를 치르려면, 얼마나 대단한 배짱이 있어야 하는지 잘 알고 있었다.

아바디 총리는 그날 통화를 고마워했다. 그에게 우리의 요구 사항에 대해 따로 말하지 않았지만, 그는 이미 모두 알고 있었다. 그냥 이라크 군인들이 엄청난 희생을 치르고 있다는 것을 잘 알고 있으며 감사하다고만 했다. 그에게 우리가 약속한 무기와 장비를 보낼 수 있도록 준비하고 있다는 점을 확인시켜 주었다. 더욱 중요한 것은 카터 장관의 말에도 불구하고 우리 정부는 그에 대한 신뢰를 잃지 않았다며, 그를 안심시킨 것이었다. 우리는 여전히 그가 할 수 있다고 믿기 때문에 그가 판세를 뒤엎을 수 있도록 계속 헌신적으로 그를 도왔다. 전에 말했던 것처럼 그는 진정한 지도자이며 정치적으로나 육체적으로 용기 있는 사람이라며 그를 북돋워 주었다.

전몰장병기념일, 보와 휴일을 보내기 위해 월터리드로 향하기 전 나의 일정은 작은 공식 행사 하나뿐이었다. 아들이 너무 보고 싶었다. 한편으로는 좀 더 병세가 나아졌는지 알고 싶었고, 한편으로는 전날 밤 꾼 꿈이 머릿속에서 떠나지 않았기 때문이었다.

보가 내게 완전히 나은 모습으로, 예전의 그 모습으로 나타났다. 그게 너무 생생해서 현실처럼 느껴질 정도였다. 보는 평소에 우리 집 뒤편의 호수 언저리에 있는 타트넬 학교^{Tatnall School} 운동장을 달리곤 했는데, 꿈속에서 그는 달리기를 끝내고 멀리 사라져 버렸다. 나는 이 놀라운 소식을 알리기 위해 질이나 가족 중 누군가를 간절히 찾고 있었다.

"보가 달리는 걸 봤어!" 나는 소리치고 싶었다. "보가 달리는 걸 봤다고!"

Joe Biden

Promise me, Dad

⬡
⬡
⬡

제9장

당신은 진실을 말해야 한다

전몰장병기념일 오후 월터리드에 도착해 보니 보는 몇 주간 본 중에서 가장 좋아 보였다. 그는 시시각각 의식이 더 또렷해지고 있었고, 반응성도 좋아지는 것 같았다. 의료진은 어쩌면 마침내 중요한 문제가 해결되고 있는 것 같다고도 했다. 그 문제는 왼쪽 측 뇌실에 뇌척수액이 차올라 뇌에 압력이 가해지는 것이었다. 뇌실은 적당한 균형을 유지하기 위해 생산한 뇌척수액을 다시 흡수해 배출한다. 하지만 보의 시스템은 제대로 배출을 하지 못하고 있었다. 오코노 선생은 아마도 죽은 암세포가 쌓여서 물받이에 쌓인 나뭇잎들처럼 통로를 막고 배출을 방해하고 있는 것일 수 있다고 추측했다. 리드^{Reed}의 신경외과 의료진이 며칠 전에 집도한 수술로 마침내 그 통로가 뚫린 듯했다. 그리고 배출된 액체에서 암세포가 존재한다는 증거도 없었다.

그 분야의 의학 연구자들은 이제 보의 진전에 주목하면서 생바이러스와 면역항암제 항체를 조합한 교모세포종 치료에 있어 이런 종류의 성공을 처음 보고 있다는 데 정말로 흥분을 감추지 못하고 있었다.

보의 심실 시스템에서 뇌척수액의 양을 균형 있게 유지하고 뇌압을 낮추는 것은 통증을 줄이고 의식을 또렷하게 하는 데 매우 중요한 것이었다. 그리고 우리에게 희망을 주는 데도 필요한 것이었다. 이제는 죽느냐 사느냐가 되었다. 점점 감정이 고조되었다. 할리와 질, 애슐리 그리고 나는 척수액의 균형을 완벽하게 유지하는 것이 결정적으로 얼마나 중요한지 알고 있었기 때문에 희망과 절망 사이를 오가며, 거의 시간 단위로 그것을 확인했다. 또한 생바이러스/면역항암제 치료의 실험적인 성격 때문에 알 융과 프레드 랑이 수치를 관리할 수 있도록 하는 것도 중요했다. 그래서 리드의 의료진은 매일 보의 심실 시스템에서 뇌척수액을 배출시키고 검사를 새로 해서 MD 앤더슨 암 센터로 보내고 있었다.

하지만 다른 병원의 의료 전문가들 간의 의사소통에는 여전히 장애물이 존재했다. 토마스 제퍼슨 대학병원에서처럼 월터리드에서도 하워드와 헌터가 다시 한번 자기 아이폰이나 아이패드로 검사 결과를 동영상이나 사진으로 찍어 융 박사와 랑 박사에게 전송할 방법을 찾았다. 나는 그들이 이 인정머리 없는 시스템에 욕을 퍼붓는 걸 본 적도 있다. 특히, 그때는 보가 정말로 고통스러워하고 있고 단 하루, 단 한 시간, 단 일 분조차도 그냥 흘려보내는 게 모든 가족에게 정말로 고통스러운 때였기 때문이었다. '하느님, 더 나은 방법이 있어야만 합니다.' 나는 혼자 기도했다. 이 상황에 대해 뭔가 할 수 있어야만 했다. 하지만 이런 애가 타는 현실에도 우리는 여전히 보가 위기를 넘기고 있을지도 모른다는 증거를 계속 찾고 있었다.

그날 오후 질과 나는 보를 휠체어에 태워 30분 정도 밖으로 나갈 수 있었다. 다음 날 저녁에도 그럴 수 있었다. 5월 말의 날씨는 온화했다. 해가 질 무렵 기온은 영상 8도였고, 약간 쌀쌀한 미풍이 불고 있었다. 보가 통증을 느끼는 게 정상이라고 생각했다. 그의 눈을 보면 알 수 있었다. 하지만 그는 더 좋아 보였다. 그는 가끔 고개를 끄덕이거나 미소를 짓거나 엄지손가락을 들어 올렸다. 노을이 막 지기 시작하면서 구름을 물들이고 있었다. 나는 보가 어렸을 때 내 침실 발코니에 앉아 나무를 굽어보면서 노을을 감상하고 있던 걸 기억한다.

"아빠, 이거 보세요." 아들은 나무 아래로 해가 떨어질 때 말하곤 했다. "해가 사라지고 있어요."

다음 날 이른 오후에 나는 브루킹스 연구소Brookings Institution에 연설하러 가면서 약간 마음이 가벼웠다. 보가 호전되고 있는 것 같았기 때문이었다. 그날 내 연설의 주제는 어려움에 처해 있는 우크라이나였다. 2차 민스크 협정 이후 3개월이 지났는데도 푸틴은 여전히 이웃 나라에 압력을 가하고 있었다. 그는 아직도 우크라이나의 경제와 정부를 흔들기 위해 애쓰고 있었다. 그리고 중포병 부대와 군대를 철수하지도 않았다. 사실 우리는 그가 로스토프Rostov 지역의 국경 주변 한군데에만 방공 시스템과 함께 10개 대대를 배치했다는 사실을 알고 있었다. 열흘 전에는 우크라이나 내부에서 벌어진 전투에서 다친 러시아 정규군 2명이 사로잡혔다. 러시아의 지원을 받는 분리주의자들이 러시아 군인들과 함께 산발적이지만 치명적인 공격을 계속해 오고 있었다. 열흘 전 한 회의에서 푸틴은 러시아가 우크라이나의 분리주의자들을 훈련하고, 그들에게 장비를 대주는 것을 중단한 후 국경에서 군대를 철수시켜야 한다는 존 케리 국무장관의 경고를 무시해 버렸다.

우크라이나의 대통령 페트로 포로셴코는 전선에 있는 자신의 군인들이 분리주의자와 그들의 러시아 후원자들이 현지에서 도발하더라도 그에 대응하지 않으려고 최선을 다하고 있었다. 그러나 실제로 휴전은 이루어지지 않았다. 하지만 우크라이나를 분리하려는 푸틴의 공격적인 작전 전개에 맞서 포로셴코는 자신의 정부를 단결시켜 더 투명한 방향으로 나아가려고 애쓰고 있었다.

나는 전에 포로셴코와 그의 불편한 통치 파트너 아르세니 야체뉴크가 개인적인 야망보다 애국심을 우선시 하도록 북돋기 위해 지난 3개월 동안 그들과 각각 또는 모두 함께 거의 매주 통화를 했다. 포로셴코 대통령과 야체뉴크 총리는 협력을 통해 중요한 정치 개혁으로 나가는 첫발을 뗐다. 정부는 이미 국가적인 반부패 관리처를 설립하고, 포로셴코가 초대 수장을 임명했다. 우리는 그들을 돕기 위해 할 수 있는 것은 다 하고 있었다. 유럽의 우리 동맹국들과 함께 러시아에 대한 경제 제재를 확대하고, 우크라이나에 병력 호송 장갑차와 통신 장비, 감시 드론, 더 많은 박격포 레이더 같은 비살상 군사 장비 7,500만 달러어치를 추가로 제공했다. 하지만 5월 마지막 주에도 여전히 푸틴은 우크라이나 국경에서 자신의 사냥개들을 불러들이지 않았다. 그가 서명한 합의서는 헌신짝처럼 버려지고 있었다.

내가 브루킹스에서 연설한 날, 뉴스들은 푸틴이 한발 더 나아가 NATO와 EU, 미국의 결의를 진지하게 시험해 보고 있다고 보도했다. 우크라이나에서 50km 떨어진 러시아군 야영지에서 막 돌아온 로이터 통신원은 그곳에서 열차 네 대 분량의 군사 장비와 군대가 도착하는 것을 목격했다고 했다.

"그곳에 전달되고 있는 무기에는 우라간^{Uragan} 다연장 로켓 발사기와 탱크, 자주포가 포함되어 있었다. 진지에 있는 군사 장비의 양은 로이터가 그 지역에 있었던 올해 3월보다 3배 더 많아진 것이었다." 뉴스 내용은 그러했다.

다른 불길한 징조를 알리는 뉴스는 푸틴이 평화 시 '특수 작전' 기간에는 전쟁 기간처럼 러시아군 전사자에 대한 보고를 금지하는 법안에 서명하려 한다는 것이었다. 푸틴은 우크라이나에서 전쟁 중 사망자가 발생했다는 증거를 모두 묻어 버리고 싶어 했다. 왜냐하면 러시아 인구의 3분의 2가 우크라이나에서 영토를 되찾아오는 데 러시아군을 희생시키는 것에 반대하고 있었기 때문이었다.

"일부 관측자들은 그러한 변화에 그럴듯한 이유는 오직 한 가지밖에 없다고 한다. 러시아는 우크라이나에 또 다른 군사적 압박을 가할 준비를 하는 것이다." 〈워싱턴포스트〉지는 그렇게 보도했다.

나는 이번 연설에서는 조심스럽게 말하지 않으려 했다. 미국과 유럽에 있는 모든 사람이 주목하고 있다는 걸 알았기 때문이었다. 우리는 러시아 침략자들에 대한 강력한 제재를 확대해야만 했다. 우리가 자신을 지키는 데 사용할 수 있는 무기들로 우크라이나 사람들을 무장시키는 것에 대해 진지하게 논의해 봐야만 했다. 하지만 그보다도 푸틴을 불량배라 부르고, 모든 사람에게 서방 세계가 불량배들과 맞서고 있다는 사실을 다시 한번 알릴 때가 되었다.

"지금 우리는 그동안 우리가 대서양 건너편과 가져왔던 관계의 역사에서 리더십, 일종의 우리 부모님들과 조부모님들 세대에 있었던 그런 리더십이 요구되는 또 다른 순간에 이르렀습니다."

나는 그날 브루킹스에 모인 사람들과 전 세계를 일깨웠다.

"그것이 그 정도로 기본적이라고 생각합니다. 그래도 저는 그 지역이 근본적으로 우리에게 호의적이라고 믿습니다. 통일이나 통합, 민주적 자유를 향한 일종의 불가피한 궤적 때문은 아닙니다. 어떤 세대든 그들의 선동 정치가와 수정론자들이 있습니다. 그리고 변화는 그들에게 많은, 많은 기회를 주는 위험들로 가득 차 있습니다."

"제가 낙관할 수 있는 이유는 푸틴 대통령의 비전이 유럽 사람들에게 아니, 그 문제라면 러시아 국민에게도 신화와 환상 이외에는 아무것도 주는 것이 없다는 것입니다. 강력한 리더십과 제 기능을 하는 기관을 시민 사회와 반체제 인사, 동성애자에 대한 배척으로 대체하려고 내놓은 교묘한 속임수입니다."

그날 저녁 월터리드로 돌아가 보니 보는 계속 호전되고 있는 것처럼 보였다.

수요일 밤에 아들은 힘든 시간을 보냈다. 그리고 다음 날 목요일 오후까지 거의 반응을 하지 않았다. 고개를 끄덕이지도 않았고, 주먹 인사도, 엄지손가락 치켜세우기도 하지 못했다. 우리는 모두 그것이 그저 또 다른 일시적인 현상일 뿐이며, 보가 그것을 헤치고 나오면 약간 더 나아져 있을 거라고 기도했다. 의료진 중

한 명이 다음 날 아침 회의를 하러 보의 병실로 왔다. 회의에서 의사들이 보의 상황과 예후에 대한 판단을 가족들에게 알려줄 예정이었다. 그때까지 봐야 할 새로운 검사 결과들이 있을 것이다. 나는 그 이미지들이 아마도 뇌척수액이 더 많이 고여 있는 걸 보여줄 거라고 생각했다. 일단 척수액을 배출시키고 나면, 보는 정신이 돌아올 것이다.

금요일 오전 10시, 온 가족이 길고 좁은 회의실에 모였다. 월터리드의 의료진이 탁자 한 편에 앉았고, 가족들은 그 반대편에 앉았다. MD 앤더슨 암 센터 팀도 회의에 참여할 수 있도록 한가운데 스피커폰이 놓여 있었다. 오코너 선생과 애슐리의 남편 하워드를 포함한 의사들이 자기들끼리 분명히 이야기하고 있었다. 그들은 자기들의 메시지에 꽤 의견 일치를 본 듯했다. 의사들은 보고 있던 검사 결과를 좋아하지 않았다. 검사 결과는 불과 이틀 전보다 훨씬 더 나빠 보였다. 하지만 의사들은 그것이 활동 중인 바이러스인지 종양인지 확신할 수 없었다.

나는 계속 살아있는 보와 함께 그곳에서 빠져나와 반대편으로 갈 방법을 찾고 있었다. 그리고 다른 가족들도 같은 기분이었을 것이다. 25분 후 월터리드의 의사 중 한 명이 마침내 24시간이나 48시간을 더 기다리며 상황을 지켜보는 게 좋을 것 같다고 말했다. 우리는 모두 회의실을 나와 보의 병실을 향해 복도를 걸어가면서 희망을 걸었다. 보가 이번에도 또다시 이겨낼 거라는 생각을 붙잡고 있었다. 하지만 그때 하워드의 목소리가 뒤에서 들렸다.

"여러분, 다시 돌아가셔야겠습니다." 그가 우리를 회의실로 다시 이끌며 말했다. "사실대로 말씀하셔야 합니다." 하워드가 아직

자리를 뜨지 않고 있던 의사들에게 말했다. 보의 뇌에서 벌어지고 있는 상황을 더 이상 돌이킬 수 없다고 의사들이 말했다. 보를 살릴 수 없었다.

"보는 회복되지 못할 겁니다."

이 말은 내가 살면서 들어본 가장 처참한 말이었다.

"보는 회복되지 못할 겁니다."

하지만 제길, 그래도 어쩌면, 어쩌면 기적 같은 일이 일어날 거라고 믿고 싶었다.

할리가 하워드에게 월요일에 아이들을 데려와야 하냐고 묻자 그는 "아니오, 할리, 지금 데리고 오셔야 합니다."라고 말했다. 그날 저녁 할리의 부모님이 윌밍턴에서 나탈리와 헌터를 데리고 왔다. 아이들은 여느 때처럼 병원 복도를 웃으면서 걸어왔다. 할리는 아이들의 손을 잡고 간호사실을 지나 보의 병실로 걸어갔다. 6년 넘게 우리 가족과 함께해온 비밀경호국 요원들이 머리를 숙이고 대리석 바닥을 내려다보거나 몸을 돌리고 있었다. 그래서 나탈리와 헌터가 지나갈 때 그들이 울고 있던 걸 아무도 보지 못했다.

그날 밤 아무도 병원을 떠나지 않았다. 헌터의 아내와 딸들이 왔다. 내 여동생 발과 매제 잭, 내 남동생 짐과 아내 사라가 우리와 함께했다. 보와 어린 시절을 함께 보냈던 조카딸 미시Missy도 우리 곁에 있어 주려고 왔다. 우리는 모두 함께 기다렸다. 그날 밤 7시가 지나자마자 헌터와 하워드가 가족들이 먹을 음식을 가지러 잠깐 자리를 떴다. 그들이 나간 후 얼마 되지 않아 보의 호흡이 가빠지면서 극도로 약해지더니 멈춘 것 같았다. 모니터에 심장 박동도 기록되지 않았다. 헌터와 하워드가 뛰어 돌아왔다. 그들이 돌아왔을 때 우리들은 보 주변에 모여 있었다. 헌터가 다가와 몸을 숙여 형에게 입맞춤하고 손을 그의 가슴 위에 올려놓았다. 모니터를 보고 있던 하워드가 말했다. "이거 보세요." 보의 심장이 다시 뛰고 있었다.

그러나 오래가지는 못했다.

5월 30일, 저녁 7시 51분. 그 일이 일어났다.

하느님, 내 아들, 내 아름다운 아들.

나는 그렇게 일기에 적었다.

질과 나는 일요일 저녁 8시쯤 에어포스 투를 타고 델라웨어의 집에 도착했다. 보가 떠나고 거의 정확히 24시간 후였다. 델라웨어주 방위군Delaware National Guard 사령관 프랭크 바바라Frank Vavala 장군이 부인과 나란히 활주로에 서서 인사를 하려고 나를 기다리고 있었다. 우리가 그들에게 다가가자 장군 부부는 눈물을 흘리고 있었다. 그들은 울음을 그치지 못했다. "우리는 보를 사랑했습니다." 그가 말했다. 질과 나는 거의 5분 동안 그들을 위로하면서 활주로에 서 있었다. 그리고 우리가 마침내 차에 올라타고 차가 움직이기 시작할 때도 장군은 거기 서 있었다. 그는 꼿꼿하게 서서 인사를 하고 있었다. 그가 흐느껴 울고 있는 게 보였다.

질은 집에 도착하자마자 우리의 선창에 가고 싶어 했다. 그래서 우리는 언덕 비탈길로 챔프를 내려오게 하고 호수 가장자리 쪽으로 걸어갔다. 그날은 해가 긴 날이었다. 그래서 우리가 자리를 잡고 앉았을 때 여전히 하늘에 빛이 있었다. 질은 멀리 있는 물가에서 하얀색 해오라기 한 마리를 발견했다. 그녀는 보가 너무나 사랑했던 장소, 여기에 오니 그와 더 연결된 느낌이 든다고 말했다. 그녀는 내게 보가 떠나기 전 마지막 시간을 보낼 때 그에게 몸을 기울여 속삭였다고 했다.

"보, 행복의 장소로 가렴. 그 선창 말이야, 헌터와 같이 가렴."

우리는 해오라기가 날갯짓을 할 때까지 20분 동안 바라보았다. 우리 두 사람은 해오라기가 머리 위를 계속 맴돌다 남쪽 하늘 구름 밑으로 서서히 날아올라 마침내 눈에서 사라질 때까지 조용히 앉아 있었다. 그걸 보고 질은 이렇게 말했다.

"저건 하느님이 주신 징표예요. 보가 마지막으로 호수에 들렀다 천국으로 가고 있어요."

잠시 후 질이 자러 가고 나는 침실에서 떨어진 거실에 혼자 앉아 있었다. 그곳은 벽지를 바른 지 얼마 안 된 상태였다. 그 일로 거실은 여전히 어지럽혀 있었다. 가구는 한편으로 치워져 있었고 책과 기념품들이 열린 상자나 파일에 담겨 마루 한가운데까지 나와 있었다. 나는 비밀경호국 요원 두 명에게 질의 책상과 내 수납장을 제자리로 옮기는 걸 도와달라고 부탁했다. 하지만 그 일은 오래 걸리지 않았다. 잘 수 있을 때까지 마음을 빼앗길 무언가가 필요했다. 그래서 상자 몇 개를 비우고 책꽂이에 주제별로 질서 있게 책을 다시 꽂기 시작했다.

내가 집어 든 마지막 상자에는 스크랩북 페이지 몇 장과 오래된 가족사진이 들어 있었다. 파일 맨 위의 사진이 펄럭이고 있었다. 그걸 집으려고 몸을 숙였다. 그것은 4×6 크기의 보의 사진이었다. 그가 일고여덟 살 때였다. 운동화와 반바지 차림에 야구 모

225

자를 쓰고 재킷을 입고 있었다. 그리고 스테이션의 울타리 가를 걷고 있었다. 스테이션은 네일리아가 죽은 직후에 산 집으로 자식들이 자란 곳이다. 보는 나랑 떨어져 걸으면서 뒤를 보고 손을 흔들며 웃고 있었다. 갑자기 가슴이 먹먹해졌다. 그 사진을 적어도 30년간 보지 못했다. 하지만 내 마음속에 항상 그리는 보의 모습은 그 나이였다. 항상 나를 보고 웃어주며 안심시키는 저런 표정을 한 모습이었다.

그 순간 이런 생각이 스쳤다. '하느님, 저는 벌써 아들이 너무 보고 싶습니다.' 보는 항상 내 두려움을 물리쳐 주었다. 40년 전 네일리아와 나오미가 자동차 사고로 죽었을 때, 그는 헌터와 함께 내 인생을 구해 주었다. '그리고 이제 나는 무엇을 해야 합니까?' 헌터가 그랬던 것처럼 보는 어렸을 적부터 나의 신뢰와 용기의 원천이었다. "괜찮을 거예요, 아버지." 그는 그렇게 말하곤 했다. "저는 어디 안 가요." 일생을 용기와 인내를 전하기 위해 애쓰는 데 보낸 다 큰 남자, 그 성공한 남자가 자기 아들한테서 힘을 얻기를 바란다는 게 얼마나 바보 같다고 생각했는지 모른다.

"아버지, 저 좀 보세요." 보가 말하는 게 들리는 듯했다. "기억하세요. 기억하세요, 홈 베이스를."

나는 거의 50년 동안 공인으로 살았다. 그것은 내 자식들과 손주들의 일생이 대중에게 알려진 가족의 일원으로 살아야 한다는 것을 의미한다. 그들은 우리가 다음 주에 어떻게 행동해야 하는지, 보에게 우리가 어떻게 작별을 고해야 하는지, 그것이 엄청나게 중요하다는 걸 내가 말하지 않아도 알고 있었다. 보 역시 공인이었고, 델라웨어에서 사랑받고 존경받는 인물이었다. 그래서 우리는 그를 공개적으로 기리고 애도해야만 했다. 이미 목요일 일정이 잡혀 있다. 우리는 모두 시신이 든 관에 성조기를 두르고 도버 Dover에 있는 의사당으로 갈 예정이었다. 보는 영광스럽게도 의사당에서 4시간 동안 의식을 가질 것이다. 그런 다음, 우리는 그날 저녁 메이지 바이든의 8학년 졸업을 위해 워싱턴으로 다시 날아올 것이다. 금요일 오전은 보의 딸 나탈리가 윌밍턴에서 4학년을 졸업하는 날이었다. 그런 다음 브랜디와인 Brandywine에 있는 우리 가정의 교구 성당인 성 요셉 성당에서 비공개 가족 미사를 올리고 나서 윌밍턴의 중심부에 있는 성 안토니오 성당에서 공개 경야(經夜)를 가질 것이다. 토요일에는 역시 성 안토니오 성당에서 교회 장례 미사로 추도식을 갖고, 이어서 성 요셉 성당의 우리 가족묘에 시신을 매장할 것이다.

그 모든 계획을 행하면서 나는 마음속을 떠나지 않고 맴도는 책임감을 깊이 느꼈다. 보에 대한 책임감, 며느리와 손주들, 내 아내와 다른 자식들, 나의 친구들, 그뿐만 아니라 경야나 장례식에 참석했거나 전국에 생중계된 추도식 일부를 지켜본 모든 사람에 대한 책임감이었다. 우리와 같이 힘든 현실을 맞이한 수백만 명의 사람들에게 우리가 쓰러지지 않고 이겨낼 수 있다는 걸 직접 보여줄 공적인 의무가 있다고 믿었다. 우리 가족과 나는 인내와 품위를 갖고 이 상황을 이겨내는 것을 보여줄 책임이 있었다.

할리와 여동생 발, 헌터와 함께 앞으로 해야 할 모든 것에 대해 계획했다. 우리는 우리가 걷고, 앉고, 서 있을 자리를 표와 그림으로 만들었다. 일에 열중하다 보니 헌터가 형의 뜻을 받들기로 하고 모든 일에 앞장서고 있었다. 그는 형이 남편과 아버지로서 그리고 모든 사람에게 진정으로 봉사했던 공인과 군인으로서 어떻게 기억되기를 바라는지 알고 있었다. 그래서 그는 그 절차들을 진행하면서 형의 인생에 있어 가장 중요한 것들을 녹여내기로 했다. 그는 개신교 목사들과 유대교 랍비 한 분, 이슬람 성직자 한 분에게 전화를 걸어 로마 가톨릭 추기경과 사제들과 함께 성찬대에 서달라고 초대했다. 그는 보의 국토방위 여단^{National Guard brigade}에 식장의 한자리를 내주고 윌밍턴 거리에서 말이 이끄는 영구차로 보의 관을 운구할 수 있게 준비했다. 그 옆은 군 의장대와 함께 주 법무부 장관으로서 보가 이끌었던 경찰들이 나란히 걸을 예정이었다. 헌터는 아프리카계 미국인 합창단이 추도식에서 기쁨의 노래를 부르게 하고, 백파이프 연주자들이 아일랜드 풍의 슬픔을 자아내는 애처로운 연주를 더하도록 했다.

마지막으로 감동적인 장면은 할리가 아이들에게 준 특별한 선물이었다. 그들은 콜드플레이^{Coldplay}의 노래가 흐르던 어느 날 오후 차를 타고 있었다. "아빠가 좋아하는 노래야." 아홉 살짜리 헌터가 말했다. 그때 헌터는 아빠의 아이팟을 손에 쥐고 있었다. 할리는 헌터가 '틸 킹덤 컴^{Til Kingdom Come}'을 계속 듣고 있다는 걸 알게 되었다. 할리는 베스 부치니^{Beth Buccini}에게 전화를 걸었다. 그녀의 남편 로비^{Robbie}는 보의 절친이었고, 그녀는 콜드플레이의 리드 싱어 크리스 마틴^{Chris Martin}에게 메시지를 보낼 수 있었다. 마틴은 미사에서 그 노래를 부르러 런던에서 날아오기로 했다. 그리고 로비 부치니가 고맙게도 그의 모든 여행 경비를 대기로 했다.

우리는 본 추도사를 하겠다는 버락의 제안을 수락했다. 그리고 이라크에서 보의 총지휘관이었던 레이몬드 오디에르노^{Raymond}

Odierno 장군도 추도사를 해 주기로 했다. 현재 미군 참모 총장인 그는 보가 떠난 지 이틀 후에 전화를 걸어 부부가 장례식에 참석해도 되겠냐고 물었다. "저는 정말로 보가 언젠가 우리나라를 이끌게 될 거라고 기대했습니다." 그가 그렇게 말했다.

나는 애슐리와 헌터가 가족을 대표해 추도사를 하는 게 가장 좋을 것 같았다. 그들은 단상에 서서 형이자 오빠를 추도하기로 했다. 그리고 그들은 그러기로 했다. 하지만 매우 세심하게 계획을 세웠음에도 첫 번째 공식 행사를 치르기 위해 모두 함께 집 밖으로 나서면서 쉬운 하루가 될 거라고 생각한 사람은 아무도 없었다.

6월 6일 토요일 밤, 마침내 모든 일이 끝나고 서재에 앉았다. 보는 정확히 일주일 전에 떠났다. 하지만 여전히 그가 있다는 걸 느낄 수 있었다. 그날 밤 일기를 썼다.

아직도 실감이 나지 않는다. 보를 기억하면서 이렇게 품위를 지키고 힘을 잃지 않으려고 매우 집중하고 있었다. 의지력을 발휘해 나를 끌어당기고 있는 그 커다란 막막함과 내 가슴속의 블랙홀을 바라보지 않으려고 했다. 헌터와 애쉬에게 계속 집중함으로써 보가 여전히 내 곁에 있는 척할 수 있었다. 오늘도 보를 모든 일의 한가운데 두었다. 마치 그와 내가 이 모든 일을 함께 하고 있는 것처럼.

나는 거기 앉아 지난 사흘을 돌아보면서 내 아들과 가족에 대한 자부심이 불끈 솟아오르는 걸 느꼈다. 그것은 슬픔의 벽을 뚫고 나온 성취감 같은 것이었다. 오디에르노 장군은 장례식 추도사에서 이렇게 말했다.

"보는 동료들을 깊이 보살폈고 모든 사람을 항상 존중하는 마음과 존경심을 가지고 대했습니다. 그는 다른 사람들에게는 흔치 않은 타고난 카리스마가 있었습니다. 사람들은 자발적으로 그를 따르려 했고, 그의 판단을 전적으로 믿었고, 그를 신뢰했습니다."

나는 추도사에서 특별히 깊은 감정을 그대로 보여준 버락의 사려 깊음에 여전히 감동을 느낀다. 우리는 함께 많은 일을 겪었지만, 그날 성 안토니오 성당에서 대통령과 더 가까워진 것 같았고, 그의 우정에 더 감사하게 되었다.

"미셸과 저, 사샤와 말리아, 저희는 바이든 가족의 일원이 되었습니다. 저희는 이제 명예 가족입니다. 그리고 바이든 가족의 규칙을 따를 겁니다. 저희는 지금 여러분 곁에 있고 앞으로도 그럴 겁니다. 바이든 가의 한 사람으로서 하는 말입니다."

애슐리와 헌터가 단상에 올랐을 때는 추모객들 사이에 쥐 죽은 듯한 정적이 흘렀다. 청중들은 모두 이들 한 사람 한 사람이 느낄 상실감의 깊이를 알고 있었다. 나는 경험상 사랑하는 사람을 위해 추도사를 하는 것이 얼마나 힘든 일인지 알고 있었다. 그 아이들은 그러한 슬픔 속에서도 평정심을 유지하고 있었다. 그것은 엄청난 용기가 필요한 것이었다. 내 아들딸이 그때보다 더 자랑스러웠던 적은 없었다. 그들이 자기의 형과 오빠에 관해 이야기할 때 거의 성스러운 무언가가 느껴졌다. 마치 그들 자신의 삼위일체가 깃들기를 바라고 있는 것 같았다.

"헌터에 대해 말하지 않고 보에 관해 이야기하는 것은 불가능합니다." 애슐리는 자기가 쓰겠다고 고집한 연설에서 청중에게 이렇게 말했다. "헌터는 보의 날개 아래로 부는 바람이었습니다. 그는 보에게 하늘을 날 수 있는 용기와 자신감을 주었습니다. 헌터가 먼저 의견을 내지 않은 결정은 한 번도 없었습니다. 그들이 대화하지 않고 보낸 날은 하루도 없었으며, 운전할 때는 항상 서로의 조수가 되어 주었습니다. 헌터는 보의 절친한 친구이자 그의 집이었습니다."

"제가 태어났을 때 제가 평생 사랑스럽게 불렸던 이름인 보이와 헌티는 저를 두 팔 벌려 꼭 안아 환영해 주었습니다. 오빠들이 제 이름도 지어 주었죠. 저는 오빠들의 것이었고, 저도 오빠들이 제 것 같았습니다."

헌터는 애슐리가 말하는 동안 그 옆에 서 있었다. 그리고 그가 마이크 앞으로 걸어 나가자 애슐리는 오빠가 가족 전체를 대신해 감사의 인사를 하는 동안 계속 오빠 곁에 서 있었다.

"제가 기억하는 가장 오래된 기억은 병실에서 형의 옆 침대에 누워 있던 것입니다." 헌터는 자기 친엄마와 여동생의 생명을 앗아간 교통사고에서 회복하면서 보와 병원에 함께 있었던 날들을 하나하나 이야기하면서 시작했다. "그때 저는 세 살이었습니다. 저보다 한 살하고도 하루 더 나이가 많은 형이 제 손을 잡고 눈을 똑바로 보면서 '사랑해, 사랑해.'라고 계속 되풀이해 말하던 게 기억납니다. 그리고 그 후 42년 동안 형은 제 손을 놓지 않았습니다. 그는 계속 저에게 자기가 얼마나 저를 사랑하는지 말해 주었습니다. 하지만 그가 잡아준 손은 제 손만이 아니었습니다. 보의 손은 모두가 어려울 때 손을 뻗어 잡을 수 있는 손이었습니다. 보의 손은 여러분이 부탁하기도 전에 여러분을 잡고 있는 손이었습니다."

헌터는 거의 25분 동안 보의 인생 여정에 관해 이야기했다. 그것은 모든 사람을 감동하게 했다. 그는 한 치의 오차도 없이 형의 진가를 담아내고 이렇게 결론지었다.

"그는 아주 많은 손을 잡아주었습니다. 학대로부터 생존한 사람들과 전사한 군인의 부모님들, 그가 사랑했던 도시 윌밍턴에서 폭력 범죄를 당한 사람들이 그들이었습니다. 이것이 제 형의 이야기입니다. 지금 수천 명의 사람이 그런 이야기를 합니다. 그들은 모두 보 바이든이 그들의 손을 잡아줬을 때 어땠는지 그 이야기를 하고 있습니다. 형에 대한 제 유일한 권리는 그가 제 손을 가장 먼저 잡았다는 것입니다."

"그리고 그는 왔을 때처럼 떠났습니다. 가족들이 그를 둘러싸고 있었습니다. 모두 그를 붙들고 있었습니다. 우리는 각자 '사랑해요, 사랑해, 사랑해'라고 말하며 간절히 그를 붙들고 있었습니다. 그가 마지막 숨을 거둘 때 저는 그의 손을 잡고 있었습니다. 저는 압니다. 제가 사랑받았다는 것을. 그리고 그가 제 손을 절대 놓지 않을 거라는 것을 알고 있습니다."

나는 너무나 훌륭한 가족을 가진 축복을 받았다. 사흘간 공개 추도식을 치르면서 우리가 서로 든든히 지탱해 줄 수 있는 것만으로도 그야말로 운이 좋은 사람이라고 생각했다. 우리 중 한 사람이 평정심을 잃은 티를 내거나 잃기 시작하면 항상 누군가 곁에서 도와주었다.

"아버지, 괜찮으세요?" 헌터는 내가 천정을 바라본다거나 내 어깨가 흔들리면 이렇게 말했다. 감춰진 슬픈 감정을 공유할 수 있다는 것, 가장 큰 고통의 일부를 대신 겪어줄 사랑하는 사람이 가까이 있다는 것은 축복이다. 하지만 나는 아무도 고통을 전부 없애줄 수는 없다는 걸 알게 되었다. 아무리 가까운 사람이라도. 우리는 각자 자신만의 방식으로 상실의 아픔을 혼자 짊어져야 하는 시간이 있다. 그것을 진정 이해하는 사람들은 자신도 그런 짐을 지고 가는 사람들이다.

그 힘들었던 일주일간 받았던 모든 전화와 방문 중에서, 길게 줄을 서 있던 수천 명의 사람이 보내준 그 모든 가슴 따뜻한 위로와 호의 중에서도 유독 기억에 남는 게 있었다. 그것은 장례 미사 하루 전날 윌밍턴의 성 안토니오 성당에서 치러진 공개 경야에서 있었던 일이었다. 수천 명의 친구와 지인, 후원자들이 줄을 서 있는 가운데 나는 질과 다른 가족들과 함께 여러 시간 동안 보의 관 곁에 서 있었다. 월터리드와 토마스 제퍼슨 대학병원에서 온 간호사들을 포함해 전국 각지에서 사람들이 와 주었다. 하지만 대부분은 델라웨어에서 온 사람들이었다. 우리의 고향은 작은 주였고, 거기서 여러 해 동안 살았다. 그래서 조문객들의 이름은 몰라도 얼굴은 거의 알 수 있었다. 그런데 어느 순간 얼굴을 들어 사람들이 서 있는 줄을 보니 한 사람이 내게 다가오고 있었다. 5개월 전 뉴욕에서 근무 중에 살해당한 중국계 미국인 경찰관의 아버지 웨이 탕 류였다. 그와 그의 아내가 브루클린에서 3시간을 운전해 윌밍턴까지 온 것이다. 그는 인도에 길게 늘어선 사람들 속에서 여러 시간 기다리다 성당으로 들어와 보의 관 바로 앞에 서 있었다.

웨이 탕 류는 아무 말도 하지 않았다. 나도 그랬다. 그는 여전히 영어를 못 했고, 나는 여전히 중국어를 못 했다. 그는 다가와

233

그냥 나를 포옹해 주었다. 내 마음을 알아주는 누군가의 품 안에 있는 것은 내게 아주 많은 의미를 주었다. 그는 나를 조용히 잡고 놓지 않았다. 이번에는 우리가 전에 만났을 때처럼 그를 위한 것이 아니라 나를 위한 것이었다. "감사합니다." 그것이 내가 할 수 있는 말이었다. "감사합니다. 감사합니다. 감사합니다."

Joe Biden

Promise me, Dad

⊗
⊗
⊗

제10장

변치 않으실 거죠?

⬡
⬡
⬡

전에 이런 상황을 겪어본 적이 있기 때문에 앞으로 무슨 일이 생길지 예상할 수 있었다. 처음에는 충격으로 마비 증상 같은 것이 일어난다. 마비 증상이 차츰 사라지고 나면 격렬한 고통이 찾아온다. 그 상처는 물리적 흔적이 되어 당신을 떠나지 않는다.

43년 전에 네일리아와 나오미를 잃었을 때처럼 내 가슴 한가운데 작고 어두운 구멍이 뚫린 것 같았다. 만약 계속 그 존재에 신경을 쓴다면, 그것은 계속 자라나 내 존재의 모든 것을 그 안으로 빨아들이겠다고 위협한다는 걸 알고 있었다. 아무것도 없는 곳, 고통이 없는 자비로운 세계로 그저 사라져 버리는 게 더 나을 것 같던 때가 있었다. 몇 달 동안, 숨을 길고 깊게 쉴 수 없었던 게 기억난다.

신앙이 내게 고통의 피난처가 되어 주었다. 나는 항상 가톨릭과 연결된 의식에서 평안을 찾았다. 묵주는 마음을 진정시켜 주었다. 묵주를 쥐고 있으면 명상을 하는 기분이 들었다. 그리고 미사는 사람들이 많은 데서도 나 혼자가 되기 위해 가는 곳이었다. 항상 혼자라고 느꼈다. 그저 나와 하느님만 존재했다. 어느새 하느님뿐만 아니라 네일리아와 어머니에게도 나를 위해 하느님께 기도해 달라고 기도하고 있었다. 그것은 그들이 여전히 나의 일부로 내 안에 존재한다는 것을 자신에게 일깨우는 방법이다. 보를 잃고 처음 몇 시간 동안 나는 그에게 말하기 시작했다. 그것도 그가 여전히 내 곁에 있다는 걸 일깨우는 나만의 방법이었다.

애슐리는 추도사 말미에 이렇게 말했다. "우리가 슬플 때나 고통으로 몸부림칠 때, 축하할 일이 있거나 즐거운 일이 있을 때 하는 모든 결정에 당신이 있을 겁니다." 그녀는 보에게 말했다. 그렇지만 나는 애슐리가 나에게 그리고 다른 가족들에게 직접 말하고 있다고 생각했다. "우리는 어디에서나 오빠를 볼 수 있을 거예요. 아름다운 자연 속에서, 낯선 이의 미소 속에서 그리고 오빠가 우리를 돌본 것처럼 우리가 돌볼 오빠의 아름다운 아이들에게서 오빠를 보게 될 거예요. 오빠는 우리 모두의 마음에 새겨져 있어요. 오빠는 우리의 뼈 중의 뼈요, 살 중의 살이며, 피 중의 피예요. 오빠는 우리 삶 속에 언제나 존재할 거예요. 오늘도, 내일도, 그리고 영원히."

나는 그 말을 떠올릴 때마다 헌터가 있는 한 보도 있는 거라는 생각이 든다. 그들은 살아서나 죽어서나 떨어질 수 없는 존재들이었다. 아직도 보는 내게 존재하고 있었다. 그는 존재하는 것 이상이었다. 그는 내 머릿속에서 말하는 목소리였다. 내가 계속 반복해서 되뇌는 말은 보가 한 말이었다. 암이 몸에 일으키는 영향을 막을 수 없게 된 지난가을 어느 날 저녁, 보와 할리가 우리를 저녁 식사에 초대했다. 질은 수업을 마치고 일터에서 입던 옷을 그대로 입은 채 윌밍턴에서 바로 기차를 타고 왔다. 저녁 식사를 마친 후 질이 집에 가서 옷을 갈아입고 싶다고 했다. "아버지는 더 계실 수 있으세요?" 보가 물었다. "할리랑 제가 드릴 말씀이 있어요."

그는 할리에게 나탈리와 헌터를 위층으로 데려다 주라고 부탁 하고 그녀가 돌아오기를 기다렸다. 두 사람은 길고 좁은 탁자에 나를 사이에 두고 앉았다. "아버지." 그가 말했다. "이 세상에서 아 버지보다 저를 사랑하는 사람은 없어요. 전 그렇게 생각해요."

"하지만 아버지, 저를 보세요. 저를 보세요. 저는 무슨 일이 일 어나든 괜찮을 거예요. 저는 괜찮을 거예요, 아버지. 제게 약속해 주세요." 나는 아들이 죽음을 받아들이기 시작했다는 걸 깨닫고 가슴이 철렁했다. 그때 그가 탁자를 가로질러 몸을 숙이더니 내 손을 자기 팔에 갖다 놓았다. "하지만 아버지 약속해 주세요. 어떤 일이 벌어지든지 아버지는 괜찮을 거라고 말이에요. 약속해 주세 요, 아버지. 괜찮으실 거라고. 약속해 주세요, 아버지."

"난 괜찮을 거야, 보." 나는 겨우 그렇게 말했지만, 아들은 만족 하지 않았다.

"아뇨, 아버지, 바이든 가 사람으로서 약속해 주세요. 약속해 주 세요, 아버지. 약속해 주세요, 아버지." 나는 약속했다.

백악관에서는 아무도 내가 바로 업무에 복귀할 거로 생각하지 않았다. 오바마 대통령과 그의 최측근 보좌관들은 일부러 들러 내 가 마음을 추스르는 데 필요한 공간과 시간을 계속 제공하겠다고 비공개적 혹은 공개적으로 언질을 주었다. "장례식이 끝났다고 끝

난 게 아니에요. 어떤 의미에서는 이제부터 시작입니다.” 대통령
의 친구이자 가까운 고문인 발레리 자레트Valerie Jarrett가 한 기자에
게 그렇게 말했다. “그에게 사랑과 지지를 보냅니다. 그리고 그에
게 필요한 건 무엇이든 제공할 겁니다. 이것은 기나긴 애도의 과
정입니다. 저는 친구라면 그것을 이해하고 그 길고 괴로운 시기에
곁에 있어 줘야 한다고 생각합니다.” 나에게는 또한 내가 없는 동
안 해야 할 일을 차질 없이 해낸 놀라운 해외 정책팀도 있었다. 나
의 국가 안보 자문인 콜린 칼Colin Kahl은 특히 이라크에 집중해 모
든 것을 감독하고 있었다. 마이클 카펜터Michael Carpenter는 우크라이
나를 계속 주시하고 있었고, 북부 삼각지대에는 후안 곤잘레스Juan
Gonzalez, 국무부에는 빅토리아 누랜드Victoria Nuland가 있었으며, 백악
관 NSC 참모 찰리 쿱찬Charlie Kupchan은 러시아를 맡아 주었다. 그
리고 이라크, 시리아, 터키에는 브렛 맥거크Brett McGurk가, 극동 지
역에는 제프리 프레스콧Jeffrey Prescott이, 전 세계 에너지 정책에 대
해서는 아모스 호치스타인Amos Hochstein이 있었다. 나는 훌륭한 지
원을 받았다. 그들은 해야 한다면 계속 그렇게 하려고 했다. 하지
만 슬픔에 잠겨 집에만 앉아 있을 수 없었다. 나는 내가 할 일이
있다는 걸 알고 있었다.

　보의 장례식 나흘 후, 출근해서 대통령에게 일터로 돌아갈 준
비가 됐다는 걸 알려야겠다고 마음먹었다. 일에 몰두해야만 했다.
정신 건강을 위해 계속 바빠야 했다. 대통령은 독일에서 열린 G7
회의에서 막 돌아온 상태였다. 거기서 그는 메르켈 총리와 다른
유럽의 지도자들에게 푸틴이 민스크 휴전 협정을 이행하고, 우크
라이나에서 철수할 때까지 러시아에 대한 경제 제재를 계속하거

나 심지어 확대하도록 압박했다. 대통령이 얼마나 강력하게 그 근거를 분명히 제시했는지 알 수 있었다.

"러시아는 자기가 한 약속을 근본적으로 우습게 생각해왔습니다." 대통령 수석 대변인이 말했다. "러시아가 약속을 이행하지 않으면 그들은 점점 고립될 것이며, 그것은 러시아 경제에 가해지는 비용 증가로 이어질 것입니다." 야체뉴크 총리는 그날 워싱턴에 와 있었다. 나는 우리가 우크라이나 국민과 정부를 지지하고 있다는 메시지를 전달하고, 더불어 우리의 지원을 계속 받고 싶다면 그가 포로셴코와 협력해 반부패 개혁에 속도를 내야만 한다는 사실을 분명히 하기 위해 그 자리에 있어야 했다.

이틀 후, 이라크 입법부Iraqi Council of Representatives 대변인이자 수니파 정치 지도자인 살림 알 자부리Salim al-Jabouri 와 회의를 갖기로 되어 있었다. 라마디의 함락으로 아바디 총리 정부는 강력한 압박을 받게 되었다. 그러나 오바마 대통령은 자부리와 아바디 총리에 대한 지원 약속을 강화했다. 그는 앞으로 진행될 반격을 위해 수니파 부족 전투원들을 이동시키고, 훈련시키고, 무장시키는 것을 돕고자 라마디에서 25km 떨어진 공군 기지로 미군 군사 고문을 배치하는 위험한 일을 방금 승인했다. 그래서 나는 계속되는 ISIL의 위협에 맞서는 데 결정적으로 이라크의 통일이 중요하다는 사실을 자부리에게 반드시 직접 말하고 싶었다.

자부리와 만난 지 5일 후, 나는 온두라스 대통령 후안 오를란도 에르난데스를 워싱턴에서 만나 그들이 우리가 3월 초에 과테말라시티에서 합의한 개혁안을 진지하게 실행하면, 우리도 계속 성실히 지원할 거라는 사실을 알려줘야 했다. 나는 모든 것에 속도를 내기 위해 복귀해야만 했다.

6월 10일 수요일, 집무실로 들어가는데 마치 보가 나를 보며 말을 거는 것 같았다. "아버지, 힘든 내색하지 마세요. 아버지." 그는 이렇게 말했다. "일어나서 발걸음을 떼세요, 계속 움직이세요."

출근 첫날, 아르세니 야체뉴크 총리와 만나기 바로 전에 오바마 대통령과 점심 식사를 함께했다. 대통령은 나를 꽤 잘 알게 되었다. 그는 내가 일에 몰두하고, 보 이외의 일에 계속 집중하는 게 도움이 될 거라는 걸 알고 있었다. 그래서 그는 그날 일에 매달렸다. 우리는 점심 식사 내내 우리의 해외 정책 목표에 관해서 이야기를 나눴다. 내가 팀과 함께 우크라이나와 이라크, 북부 삼각지대에서 해 온 일에 대해 보고할 때, 그는 내가 매우 집중하는 걸 보고 놀란 것 같았다. 대통령은 내가 지난 18개월 동안 재임하면서 다루고 싶었던 새로운 과제가 있는지 알고 싶어 했다. 나는 우크라이나와 이라크, 북부 삼각지대에서 내가 시작한 것을 내 손으로 마무리 짓고 싶었다. 하지만 정확히 어떤 미래가 나를 기다리고 있는지 확신할 수 없었다. 그래서 나중에 이야기하겠다고 대답했다.

백악관에는 공무원과 외국 고위 관리, 정치 평론가들이 보낸 거의 천 개에 가까운 위로의 말과 함께 7만 개가 넘는 위로의 메모와 서신들이 나를 기다리고 있었다. 보와 가까웠던 친구들과 동료들이 가장 슬퍼했다. 그들의 메시지는 위로가 되는 동시에 마음을 찢어놓았다.

'그는 힘없는 사람을 대신해 싸우고 가장 취약한 우리 아이들을 보호하느라 힘든 줄 모르고 일했기 때문에 그와 함께 일한 것은 영광이었다……. 그에 더해 그의 활기와 천재성, 성실성, 공직에 대한 조건 없는 사랑……. 그 사람의 진실성을 알아볼 수 있는 것 중 하나는 그가 친구를 잃지 않았다는 것이다. 당신은 그걸 보고 그에 대해 모든 것을 알 수 있다. 그는 정말로 멋진 아빠였다. 그는 아이들과 함께하는 그런 아빠였다. 그는 모든 게임을 할 줄 알았다. 그는 모든 아이의 이름을 알았고, 그가 자기 아들에게 하는 것처럼 그 아이들도 열심히 응원해 주었다……. 가족이 우선이었다. 가족은 그의 시작이자, 중간이자, 마지막이었다.'

보의 초등학교 친구 중 한 명이 몇 년 전에 그를 우연히 만났던 이야기를 들려주었다. 그때는 보와 할리, 손주들이 집을 개조하는 동안 우리 부부와 함께 살고 있던 때였다. 그 친구가 부모와 다시 함께 사는 게 어렵지 않은지 물었더니, "보는 온 가족이 한 지붕 아래서 사는 게 얼마나 멋진지 모르겠다고 대답했습니다." 그 친구는 이렇게 설명했다. "가족이 한데 모이는 것이 그에게는 가장 중요한 일이었어요."

보가 떠난 지 얼마 안 되었을 때 내게 진정한 위안이 되었던 편지가 두 통이 있었다. 하나는 에바 라이언^{Eva Ryan}으로부터 온 것이었다. 내 전 보좌관이었던 그녀는 시 한 편을 적어 보냈다. 이런 내용이었다.

"나는 바다로 향해 나가는 작은 배를 보면서 서 있었다. 지는 해는 황금빛으로 그의 하얀색 돛을 물들였다. 그리고 그가 시야에서 사라지자 내 옆에서 어떤 목소리가 속삭였다. '그는 떠났어요.'" 사라짐은 끝이 아니라 또 다른 시작을 나타내는 것이다. 새로운 미지의 세계로. "저 멀리 해변에 친구들 한 무리가 모여 그를 기다리며 기대에 부풀어 있었다."

나는 나도 모르게 네일리아와 보의 아기 여동생 나오미, 내 어머니와 아버지가 먼 해변에 서서 그를 맞을 준비를 하는 걸 상상하고 있었다. "그들에게 갑자기 작은 돛이 보였다. 그리고 내 친구가 '그는 떠났어요'라고 속삭이는 그 순간 즐겁게 환영하며 반갑게 외치는 소리가 들렸다. '그가 왔어요.'"

나는 테디 케네디 Teddy Kennedy 의 미망인 비키 Vicki 로부터 온 개인적인 편지에 특히 감동하였다. 비키는 미국 역사상 유일무이한 가문과 결혼했다. 케네디 가(家) 사람들은 엄청난 업적을 누린 것과 동시에 엄청난 비극으로 고통을 겪었다. 그들의 경험은, 운명은 피할 수 없지만 모든 가족은 행운과 불운이 원장 표에 똑같은 양으로 표시되는 일종의 제로 균형을 갖게 된다는 내 아버지의 믿음을 확인시켜주는 것 같았다. 높으면 높을수록 골도 더 깊은 법이다. 내 인생은 그의 금언을 확인해 주었다. 케네디가는 전혀 다른 경지에 있었다. 테디의 아버지 조 케네디 Joe Kennedy Sir 은 자신이 손댄 거의 모든 사업에서 놀라운 성공을 거둔 인물이었다. 그리고 그는 자기 아들 중 하나가 미국 대통령이 될 거로 생각해 왔다. 하지만 그는 살아생전에 아들 넷 중 셋과 금쪽같은 딸 하나를 땅에 묻었다. 비키 케네디는 내게 보낸 서신에 조 케네디 경이 아들을 잃은 친구에게 보낸 편지의 내용을 써 보냈다. 그녀가 말하길 테디는 살면서 가장 힘들 때 그것을 꺼내서 읽어보곤 했다고 한다.

"자네가 사랑하는 이들 중 하나가 자네의 삶에서 떠나면 자네는 그가 몇 년 더 살았다면 무엇을 해낼 수 있었을지 생각한다네. 그리고 자네는 남은 사람들과 무엇을 할 것인지 생각해 보네. 그러다 어느 날, 아들이 시간이 충분하지 않아 하지 못한 무언가를 이루려고 노력하면서 사는 세상이 있기 때문에 자네는 자네 자신이 그 세상의 일부가 된 걸 알게 된다네. 어쩌면 그것이 그 모든 것의 이유가 될 걸세. 나는 그렇게 되길 바라네." 저도 그렇게 되길 바랍니다.

나는 보에게 시간이 몇 년 더 있었다면 해냈을 것이 무엇인지 알고 있었다. 아들은 특히 아동 학대에 대한 싸움을 계속해 나갔을 것이다. 그것은 보라는 사람의 중심이었다. 그래서 나는 헌터와 할리, 애슐리, 질과 함께 그의 뜻을 받들어 한층 더 노력하겠다고 결심했다. 우리는 '보 바이든 재단Beau Biden Foundation'을 설립해 그의 사업을 이어갔다. 재단은 목적이 필요한 우리에게 목적을 주었다.

엿새 후, 대통령은 나와 점심을 먹으며 깜짝 놀랐을지도 모른다. 그가 우리 정부의 남은 기간 동안 어떤 일을 하기를 원하는지 다시 물었을 때 나는 이렇다 할 대답을 하지 않았다. "출마는 어떻게 하실 예정입니까?" 그가 물었다. 나는 2016년 민주당 대통령 후보 경선에 나서지 않기로 완전히 결정한 것은 아니라고 설명했다. 아직 결정하지 못했다. 한동안 내가 그 결정을 내릴 입장이 못 된다고 생각했다. 나는 이렇게 대답했다. "대통령님, 당신이 힐러리와 빌 클린턴에게 분명하게 약속을 했다 해도 저는 이해합니다." 하지만 나는 버락에게 내가 경선에 나서기로 한다면, 힐러리와 정책상 차이점에 대해서만 겨룰 것이지 그녀가 후보가 되었을 경우 불리하게 작용할지도 모르는 그녀의 성격이나 인성에 대해서는 의문을 제기하지 않을 거라고 안심시켰다. "약속드립니다." 나는 말했다. 우리는 그 정도쯤 하고 대화를 마무리했다.

다음 날은 내가 복귀하고 나서 가장 바쁜 날이었다. 하루 일정표가 꽉 차 있었다. 일일 정보 브리핑 후 점점 커지고 있는 중국과의 경제 교류의 필요성에 대해 다음 주에 국무부에서 연설할 내용을 준비하기 위한 회의가 이어졌다. 그리고 중앙아메리카에 대한 브리핑이 이어지고, 에르난데스 대통령과의 회담이 이어졌다. 그런 다음, 나는 윌밍턴으로 날아가 질과 함께 우리의 기념일을 함께 보낼 것이다. 축하할 기분은 아니었지만, 우리는 함께 있고 싶었다. 그날 밤 윌밍턴에서 일기를 썼다.

6월 17일

바빠서 조금은 잊을 수 있었던 좋은 날이었다. 여전히 보가 떠났다는 게 믿기지 않는다. 나는 아들이 1년 동안 이라크에 있었을 때 그랬던 것처럼 그의 존재를 느낄 수 있다. 내가 이것을 구분하지 못하면 미쳐 버릴 거라는 걸 안다. 그가 말하는 걸 들을 수 있다. "자, 아버지, 저는 다 괜찮아요. 다 좋아요. 좋아요, 아버지."

그날 밤 질은 기운이 없었다. 아내는 사계절 중 여름을 가장 좋아했지만, 이제는 여름에 맛볼 수 있는 즐거움이 사라진 것이다. 질의 마음을 풀어주고 싶었다. 하지만 내가 할 수 있는 일은 별로 없었다. 확신할 수는 없었지만 다가오는 여행이 도움이 될지도 모른다는 희망을 품고 있었다. 우리가 좋아하는 해변 중 하나인 사우스캐롤라이나의 해변으로 가는 가족 여행이 겨우 1주일 남았다. 가족들은 모두 이번 여행을 걱정하고 있었다. 보가 좋아하는 장소에 처음으로 보만 빼고 가는 것은 힘든 일이 될 것이다. 하지만 상실감이 남아 있는 상태에서는 가족에게 많은 의미를 주었던 일을 계속하는 것이 매우 중요하다. 우리는 가족의 전통을 그냥 지나칠 수 없었다. 보라면 우리가 여행 가기를 바랄 것이었다. 경험상 그것이 아주 힘들더라도 피하는 것보다는 해내는 게 더 낫다는 걸 알고 있었다. 우리는 진정한 가족만의 시간이 필요했다. 그래서 그 주에 키아와 아일랜드^{Kiawah Island} 해변으로 가기로 의견을 모았다. 가족들은 6월 23일 화요일에 그리로 날아갈 예정이었고, 나는 며칠 뒤에 따라가기로 했다.

여행 준비와 여행 그 자체는 내가 예상했던 것보다 훨씬 더 감정의 롤러코스터를 타는 것으로 끝났다. 우리의 기념일 날 밤이자 질이 예정대로 떠나기 6일 전, 사우스캐롤라이나 찰스턴^{Charleston}의 흑인 교회에서 무고한 시민 9명이 살해당했다는 소식이 전해졌다. 희생자 중에는 임마누엘 아프리칸 감리교회^{Emanuel AME Church}의 클레멘타 핑크니^{Clementa Pinckney} 목사도 있었다. 그는 나도 아는 사람이었다. 핑크니 목사는 사우스캐롤라이나 정치계에서 성공을 거둔 상원의원으로, 몇 년 전에 어떤 정치 행사에서 그와 함께 시간을 보낸 적이 있었다. 그의 나이는 겨우 41세로 보보다 더 어렸고, 아내와 슬하에 여덟 살과 여섯 살인 두 딸이 있었다.

살인범은 21세의 백인 우월주의자로, 수요일 밤 성경 공부에 초대를 받고, 그날 저녁 교회에 걸어 들어가서 범행 직전 30분 동안 거기 앉아 있었다. 그런 다음, 그 모임의 12명 중 9명을 총으로 쏴 쓰러뜨렸다. 가장 나이가 많은 희생자는 87세였고, 가장 어린 희생자는 26세였다. 살인범이 공언한 목적은 인종 전쟁에 불을 붙이는 것이었다. 질과 나는 그날 밤 공개 성명을 냈다. 그리고 희생자들의 가족에게 위로의 전화를 걸 준비를 했다. 그런 다음, 그 다음 주의 우리 일정에 추가된 행사를 위해 마음을 다잡기 시작했다. 우리는 핑크니 목사와 임마누엘 교회의 다른 희생자들의 추도식에 참석하고, 그들의 가족과 친구들에게 작은 위로를 전하러 키아와에서 찰스턴으로 갈 것이다.

다음 날 밤, 질의 기운을 북돋워 주려고 작은 선물 두 개를 준비했다. 하지만 오히려 역효과를 낳은 것 같았다. 그녀는 저녁 식사를 하고 싶지 않다고 했다. 그녀는 수프 한 그릇을 먹고 아직 날이 밝은 데도 8시 반에 침실로 올라갔다. 그녀가 위로 올라갈 때 나는 헌터와 이야기를 하고 있었다. 헌터는 다음 큰 목표를 향해 계속 나아가라고 나를 열심히 설득하고 있었다. 그는 보의 바람을 나보다 더 잘 알고 있었다. 하지만 나에 대해서도 잘 알고 있었다.

"하느님이 내일 아버지께 나타나서 '후보 자리는 네 것이다. 하지만 너는 지금 결정을 해야 한다.' 이렇게 말씀하신다면 아버지가 뭐라고 하실지 알아요."

"내 마음으로는, 나는 솔직히 우리가 출마하면 정말로 승리할 가능성이 있다고 믿는단다." 나는 그렇게 말했다.

헌터는 우리 가족이 대통령 선거 운동의 압박을 잘 견디며 더 결속될 것이고 더 강해질 거라고 계속 말했다. 우리 가족은 긴 어려움이 닥쳐 확실한 목표 아래 하나가 되었을 때, 항상 최상의 결과를 냈다는 것을 우리 두 사람은 잘 알고 있었다. 하지만 보를 잃은 여파는 완전히 다른 상황이었다. 내가 정서적으로 그 임무를 수행할 준비가 되어 있는지 확신할 수 없었다. 그것은 최상의 환경에서도 해내기 힘든 엄청난 임무가 될 것이다.

6월 26일 아침 10시 직후, 그 소식이 전해졌을 때 키아와에서 추도식이 열리는 찰스턴으로 가려고 준비하고 있었다. 법정 바로 밖에서는 CNN이 보도를 시작했다.

"여기 대법원의 역사적인 날, 여러분은 제 오른쪽에서 동성애자 권리 옹호자들이 케네디 판사의 판결을 축하하고 있는 소리가 들리실 겁니다. 이번 판결은 결혼의 권리는 기본권이며, 게이와 레즈비언들을 그러한 권리에서 배제할 수 없다고 말하고 있습니다. 케네디 판사는 본인이 주도한 이번 재판에서 '결혼의 권리는 기본권'이며 동성 커플에게서 자유 또는 결혼할 권리를 박탈할 수 없다고 말합니다. 그러니까 다시 말해, 동성애자 결혼이 전국적으로 합법적인 권리가 되었다는 판결입니다. 이것은 우리 시대의 가장 커다란 시민권 문제의 하나이며 동성애자 권리 옹호자들이 수십 년 동안 바라왔던 것입니다."

이 판결은 5 대 4로 결정되었다. 앤서니 케네디 대법관은 부동표 투표일뿐만 아니라 이 기념비적 판결의 결정적인 역할을 한 사람이었다. 나는 그러한 판결에 약간의 자부심을 느꼈는데, 일부는 내가 케네디의 인준 청문회를 관장한 사법부 위원회 의장을 지냈기 때문이기도 했다. 앤서니 케네디는 레이건의 첫 번째 선택이 아니었다. 그는 레이건이 원래 선택했던 인물인 로버트 보크Robert Bork의 인준 청문회를 하고 난 후에 후보가 되었다. 상원은 로버트 보크가 헌법이 정한 기본적인 사생활 보호권을 너무 편협하게 해석한다는 이유로 58 대 42로 그를 거부했다. 반대투표에는 레이건 소속당의 6표도 포함되어 있었다. 나는 청문회에서 보크에게 공정해지려고 애썼다. 그는 뛰어난 판사였고, 매우 똑똑한 사람이었다. 하지만 그의 관점과 판결 기록이 대다수의 미국인이 헌법을 보는 방식과 맞지 않는다는 점을 보여 주기 위해 노력했다. 보크 판사는 문서 그 자체에 명시되지 않은 개인의 권리는 없다고 믿었다. 헌법은 개인의 사생활에 대한 권리나 피임의 권리, 여성이 법 앞에서 평등하게 대우받을 권리, 동성애자들이 결혼할 권리에 대해서 분명하게 밝히고 있지 않았다. 그러므로 그러한 권리를 부여할 법률이 필요했다. 보크의 견해로는 법원은 그 모든 문제를 정치적 절차에 판단을 맡겨야 했다. 그것은 바로 다수결의 원칙이었다.

나는 앤서니 케네디의 후보 청문회에서 그가 헌법에 대해 훨씬 더 관대한 해석을 하고 있으며, 개인의 권리와 법 앞의 평등에 대해 훨씬 더 확대된 시각을 갖고 있다는 걸 알 수 있었다. 그리고 역사는 그것을 입증해 보여 주었다. 2015년 동성 결혼에 대한 판결은 그의 법정 생활 30년에 정점을 찍은 것이었다.

결혼 평등을 위한 싸움은 일부 진정 용감한 동성애자들이 믿을 수 없이 큰 도덕적, 물리적 용기를 내야 하는 길고 느린 전투였다. 얼마 전까지만 해도 자신의 정체성을 공개적으로 밝히는 것은 용기가 필요한 행동이었다. 게이와 레즈비언들은 엄청나게 많은 것을 걸고 자신의 성 정체성을 공개하면서 평등한 대우와 평등한 권리를 보장하라고 주장했다. 그들은 몇몇 지역에서 벌어지고 있는 노골적인 혐오 행위를 반대할 권리를 요구했다. 그들은 노골적인 혐오로 인해 신체적, 정신적 학대의 희생양이 되었다. 나는 AIDS가 무시무시하게 우리를 괴롭히던 시절, 많은 보수 근본주의 성직자들과 우익 관료들이 매년 수천 명의 게이를 죽음으로 내모는 그 병이 하느님이 내린 천벌이라고 끈질기게 주장했던 걸 기억한다. 그러나 게이와 레즈비언이 직면한 가장 힘든 장애물은 아마도 혐오가 아니었을까. 그들의 동료 시민 대부분도 무지했다. 미국 사람들이 동성애자들도 대부분 다른 사람들과 똑같은 권리를 바라고 그것을 받을 자격이 있는 착하고, 품위 있고, 올바른 사람들이라는 단순하고 명백한 사실을 알기까지는 오랜 시간이 걸렸다. 나 역시 1990년대 어느 날 밤까지는 그들이 도처에서 겪는 어려움에 대해서 완전히 다 알지 못했다. 당시 상원의원이었던 나는 군에서의 게이 문제에 대한 법사위 청문회를 한 뒤 윌밍턴으로 돌아가는 기차를 타고 있었다. 앰트랙Amtrak 기차 스낵바에서 일하는 남자 중 수년 동안 알고 지내던 한 사람이 그 회의가 진행되는 걸 보고 있다가 동성애를 반대하는 사람들이 하는 말을 듣고는 정말로 의기소침한 얼굴로 내게 말했다.

"의원님, 사실 전 동성애자예요."

"아, 난 몰랐네." 내가 말했다.

"전 아들이 둘 있는데 한 녀석도 동성애자입니다." 그가 내게 말했다. "의원님은 제가 이 사람들한테 화가 나는 게 뭔지 아십니까? 저들은 이걸 무슨 '행실'이라고 생각해요. 저들은 우리가 아침에 잠에서 깨서는 이렇게 말한다고 생각합니다. '젠장, 게이가 되는 게 얼마나 멋진 일이람? 게이가 되는 게 얼마나 멋진 일이야?

젠장, 그러면 훨씬 삶이 좋아질 텐데. 난 게이가 될 거야.'"

또한, 1986년에 '전미 동성애자 태스크 포스National Gay and Lesbian Task Force'의 간부 이사인 제프리 레비Jeffrey Levi가 법사위 청문회에 참석해 진술한 내용을 한 동료 상원의원이 이해하느라 애쓰는 걸 본 기억이 난다. 레비는 윌리엄 렌퀴스트William Rehnquist의 대법원장 후보 인준 청문회가 끝날 무렵 진술하러 온 외부 단체의 많은 대표 중에서 가장 마지막으로 등장한 사람 중 한 명이었다. 레비가 진술을 시작할 때는 위원회 위원 중 스트롬 서먼드Strom Thurmond와 나 이렇게 둘만 청문회에 남아 있었다. 우리는 그 참고인이 미국 인구의 약 10%가 동성애자라는 통계치를 제시했을 때 거기 있던 유일한 사람들이었다. 그 수치는 미국 사람 3,000만 명이 그렇다는 의미였다. 스트롬은 크게 충격을 받았다. 나는 1933년부터 계속 선출직을 지낸 여든네 살의 상원의원이 정말로 동성애자를 한 명도 본 적이 없다고 믿었을 거로 생각한다. "조, 저 말이 사실인가?" 레비가 진술하는 동안 스트롬이 내게 물었다. 나는 일부 전문가들은 인구의 최대 10%가 동성애자라고 주장한다고 조용히 속삭이며 말했다.

스트롬은 보수적으로 차려 입은 그 젊고 말 잘하는 증인에게 물었다. "증인은 그 숫자가 맞는다고 확신하십니까?" 당시 레비는 유명한 성 연구가 알프레드 킨제이Alfred Kinsey가 한 세대 전에 작성한 통계 자료를 인용했다. 스트롬은 이 사실을 힘들게 소화한 후에 야비해지려는 의도는 없었지만, 그래도 상처를 주는 질문들을 두서없이 던졌다.

"증인의 조직은 동성애자들을 변화시켜서 그들을 다른 사람들처럼 정상으로 살게 할 수 있는지를 알아보는 모든 종류의 치료법을 지지하십니까?"

"글쎄요, 의원님, 저희는 자신을 매우 정상이라고 생각합니다. 감사합니다. 저희는 그저 다른 사람과 다르게 된 것뿐입니다. 그리고 미국 사회의 미덕은 궁극적으로 서로 다른 행동과 관점을 인정하는 것입니다. 모든 책임 있는 의료 공동체는 더 이상 동성애를 질병으로 보지 않고 정상적인 행동의 한 종류일 뿐이라고 여깁니다."

"증인은 동성애자들을 변화시켜야 하는 대상이라고 생각하지 않으시군요. 아니면 그들이 그럴 수 있다고 생각하지 않는 건가요?"

"더 이상 그렇지 않습니다. 의원님."

"당신은 어떤 식으로든 그들이 다른 사람들과 같아지도록 바뀔 수 있다고 생각하지 않으시군요?"

"글쎄요, 저희는 사소한 것 하나만 제외하면 다른 사람들과 같습니다. 그런데 불행히도 그 사소한 예외적인 것을 크게 만드는 건 이 사회의 다른 사람들입니다."

"사소한 것이라고요? 그건 꽤 큰 예외인데요. 그렇지 않나요?"

"불행하게도 이 사회가 그것을 큰 문제로 만들고 있습니다."

스트롬은 손으로 자신의 마이크를 막고 내게 말했다.

"나는 가는 게 낫겠어요. 그렇지요?"

자, 2015년 6월부터 이 땅의 법은 더 이상 결혼을 인정하는 데 예외를 두지 않게 되었다. "두 사람은 결혼으로 하나가 되면서 그들이 따로 존재했을 때보다 훨씬 훌륭한 존재가 됩니다. 이번 재판의 일부 청원인들이 보여 주었던 것처럼 결혼은 죽은 다음에도 지속하는 사랑을 담고 있습니다." 케네디는 그날 아침 대법원에서 큰소리로 읽은 의견서에 이렇게 썼다. "그들의 희망이 문명의 가장 오래된 관습에서 배제된 채 외롭게 살라는 선고를 받으면 안 됩니다. 그들은 법의 눈으로 똑같이 존중받게 해 달라고 합니다. 헌법은 그들에게 그러한 권리를 부여합니다."

나는 LGBT 공동체를 위한 평등을 지지하는 데 많은 것을 걸었다고 주장할 수는 없다. 하지만 동성 결혼 판결에 중요한 역할을 했던 그 날이 정말로 자랑스럽다. 나는 보를 생각했다. 델라웨어주 법무부 장관으로서 그는 결혼 평등이 우리 주에서 시행된 날인 2013년 7월 1일 동성 결혼식에 일부러 참석했다. 또한 2013년 가을, 제9호 순회법원Ninth Circuit 전 단계에 있던 한 재판에 결혼 평등을 지지하는 준비 서면을 제출하기도 했다. 그때 그는 1차 방사선 치료와 화학요법을 막 끝내고 있던 상태였다. 몇 달 후 그는 유타주에서 동성 결혼이 잠깐 합법이었던 때 치른 동성 결혼을 델라웨어주에서 인정해 주겠다고 발표했다. "결혼 평등은 델라웨어주의 법으로 정해져 있습니다. 그리고 저는 우리 주 이외의 지역에 사는 사람들 하나하나가 누구를 사랑하고 누구와 삶을 함께 보낼지 자유롭고 평등하게 선택해야 한다고 강력히 믿습니다."

나는 키아와에서 어느 날 아침에 아버지가 10대인 내게 가르쳐 준 가장 중요한 인생의 교훈을 생각했다. 우리는 윌밍턴 시내 신호등 앞에 서 있었다. 그리고 나와 아버지는 코너 가까이에 있는 두 남자를 보았다. 그들은 서로 끌어안고 키스를 나눈 다음, 각자의 하루를 보내러 헤어졌다. 그것은 내가 그 도시에 사는 수천 명의 남편과 아내들이 매일 아침에 보여 주는 모습이었다. 나는 아버지를 바라보며 설명을 구했다. "조이, 그건 간단하단다." 아버지께서 말씀하셨다. "저들은 서로 사랑하는 거야."

그날 오후 늦게 찰스턴에서 버락이 한 추도식 연설은 굉장했다. 그가 그보다 더 좋은 연설을 한 것을 본 적이 있었는지 잘 모르겠다. 나는 이미 위로를 전한 희생자의 가족들을 몸으로 안아주는 데 집중했다. 그리고 장례식에서 그 가족들을 직접 만나고 나니 이틀 후 찰스턴으로 다시 와서 임마누엘 아프리칸 감리교회의 일요일 정기 예배에 참석하고 싶다는 마음이 들었다. 하지만 참석하는 데 주목을 받고 싶지는 않았다. 그래서 오랜 친구이자 지지자인 인근 지역 아프리카 감리 교회^{AME}의 장로 조셉 다비^{Joseph Darby} 목사에게 연락을 취했다. 다비 목사는 내가 조용히 눈에 띄지 않게 들어갈 수 있도록 임마누엘 교회의 목사 대행과 일정을 잡는 방법에 대해 조언을 해 주었다. 다비 목사는 말하지 않아도 내가 왜 거기 가고 싶어 하는지 이해했다. 이 교회의 신자들은 곤궁하고 도움이 필요한 사람들이었다. 나는 아들이 죽은 지 얼마 안 되는 내가 거기 나타나면 임마누엘 교회 가족들에게 힘을 줄 수 있을 거로 생각했다. 또한, 고통에 빠진 이 사람들에게 위로가 되는 것은 내게도 위안이 되었다. 남을 위로하면 항상 내 기분도 조금 좋아졌다. 그리고 나는 너무나 기분이 좋아지고 싶었다.

그 이상으로 나는 임마누엘 아프리칸 감리교회와 교회 신자들의 특별한 포옹을 간절히 원했다. 그들의 힘과 영광이 필요했다. 그 교회의 역사와 교회에 참혹했던 새로운 비극이 벌어졌던 직후의 상황에 대해 읽어 보면 당신도 그 이유를 이해할 것이다. 마더 임마누엘^{Mother Emanuel}은 거의 200년 동안 그 무리의 안식처이자 노예제와 인종 차별과 같은 약탈 행위로부터 사람들을 지켜 주는 보루였다. 그런데 젊은이들의 공동체를 붙잡아 주려고 애쓰던 교회가 2015년에 그 동지들을 잃었다. 하지만 교회는 길을 잃지 않았다. 임마누엘 교회의 사람들과 이틀 전 추도식에서 만났던 교인들은 자신들을 미워하기로 마음먹은 사람들에 대항해 그렇게 오랫동안 투쟁해왔으면서도 비탄과 냉소라는 마음의 상처가 없는 듯 보였다. 그들이 가진 용서의 능력, 심지어 자신의 가장 사랑하는 사람들을 아홉 명이나 무자비하게 쏴 죽인 살인자조차도 용서할 수 있는 능력을 가진 위엄에 나는 기가 눌렸다.

한 희생자의 딸은 자기 엄마를 죽인 살인자에게 말을 걸어 보석 심리에 참석했다. "저는 엄마와 다시는 말을 못 할 거예요. 엄마를 다시는 만지지도 못하겠죠." 그 총잡이는 우두커니 앞을 보고 있었고, 나딘 콜리어^{Nadine Collier}는 죽은 엄마에 대해 말을 이어 갔다. "하지만 전 당신을 용서했고, 당신의 영혼을 가엾게 여기고 있습니다. 당신은 내게 상처를 주었고, 많은 사람을 다치게 했습니다. 하지만 하느님은 당신을 용서하십니다. 그리고 저도 당신을 용서합니다."

가장 어린 희생자의 어머니는 용서를 위해 더 힘든 시간을 보내고 있었다. 펠리시아 샌더스^{Felicia Sanders}는 그 방에 있었다. 공포에 떨며 웅크린 채 자기 아들의 마지막 말을 들었다. "이렇게 할 필요가 있습니까? 우리는 당신에게 아무런 해도 끼치지 않습니다." 그녀는 살인자에게 물었다. "나는 이렇게 해야 해. 내 임무를 끝내야 하거든." 그 총잡이가 펠리시아의 26세 아들을 쏘기 전에 한 말이었다.

펠리시아 샌더스는 애쓰고 있다는 걸 인정했다. "저에게는 용서가 하나의 과정이에요. 사소한 일들은 때때로 하느님이 사람들을 용서하라고 재촉하시는 게 필요해요. 그런데 이렇게 어마어마한 일은 그것이 온전히 제가 할 일입니다." 그녀가 그렇게 애쓰는 걸 보면서 나는 믿을 수 없이 커다란 은총을 느낄 수 있었다.

헌터가 나와 함께 가고 싶어 했다. 그래서 우리는 토요일 오전에 운전해서 교회까지 갔다. 우리는 옷깃에 '임마누엘 9' 리본을 달았다. 그날 임마누엘 교회에는 사람들이 넘쳐났다. 핑크니 목사를 대신한 노벨 고프 경 Norvel Goff Sr. 이 방문객들을 모두 일어서라고 하자 깜짝 놀랄 정도로 많은 사람이 일어섰다. 슬픔을 함께 나누고 교회 가족에 대한 지지를 보여 주기 위해 전국에서 사람들이 모인 것이다. 그날 아침에는 흑인만큼이나 백인 방문자들도 많았다. 그 총잡이는 인종 갈등을 부추기지 못했다. 오히려 완전히 그 반대였다. 그는 흑인 사회와 백인 사회 양쪽 모두에서 임마누엘 교회에 놀랄 만큼 폭발적인 지지를 보내는 움직임이 일어나도록 한 셈이었다.

고프 목사는 그날 아침 나한테 몇 마디 말을 해 달라고 했다. "저도 이 가족과 교회의 고통을 조금이라도 덜어줄 수 있는 말을 할 수 있으면 좋겠습니다. 하지만 저는 아무런 말도 찢어진 가슴을 고쳐줄 수 없다는 걸 경험해 봐서 압니다. 그리고 29일 전에 다시 한번 깨달았습니다. 어떤 음악도 뻥 뚫린 공허함을 채워줄 수 없습니다. 그리고 여기 계신 목사님들도 다 아시다시피 때로는 믿음조차도 잠시 우리를 떠납니다. 때때로 의심하기도 하지요. '믿음은 어둠 속에서 가장 잘 보인다'라는 유명한 말도 있습니다. 이 아홉 가족에게 지금은 매우 어두운, 어두운 시간입니다."

나는 어떤 연설도 할 계획이 없었지만, 그래도 만일의 경우를 위해 짧은 메모를 준비했다. 그것은 내게 위로를 주는 시편의 한 구절이었다.

여호와여, 주의 인자하심이 하늘에 있고
주의 진실하심이 공중에 사무쳤으며
주의 정의는 하느님의 산들과 같고
주의 심판은 큰 바다와 같으니이다.
여호와여, 주는 사람과 짐승을 구하시나이다.
하나님이여, 주의 인자하심이 어찌 그리 보배로우신지요!
사람들이 주의 날개 그늘 아래 피하나이다.

"저는 기도합니다. 저 가족들이 하느님의 날개 그늘 아래서 안식을 찾게 되기를 기도합니다. 그리고 저는 여러분 모두가 그들에게 보여 주신 사랑과 전국에서 제게 보여 준 사랑이 그들 가족과 제 가족의 찢어진 마음이 회복되는 데 도움을 달라고 기도합니다."

예배가 끝나자 고프 목사와 다비 목사 부부, 그리고 찰스턴 시장 조 라일리Joe Riley가 나에게 간단히 교회를 둘러보게 해 주고 싶어 했다. 밖으로 나가보니 해가 하얀 교회 위로 높이 떠 있었다. 총격 사건이 있고 나서 사람들이 놓고 간 추모의 꽃과 메모들 위로 햇빛이 반짝이며 쏟아지고 있었다. 우리는 그 앞에 잠시 서서 말이 없는 아름다운 위로의 광경을 보았다.

내가 막 떠나려는데 라일리 시장이 나를 붙잡고 내게 보여 주고 싶은 것이 있다고 했다. 그리고 우리를 옆쪽 계단으로 안내했다. 여섯 개의 계단을 내려가니 클레멘타 핑크니 목사의 사무실 쪽으로 가는 교회의 지하 입구가 나왔다. 목사의 아내와 그의 6세 딸은 학살이 벌어지는 동안 사무실에 숨어 있었다. 오른쪽으로 열다섯에서 스무 걸음 정도 떨어진 곳에 성경 공부 모임을 가졌던 커다란 펠로십 홀이 보였다. 불과 11일 전에 아홉 명의 선한 사람들이 이 바닥, 바로 이 신도석 걸상 아래서 살해되었다. 교회 신도들은 총탄으로 생긴 구멍을 접합제로 메우고 매주 수요일 밤 성경 공부를 한 주도 빠지지 않고 계속하고 있었다. 그 학살이 벌어진 후 처음 돌아온 수요일에 150명의 사람이 성경 공부에 나왔다. "이곳은 하느님의 영토입니다." 고프 목사는 전 세계에 그렇게 말했다.

나는 걸으면서 목이 메었다. 임마누엘 교회 신도들과 그들을 지지하러 왔거나 성금과 기도를 보내준 모든 사람에 대한 감사의 마음이 북받쳤다. 임마누엘 교회에 대해 사람들이 보여 준 그러한 지지를 보고 사우스캐롤라이나주의 정치 지도자들이 한 걸음 더 나아가 자신의 용기와 인간애를 놓고 경쟁할 수 있는 용기를 갖게 될 거라고 확신했다. 이 비극으로부터 어떤 긍정적인 일이 생길 거라고 정말로 굳게 믿었다. 그리고 이 주의 입법부에서 통로를 사이에 두고 양쪽에 앉아 있는 정치인들이 이미 그들의 국회의사당 구내에서 남부 흑인들에게 가장 상처를 주는 상징 중 하나인 남부 연합군기를 없애 버리자는 논의를 시작했다는 것을 알고 고무되었다. "제가 남부 연합군 깃발을 지키려고 하고 있더군 요." 한때 열렬한 분리주의자였던 스트롬 서먼드Strom Thurmond 의 아 들 폴 서먼드Paul Thurmond 공화당 상원의원이 말했다. "여러분은 어 떻게 그걸 지키시겠습니까? 저는 도저히 못 하겠습니다."

라일리 시장은 곧바로 핑크니 목사의 사무실로 안내했다. 핑크 니의 사무실 벽에는 사진이 하나 붙어 있었다. 그걸 보고 말을 잇 지 못했다. 그것은 7개월 전 2014년 중간 선거 바로 전에 그가 지 역의 성직자들을 초대하는 행사를 계획하는 걸 도와주었을 때 나 와 함께 찍은 사진이었다. 그날 우리는 함께 웃고 있었다. 우리가 함께했던 그 마지막 날 클레멘타 핑크니는 앞날이 창창한 남자였 다. 그런데 그는 지금 가고 없다.

다음 날 아침, 일찍 일어나 딱딱한 모래 해변으로 자전거를 타 러 가기로 했다. 사우스캐롤라이나에서 온종일 그랬던 것처럼 날 씨는 거의 완벽했다. 어쩌다 흩어진 구름이 나타났지만, 곧 바람 에 흩어져 버렸다. 주택들이 늘어선 곳을 거쳐 오션 코스 클럽하 우스를 지나 모래가 부드러워지고 나무가 물가에 늘어선 곳까지 기분 좋게 해변을 달리는 동안 부드러운 바람이 얼굴을 스쳤다. 비밀경호국 요원들은 모래사장용 소형 자동차를 타고 뒤에서 나 를 잘 따라오고 있었다. 주변에는 아무도 없었다. 그런데 갑자기 보와 지난번에 바로 여기서 자전거를 탔던 기억이 났다. "아버지, 여기서 잠깐 앉아서 쉬어요." 그날 보가 그렇게 말했다. 그곳에 앉 은 우리 둘은 그냥 숨을 크게 들이마셨다. "아버지, 정말 굉장하지 않아요?" 그가 말했다. "정말 아름답죠?"

아들이 내게 다시 말을 걸고 있는 것 같았다. "아버지, 여기 앉아서 잠깐 쉬어요." 나는 자전거에서 내렸다. 지구의 끝, 마치 바다와 해변과 숲만 있는 곳에 서 있는 것 같았다. 굉장한 느낌이었다. 갑자기 압도되는 것 같았다. 목이 콱 막히고 호흡이 점점 더 빨라졌다. 요원들에게 등을 돌리고 한쪽으로는 광활한 바다를, 다른 한쪽으로는 어두운 숲을 내다보면서 모래 위에 앉았다. 그리고 흐느껴 울었다.

Joe Biden

Promise me, Dad

⊗
⊗
⊗

제11장

Run, Joe, Run

출마하세요, 조

⬡
⬡
⬡

사우스캐롤라이나에서의 마지막 날 〈월스트리트 저널〉에 기사가 났다.

"그는 출마할 것인가? 바이든의 숙고가 시작된다!"

이것이 헤드라인이었다. "그가 출마하기를 보가 원했다는 것은 알려진 사실이다. 보가 원했다면 그는 출마할 것이다." 그 기사는 내 오랜 친구이자 정치적 후원자 중 한 사람의 말을 인용했다. 하지만 기사가 신문에서 크게 부각되지 않아서 다행이라고 생각했다. 나는 정말로 애쓰고 있었다. 보가 떠난 직후에 대통령 후보 경선 출마는 그저 생각하는 것만도 힘든 일이었다. "우리가 이야기했던 것은 모두 끝났네." 마이크 도닐런과 함께 내 선거 운동 계획을 감독하고 있던 수석 보좌관 스티브 리체티에게 그렇게 말했다.

민주당 후보 경선에 출마하는 것은 모두 보와 연결된 것이었다. 모든 것이 우리 가족과 연결되어 있었다. 아프기 전에 보는 내가 출마해야 한다고 믿었다. 헌터도 마찬가지였다. 질과 애슐리도 크게 지지해 주고 있었다. 우리는 나라를 위해 얼마나 많은 것을 걸어야 하는지 알고 있었다. 그리고 버락과 함께 시작한 일을 끝내는 데 있어 가장 많이 준비된 사람은 바로 나라고 믿었다. 보가 아프지 않았다면 우리는 이미 출마했을 것이고, 모두 함께 열정을 갖고 해냈을 일이었다. '기억하세요, 아버지, 홈 베이스요, 홈 베이스.' 보라면 그렇게 말했을 것이다.

보 없이 대선을 준비한다는 건 생각만 해도 고통스러웠다. 하지만 시간이 지나면서 출마하지 않겠다는 생각이 보를 포함해 모든 사람을 실망시키는 일인 것 같았다. 헌터는 여전히 경선이 우리에게 목적, 즉 우리가 깊은 슬픔을 잘 견딜 수 있도록 집중할 수 있는 커다란 무언가를 줄 거라고 생각했다. 질은 우리가 가능성을 봐야 한다고 생각했다. 때때로 보가 거의 물리칠 가망이 전혀 없는 적을 상대로 벌인 전투에서 보여준 용기를 생각해 보았다.

"보는 전투에서 졌습니다. 하지만 패배당한 것은 아닙니다."

MD 앤더슨 암 센터의 어떤 의사가 그렇게 말했다. 보가 그랬던 것처럼 나도 모든 용기를 끌어모을 수 있기를 바랐다. 하지만 내가 감정적인 에너지를 회복할 수 있을지 확신이 서지 않았다. 그리고 경험상 슬픔은 해야 할 일이나 예정된 일 따위는 안중에도 없는 과정이었다. 만약 준비가 되었다면 다름 아닌 내가 진짜 준비가 되었을 때 준비가 된 것이다. 그전에는 아니다. 그게 언제가 될지 알 수 없었다.

무엇보다 내게 출마할 기회가 있다고 해도 선거 운동 준비라는 복잡한 역학 관계를 고려해야 한다는 것을 알고 있었다. 그래서 나는 마이크와 스티브에게 일상 업무 외에 따로 시간을 내서 그것을 진지하게 분석해 달라고 부탁했다. 아직도 길이 있을까? 우리는 정말로 당선될 수 있도록 선거 운동을 제때 준비할 수 있을까? 그 과정을 다시 시작하는 데 많은 시간이 걸리지는 않을까? 사실 우리는 2013년 여름에 2016년 대통령 선거에 대해 진지하게 이야기를 나누기 시작했다. 그해 8월 휴가를 떠나는 나를 스티브가 기차역에 내려주면서 이미 우리는 실행할 메시지와 게임의 계획을 만들었다. 하지만 겨우 며칠 후, 질과 나 그리고 온 가족은 MD 앤더슨 암 센터에서 보의 암 진단 소식을 들었다. 우리는 모든 것을 중지해야 했다.

마이크와 스티브는 신속하게 일을 진행해야 했다. 7월 둘째 주까지 그들은 다른 조언자들과 협의를 거친 후 경선의 현 상태를 진지하게 평가하고, 우리에게 여전히 좋은 기회가 열려 있는지 결론지어야 했다. 내 공식 일정이 없는 사흘간 시간마다 계속 회의를 하면서 상황이 어떤지 논의했다. 내가 가장 신뢰하는 사람들은 오로지 질과 헌터, 애슐리, 내 여동생 발 그리고 오랜 친구이자 초기 상원의원 시절의 수석 보좌관이었던 테드 커프만Ted Kaufman 과 스티브, 마이크였다. 경선 출마에 여전히 좋은 기회가 열려있으며, 초기 단계에 잘 해낸다면 끝까지 경쟁해 후보가 될 가능성이 높다는 데 모두 동의했다. 우리는 처음에 시작하는 네 개 주인 아이오와와 뉴햄프셔, 네바다, 사우스캐롤라이나에서 경선을 치르기 위한 자금과 그라운드 게임(풋볼에서 러닝 플레이를 이용한 전략 또는 그와 같은 전략이 시도되는 경기)을 준비할 시간이 넉넉하다고 생각했다. 우리가 바라는 대로 잘 해낸다면 남은 선거 운동을 위한 자금을 모으는 것도 문제없을 것 같았다. 누군가의 패배는, 특히 현직 부통령의 큰 패배는 내 경력에 정말로 큰 타격이 될 거라고 지적했다.

"지는 데는 낭만적인 품위가 없습니다. 알아두세요. 부통령님이 지면 그건 커다란 손실이 될 겁니다." 그는 그렇게 말했다.

나는 그 말을 인정했다. 하지만 선거에서의 상실과 진정한 상실의 차이를 알고 있었다. 정치적 경쟁에서 지는 건 두렵지 않았다. 그리고 내가 경선에 출마할 용기를 낼 수 있다면, 내가 바로 이 분야에서 가장 자격 있고 가장 능력 있는 사람이 될 거라고 믿었다. 당시 회의실의 분위기는 경선의 가능성을 살려두는 것이었다.

우리 팀은 얼마 안 되는 사람들이 현장 직원과 후원금 모금, 그리고 메시지와 같은 핵심적인 선거 운동의 요소를 연구해야 했다. 오하이오주에서 오바마-바이든을 위해 일했고, 전국에서 가장 뛰어난 조직원을 알고 있던 그레그 슐츠^{Greg Schultz}가 자원해서 현장 운영 계획을 준비했다. 그리고 민주당 전국위원회^{DNC}의 마이클 슈럼^{Michael Schrum} 전 국가 재정담당 부국장은 자금 조달 계획을 세우기 위해 자원해서 인력을 조직했다. 마이크 도닐런은 이미 메시지를 어떻게 잡아야 하는지 분명히 생각하는 게 있었다. 그것은 우리가 2년 전에 개발한 경선 메시지와 근본적으로 다르지 않았다. 그는 그것을 출마 선언 연설로 바꾸려 했다. 그것은 또한 우리의 사명 선언서의 역할도 할 것이었다. 여기에 내가 왜 출마를 하려는지와 내가 왜 이 사명에 깊은 믿음을 가지고 있는지 그 이유가 담겨 있다. "출마 연설을 훌륭하게 쓰지 못하면 출마하지 않는 게 낫다."라고 말하는 사람이 있을 정도로 그것은 중요했다.

우리 모두가 아직 시간이 충분하고 앞으로 나아가야 한다는 믿음으로 그 모임에 나왔다고 생각한다. 하지만 얼마 안 가 내가 대통령 선거 운동을 할 정도로 감정적인 준비가 되려면 얼마나 멀었는지, 그리고 출마를 결정하는 게 얼마나 힘든 일이 될지 깨닫게 되었다.

7월 21일, 민주당 후원금 모금 행사에서 연설을 위해 서쪽으로 날아갔는데, 콜로라도주 오로라^{Aurora}의 버클리 공군기지에 착륙해 보니 저 멀리 떨어진 곳에서 한 무리의 군 병력과 그 가족들이 손을 흔들며 인사를 하고 있었다. 그들은 60m 정도 떨어져 있었기 때문에 나는 인사를 하려고 가볍게 뛰었다. "고맙습니다." 내가 말했다. "복무해 주셔서 감사합니다." 사람들과 악수하고 있는데 뒤쪽에서 누군가 말하는 목소리가 들렸다. "보 바이든 소령님! 이라크입니다, 부통령님! 그와 함께 복무했습니다, 부통령님! 그는 좋은 분이셨습니다, 부통령님! 좋은 분이셨습니다!" 목구멍에서 뭔가 뭉클하게 솟아오르는 것을 느꼈다. 갑자기 숨이 얕아지고 목소리가 갈라졌다. 나는 감정에 압도될까 봐 두려웠다. 거기 있던 사람들은 그런 나를 볼 수 있었을 것이다. 손을 흔들고 차를 향해 급히 뛰어갔다. 이것은 대통령 후보가 공개적으로 할 수 있는 행동이 아니었다.

엿새 후 나는 뉴욕 로체스터^{Rochester}로 날아가 앤드루 쿠오모^{Andrew Cuomo} 주지사와 함께 대체 에너지와 의약품, 건설, 제조 분야에 사용될 수 있는 첨단 기술에 대한 새로운 투자 계획을 발표했다. 그리고 그가 라과디아^{LaGuardia} 공항을 재건축하는 광범위한 계획을 발표할 때 그와 함께 서기 위해 뉴욕시로 갔다. 그날 나는 앤드루 쿠오모와 다섯 시간을 함께 보냈다. 그리고 그 방문은 결국 정치적이라기보다는 개인적인 것으로 끝나고 말았다. 그는 아버지인 마리오 쿠오모^{Mario Cuomo} 주지사가 대통령 출마 여부를 놓고 고심하는 것을 지켜보았기 때문에 내가 씨름하고 있던 그 결정이 어떤 종류의 것인지 알고 있었다. 마리오가 그해 초에 죽었기 때문에 앤드루는 아버지가 마음에 많이 남아 있었다. 앤드루는 보도 잘 알고 있었다. 그는 보가 델라웨어의 법무부 장관으로 선출된 바로 그 날 뉴욕의 법무부 장관으로 선출되었다. 그들은 함께 일하면서 친구가 되었다. 앤드루는 자신과 보가 유명한 공직자를 아버지로 둔 정치 지망생이라는 걸 두고 서로 위로하곤 했다고 말했다. 둘 다 아버지가 자랑스러웠고 우리의 아들이라는 게 자랑스러웠지만, 그것 때문에 자신만의 길을 가려는 게 힘들다고 생각했다. 그는 그들이 자기 아버지를 '관리'하려고 하는 것을 두고 서로 웃곤 했다고 말했다. 그리고 특히 우리가 너무나 요구하는 게 많다고, 특히 우리의 연설에 대해서는 더 그렇다며 농담을 했다고 했다. "아버지는 항상 완벽을 추구하셨어요." 앤드루의 말에 나는 이렇게 답해 주었다.

"만약 연설이 완벽하지 않다면, 연설이 메아리칠 수 없다면, 자네 아버지는 연설하고 싶지 않았을 거라네. 그게 무엇인가는 중요하지 않아. 겨우 30명 앞에서 말을 하려고 한대도 그것이 자네 아버지한테는 중요했을 게야. 그리고 보가 그러던데 자네도 마찬가지라네."

나는 항상 마리오 쿠오모를 친근하게 느꼈다. 1984년 민주당 전당대회에서 그의 기념사를 듣고, 나와 마찬가지로 그의 공정성과 정의감, 권력을 남용하는 사람들에 대한 경멸의 많은 부분이 가톨릭교회의 가르침에서 나왔다고 생각했던 기억이 난다. 지난 1월 그의 아버지의 경야에 찾아간 나는 그의 가족과 여러 사람 앞에서 마리오 쿠오모가 '와, 이 사람이 나보다 더 나은 것 같은데' 라고 생각하며 지켜본 몇 안 되는 공직자 중 한 명이라고 말했다.

나는 마리오가 대통령 출마에 대해 숙고하면서 겪었을 어려움을 더 깊이 이해하게 되었다. 외부에서 뭐라고 하든, 호의적이든 그렇지 않든, 마지막 결정은 그가 옳다고 느끼는 것이어야 했다. 내 결정이 내게 옳다고 느껴져야 하는 것과 똑같다. 앤드루가 7월 말의 그 날 내게 말하려고 했던 것은 그의 아버지가 대통령직 출마를 거절한 것을 두고 정말 마음이 편치 않았다는 것이다. "어떤 결정을 하시든 후회하지 않을지 확신하셔야 합니다. 여생을 그 사실과 함께 살아가시게 될 테니까요."

'부통령 조셉 R. 바이든 주니어와 그의 동료들은 대통령 선거 운동에 대해 가능한 적극적으로 알아보기 시작했다. 그것은 민주당 출마자들에게 충격을 주고 힐러리 로댐 클린턴에게는 직접적인 위협이 될 것이라고 바이든 부통령이나 그의 최측근 자문들과 이야기를 나눈 몇몇 인사들은 말하고 있다.'

이것이 8월 2일 〈뉴욕타임스〉 1면 톱기사의 내용이었다. 이 뉴스는 보가 내게 출마를 권유했다는 사실을 정확하게 보도한 신문의 모린 다우드Maureen Dowd가 같은 날 발행한 칼럼에 의존했다. 그러나 그 1면 기사는 모린과는 달리 보가 '죽어가고 있을' 때 내게 말했다고 하면서 이것을 일종의 임종 장면으로 잘못 묘사했다(그들은 공식적으로 그것을 바로잡았지만, 몇 달이 지난 후였다.). 그 후 며칠간 나의 출마에 찬성하거나 반대하는 외부인들의 전화가 배로 늘었다.

그 뉴스가 나가고 며칠 후, 마이크는 우리가 작성한 경선 출마 연설의 새로운 초안을 다듬어 왔다. 그것은 전부 2,500개의 단어로 이루어져 있었다. 이번 선거 운동은 하나의 매우 기본적인 원칙을 기반으로 하게 될 것이다.

"우리는 하나의 미국이며 평등과 기회, 민주주의의 이 위대한 실험 안에 함께 존재한다. 그리고 모두가(나는 작정하고 모두라고 말했다.) 그 일과 연관되어 있다."

초안에는 그렇게 쓰여 있었다.

우리는 소외되었다고 느끼는 사람들에게 말을 걸어야 했다. 그들에게 우리가 그들의 절망을 이해한다는 것을 알려야 했다. 어떤 부모가 가장 오랫동안 걸었던 걸음은 그들이 직장을 구하지 못했거나 은행에 집이 넘어가 이사를 해야 한다고 말하려고 짧은 층계를 오를 때라고 말했을 때, 청중들이 보여준 반응에 나는 많이 놀랐다. 그들에게 내 아버지가 어떻게 그 끔찍한 걸음을 걸으셨는지, 그리고 얼마나 많은 사람이 최근 몇 년 동안 그렇게 할 수밖에 없었는지 한번 생각해 보라고 말했다. 너무 많은 이의 눈에 눈물이 고였다. 그것이 현실이었다. 그들은 그렇게 살고 있었다.

우리는 또한 잘 지내고 있는 사람들에게도 말을 걸어야 했다. 나는 부자들도 다른 사람들처럼 애국심이 있다고 말하고는 비웃음을 많이 샀다. 하지만 그건 진심이었다. 대부분 부유한 미국인들이 우리 아이들을 위해 더 나은 교육 환경을 조성하기 위해서,

혹은 이 나라의 기반 시설을 재건하기 위해서, 혹은 양질의 의료 서비스가 필요한 모든 사람에게 그것을 제공하기 위해서 기꺼이 세금 감면 혜택을 한 번 더 포기하려 할 거라는 것을 의심하지 않았다. 그들은 부자가 될 기회가 전부가 아니라는 것을 안다. 조국을 부양하는 것도 해야 할 일이다.

우리는 미국 재계와 월가에 자신과 주주들을 돌보는 것만으로는 충분하지 않다는 것을 상기시켜야 했다. 그들은 자신의 노동자, 지역사회, 그리고 국가에 대해서도 책임을 져야 했다. 그들에게 창피를 주거나 호되게 꾸짖는 게 아니라, 번영을 공유하고 중산층이 안정적으로 성장한 오랜 역사가 미국이 세계에서 가장 안정된 정치적 민주주의를 누리게 된 이유임을 상기시켜 주어야 했다. 만약 우리가 그것을 잃으면, 그리고 우리가 그것을 잃어가고 있다면, 아무리 많은 돈으로도 분노의 삼지창을 막지 못할 것이다. 이것은 단지 수익과 경제에 관한 것만이 아니라 이 나라의 사회 안정에 관한 것이었다.

그리고 무엇보다도 이 나라의 위대한 중산층에게 말을 걸어야 했다. 그리고 그들의 걱정뿐만 아니라 그들의 포부에 말을 걸어야 했다. 이 선거 운동은 모든 것이 중산층의 희망을 위축시키는 것이 아니라 활성화하는 것에 관한 것이었다.

우리는 중산층에게 말을 걸기 위해 한 가지 더 해야 할 일이 있다고 느꼈다. 대통령이 되면 바이든은 '슈퍼 PAC 제도super PAC system(미국의 억만장자들로 이루어진 민간 정치 자금 단체)'를 거부하려고 했다. 우리는 출발이 너무 늦은 것 같아서 게임을 하고 싶은 마음이 생겼다. 그리고 선거 운동을 하던 그 몇 년 동안 처음으로,

나를 위한 큰돈이 있다는 것을 알았다. 또한, 사람들이 이 모든 것에 식상해 있다는 것도 알았다. '우리 국민'이란 말은 더 이상 진정성 있게 들리지 않았다. 그것은 '우리 기부자들'에 더 가까웠다. 모든 사람이 돈으로 도배가 되는 시스템에서는 중산층이 싸울 기회가 없다는 것을 깨달았다. 슈퍼 PAC의 돈을 거절하는 것은 나에게 힘든 일이 아니었다. 마치 그것은 한 바퀴 돌아 제자리로 돌아오는 기분이었다. 내가 미국 상원의원으로서 서명한 가장 최초의 법안 중 하나는 공공 선거 자금에 관한 것이었다. 바보 같은 짓이든 아니든 이제 나는 우리 정치를 완전히 뒤덮으며 새롭게 밀려오고 있는 돈의 흐름을 돌려놓기 위해 노력할 것이었다.

2015년 여름에 내가 본 선거 운동은 너무 부정적이고, 너무 음울하고, 너무나 분열을 일으켰고, 너무 개인적이었고, 그리고 너무 평범했기 때문에 이 메시지가 특별해 보일 거라고 확신했다. 다른 후보들이 퍼뜨리고 있는 국가 전망에 대한 비관적인 태도를 믿지 않았다. 우리는 한 국가로서 많은 것을 겪었고, 올바른 방향으로 나아가고 있었다. 이 나라는 오바마 대통령 덕분에 지난 6년 동안 믿기 어려울 정도로 심각한 침체에서 벗어났다. 우리 정부는 1,300만 개의 새로운 일자리 창출을 도와 67개월 연속 민간부문 일자리 창출이라는 기록을 달성했다. 그리고 재정 적자를 반으로 줄이기도 했다. 우리는 마침내 회복 단계에서 부활 단계로 옮겨가고 있었다. 이 나라는 곧 이륙할 태세였다.

그 모든 일을 대통령과 함께해냈다는 것이 자랑스러웠다. 그리고 사과도, 유보도, 후퇴도 없이 그런 기록을 달성했다는 데 자부심을 느꼈다. 그리고 누군가의 질문에 대답했듯이 나는 사람들이 우리가 잘한 것에 대해 그 공로를 적어도 얼마라도 기꺼이 알아주는 한 우리가 잘못한 모든 것에 대해 기꺼이 책임을 졌다. 그리고 지금, 우리는 전환기를 맞고 있다. 이제 우리는 해야 할 일에서, 하고 싶은 일을 하는 쪽으로 옮겨갈 수 있는 위치에 와 있었다.

그것은 대통령 선거 운동의 전망을 흥미진진하고 자유롭게 했다. 돈 한 푼 없이 이렇게 늦게 시작하는 데다가 똑똑하다 하는 사람들이 모두 날 버린 가운데 나는 상황을 직시했다. 그것은 조심스럽고 세밀한 주제로 선거 운동을 하는 게 무의미하다는 것을 의미했다. 그래서 대통령이 되려는 바이든은 더 크게 가기로 했다. 솔직히 지금 내 경력과 내 가족들이 겪은 모든 일을 생각해 보면 그보다 덜 한 것은 가치가 없었기 때문이다. 우리는 공정성을 전부 잃고 상식을 잃어가는 세금 제도를 뜯어고칠 생각이었다. 신탁기금 세금 감면과 헤지펀드 매니저들에게 주는 '차입 이자'라는 선물을 없애려고 했다. 왜 생계를 위해 투자한 사람들이 생계를 위해 일하는 사람들보다 더 나은 대우를 받는지 그걸 이해할 수 없었기 때문에 불로소득보다 근로소득에 세금을 더 많이 부과하는 것에 종지부를 찍으려 했다. 그리고 지난 몇 년에 걸쳐 산더미같이 쌓여 온 제도의 허점들을 찾아내고 있었다. 로널드 레이건 Ronald Reagan 대통령 시절 연방 예산에서 6,000억 달러였던 소위 세출(즉, 허점)이 오늘날 1조 3,000억 달러가 넘는 금액으로 늘어났다. 아무도 그게 모두 말이 된다고 말할 수 없었다.

그래서 사람들이 우리가 처한 문제를 해결할 돈이 없다고 말하면, 나는 오래전부터 그저 허튼소리에 불과하다고 생각했다. 신탁

기금 세제 혜택을 없애는 것만으로도 커뮤니티 칼리지 수업료를 없앨 수 있었다. 그것 하나만으로도.

최저 임금 15달러 · 공립대학과 대학교의 무료 등록금 · 실질적인 직업훈련 · 현장 지원 보육 서비스 · 여성에 대한 동일 임금 · 건강보험개혁법Affordable Care Act(미국에서 저소득층까지 의료보장제도를 확대하는 법안, 일명 '오바마케어') 강화 · 도로와 교량 · 상하수도 시스템에 대한 투자 및 현대화를 기반으로 한 일자리 창출 프로그램 · 중산층 감세.

이것들은 모두 우리의 힘으로 할 수 있는 것들이었다. 단지 의지의 문제였다. 그해 여름 많은 대통령 선거 운동들이 과거에 갇혀 있는 것처럼 보였다. 무슨 일이 일어났는지, 무엇이 잘못되었는지, 미국이 무엇을 잃었는지를 놓고 벌이는 싸움이었다. 출마한다면 나는 우리가 무엇이 될 수 있는지, 그리고 어떻게 모든 사람이 그것을 합의하는 데 다시 참여할 수 있게 될지에 대한 미국의 미래를 그려보고 싶었다. 우리는 소위 '미국 갱신 프로젝트American Renewal Project'라고 부르는 것이 필요했다. 그것은 우리의 욕구에 관한 것이 아니라 우리의 정신에 관한 것이었다. 단지 고속도로나 철도, 공항을 짓기 위한 돈을 주는 기반시설 법안만 원한 게 아니었다. 우리는 미래의 고속도로에 자금을 댈 예정이었다. 그것은 수천 개의 전기 자동차 충전소와 자율주행차 전용 차선이 있는 도로였다. 그런 차선이라면 혼잡한 로스앤젤레스에서 이동 시간을 반으로 줄일 수 있었다. 우리는 시속 320km가 넘는 속도로 달릴 수 있는 고속 열차를 원했다. 한두 시간 만에 대서양 연안에서 태평양 연안까지 날아갈 수 있는 제트기도 원했다. 그것이 미래였기 때문이다. 국가 경기회복법안Recovery Act을 만들 때 나는 미국의 전기를 위한 스마트 그리드를 만들기 위해 싸울 예정이었다. 대통령으로서 그것을 위해 확실히 싸울 생각이었다. 또한, 총기 안전을 확보하기 위해서도 싸울 작정이었다. 우리는 비겁함을 버리고 NRA(미국총기협회)에 맞서야 했다. 지문 인식 총기 기술과 같은 신기술은 제2의 뉴타운Newtown이나 찰스턴이 나오는 것을 막을 수 있었다. 우리는 암 연구에 자금만 추가로 제공하는 것이 아니라 암에 대한 예방과 연구, 관리 시스템을 재창조하기 위한 '암 정복 프로그램Cancer Moonshot'을 만들고 자금을 지원할 것이다. 최고의 임상의와 과학자, 그리고 다른 전문가들이 함께 모여 연구 진행률을 두 배로 높이고 환자에게 실질적인 결과물을 제공할 것이다. 왜 우리는 익히 잘 알고 있는 암을 끝장내지 못했을까?

마이크는 그 어느 때보다도 낙관적이었다. 8월 초에 그는 6개월 전보다 상황이 더 나아졌다는 것을 보여 주는 사례를 제시했다. 나의 여론조사 득표수는 증가했고, 계속 증가세에 있었다. 나에 대한 평도 양당의 어느 후보보다 좋았다. 신뢰도, 정직성 그리고 공감력에 대한 나의 수치는 항상 그랬던 것처럼 높았다. 그리고 가장 강력한 후보인 힐러리 클린턴이 가장 약한 곳인 펜실베이니아, 오하이오, 플로리다와 같은 주요 경합 주에서는 내가 가장 강했다. 대통령은 자신의 정치 팀(그들 중 몇몇은 힐러리의 지명을 위해 적극적으로 일하고 있었다.)으로부터 조용히 듣고 있었던 게 분명했다. 왜냐하면 다음 점심 식사 때 그가 다시 내가 무엇을 계획하고 있는지 솔직하게 물어봤기 때문이다.

"대통령님, 저는 아직 결정을 내릴 준비가 안 됐습니다." 나는 그렇게 말했다. 다음 1년 반 동안 내 모든 에너지를 선거 운동에 쏟아 부을 준비가 되어 있는지 여전히 면밀히 살펴보고 있었다. "저는 하루에 한 번씩 생각해보고 있습니다. 우리가 가기로 결정한다면 성공할 수 있을 때 할 겁니다." 대통령은 부추기지 않았다.

그다음 주말 윌밍턴에서 드디어 휴식시간이 생겼다. 그래서 나는 일기를 썼다.

일이 많이 생겼다. 상황이 내게서 멀어지지 않도록 주의할 필요가 있다. 8월 한 달 동안 일정을 늦추어야겠다. 준비하려면 알아야 할 게 뭔지 정리해야겠다.

숙고한 내용을 신뢰하는 사람들 하고만 공유하려고 노력하면서 외부의 충고도 많이 받았다. 민주당 내부자들과 정치 전문가들 사이에서 나오는 말은 이미 늦었다는 것이었다. 나는 필요한 자금을 모을 수 없었다. 진정한 선거 운동 구도를 채울 좋은 인재와 그라운드 게임을 담당할 훌륭한 참모들이 남아 있지 않으며, 일단 내가 경선에 참여하면 나의 멋진 여론조사 수치는 모두 무너질 것이다. 많은 사람이 나의 높은 호감도는 일시적인 것이라고 말하고 있었다. 보의 죽음을 둘러싼 대중의 동정심이 영향을 주었다는 것이다. 버락 오바마가 빌 클린턴과 골프 라운딩을 하는 모습이 목격되기도 한 마사스 빈야드Martha's Vineyard에서 힐러리의 후원금 모금자 중 한 명을 취재한 〈폴리티코Politico〉 기자는 나의 돈키호테적인 노력을 기사의 주제로 삼았다. 8월 16일, 기자는 "조 바이든이 대통령 출마 가능성을 고려하고 있는 이 시점에 그가 승리하는 데 필요한 후원자들이 그를 배제하고 있는 것 같다."고 지적했다.

한 후원자는 이렇게 말했다. "지금은 진정한 의미의 경합이 존재하지 않는다. 힐러리를 중심으로 사람들이 하나가 되고 있는 것 같다."

오바마 대통령의 정치 팀에 있는 몇몇 사람들은 우리에게 그 경선 자체가 이길 수 없는 것이라고 말했다. 그들은 보통 이러한 말을 먼저 꺼냈다. "우리는 부통령님을 보호하려고 합니다. 조가 다치는 것을 보고 싶지 않기 때문입니다. 우리는 그가 지금 어떤 일을 겪고 있는지 상상만 할 수 있을 뿐입니다." 그러나 그들의 속마음을 아는 건 어렵지 않았다. 그들은 스티브와 마이크에게 2008년에 버락 오바마를 둘러싼 놀라운 역사적 세력에 대해 생각해 보라고 했다. 그런데도 버락 오바마는 클린턴의 조직에 도전해 간신히 승리했다. 그리고 그들은 이런 암시를 주었다. 그녀가 우리를 거의 이길 뻔했다면, 분명히 당신은 이길 것이다. 나는 그 모든 것을 듣고 어려운 상황을 이해했지만, 그중 어느 것도 그다지 중요하지 않았다. 버니 샌더스Bernie Sanders의 움직임이 얼마나 빠르게 전개되고 있는지, 힐러리가 갑자기 얼마나 취약해 보이는지는 중요하지 않았던 것처럼 말이다. 다른 후보자들은 그저 나의 주된 고려 사항이 아니었다.

나는 8월 휴가 중 꼬박 일주일을 윌밍턴에 있는 우리 집에서 보냈다. 출마 발표 연설을 다듬으며 예전 생활로 돌아가 다시 한숨 돌리려고 애쓰고 있었다. 우리는 그동안 호수에 있는 우리 집에서 많은 시간을 보내지 못했다. 그래서 그 집에서 무언가 일을 할 수 있어서 기분이 좋았다. 쇠사슬 톱을 꺼내 죽은 나무 몇 그루를 베어내고, 고장 난 전구를 교체하고, 석고 벽을 힘껏 닦았다. 그리고 낚싯대를 보관하고 있던 호숫가의 작은 외딴 건물에 양철 지붕을 새로 설치하는 견적서를 받기 위해 도급업자도 불러야 했다.

많은 사람으로부터 출마를 권유하는 전화가 걸려왔다. 특히, 전 상원의원 동료들로부터는 더더욱 그러했다. 돈 리글Don Riegle, 밥 케리 Bob Kerrey, 크리스 도드Chris Dodd, 톰 대슐Tom Daschle, 그들은 내가 나서기로 결정하면 자기는 100퍼센트 확신한다고 몇 달 전부터 내게 말했다. 빌 브래들리 Bill Bradley는 나를 단축 번호로 저장해 두었던 게 분명했다. 게리 하트Gary Hart는 활동을 거들었다. 켄트 콘래드Kent Conrad도 그랬다.

노스다코타North Dakota 출신의 전 상원의원은 공개적으로 말했다. "조는 누구나 느낄 수 있는 인간미가 있습니다. 진정성 있고 잘 믿는 사람입니다. 그는 자신의 분명한 가치관에 따라 살 수 있습니다. 그리고 나는 그가 자신의 능력을 잘 발휘할 수 있을 거로 생각합니다." 쳇 컬버Chet Culver 전 아이오와 주지사는 전화를 걸어 자기 주는 활짝 열려 있다며 자신은 도울 준비가 되어 있다고 말했다. 사우스캐롤라이나 민주당 전 대표 딕 하푸틀리안Dick Harpootlian은 내게 경선에 나서라고 재촉하고 있었다. "이 나라에는 조 바이든이 필요합니다." 그는 공개적으로 이렇게 발언하고 있었다. 그리고 사우스캐롤라이나에 있는 내 최고의 정치 정보원 트립 킹Trip King은 찰스턴 시장인 조 라일리를 비롯해 열렬한 지지자들의 명단을 가지고 있었다. 그의 집계에 의하면, 주 의회 내 흑인

간부 회의 회원 23명 중 절반 이상이 나를 지지하고 있었다. 스웨덴 대사 지명자인 아지타 라지Azita Raji와 같은 오바마의 최고 후원금 모금책들 중 일부도 출마 신청서를 내라고 요구했다. 그는 스웨덴에 가는 대신 집에 남아 나의 재무장관을 하겠다고 제안했다. 그리고 기꺼이 벨기에 대사직을 그만두고 집으로 돌아와 나를 도와주겠다고 했던 데니스 바우어Denise Bauer도 있었다. 그리고도 시장이나 주 의회 의원, 후원금 모금책, 민주당 선거 자문 위원 등 수십 명이 더 있었다. 나는 이 모든 전화와 제안을 비밀로 하기로 약속했다. 만약 경선에 나서지 않겠다고 결정했을 경우에 아무도 곤란하게 하고 싶지 않았다. 나는 그들이 내게 보여준 마음 때문에 그들과 다른 후보와의 관계가 위태로워지는 것을 원치 않았다.

몇 가지 다른 종류의 메시지가 언론을 통해 전해졌다. 힐러리는 아이오와주의 한 선거 운동지에서 이렇게 말했다. "부통령이 자신과 그의 가족을 위해 옳은 일을 하길 바랍니다. 저는 그분을 아주 많이 존경하고 사랑합니다. 저는 그분이 자신과 가족을 위해 매우 어려운 결정을 내려야 한다고 생각합니다. 그분은 자신이 하고 싶은 일을 결정할 수 있는 시간과 기회를 가져야 합니다."

그러나 그때쯤 그쪽에서는 나를 반대하기 위한 연구가 이미 시작된 상태였다. 8월 말 1994년에 내가 작성하고 빌 클린턴이 대통령으로서 서명해 큰 진전을 이루었던 '지역사회 치안유지 법안community policing crime bill'에 대해 말들이 많았다. 그가 이제 와서 그것을 큰 실수라 하고 있었던 것이었다. 그 뒤로는 내가 상원의원 시절 은행과 신용카드 업계에 우호적이었다고 주장하는 이야기가 이어졌다. 그리고 클린턴 지지자들은 내가 경선에 참여한다면, 내

전력과 정책을 헐뜯는 걸 멈추지 않을 거라는 신호를 보냈다. 그녀의 지지자 중 한 명은 〈폴리티코〉 기자에게 이렇게 말했다.

"문제를 충분히 이해하지 못하고 있습니다. 그것이 문제죠. 공격은 그가 대통령이 되기 적합한 인물인지에 대한 것이 될 겁니다. 그것은 매우 험한 일이 될 거예요."

나는 나의 지지 세력을 모으는 데 집중했다. 특히, 수년 동안 나를 알고 지내면서 함께 일했던 사람들의 지지를 모으는 데 집중했다. 그것은 내게 더 큰 의미가 있었다. 내가 경선에 나서면 그들의 지지는 판세를 바꿀 것이다. 하지만 결정을 쉽게 내릴 수가 없었다. 문제의 핵심인 진짜 문제는 8월에 1주일 내내 윌밍턴에서 지내면서 확실해졌다.

차로 겨우 5분 거리에 살고 있던 보의 아이들인 헌터와 나탈리는 우리 집에서 많은 시간을 보냈다. 헌터는 작은 플라스틱 소형 보트를 타고 1.5m 정도 떨어진 선착장에서 노를 저어 호수를 대각선으로 건널 수 있었다. 그런 다음 그 아이는 숲속으로 들어가 탐험을 하다 거북이를 잡아 나왔다. 나탈리는 대부분 시간을 수영장에서 보냈다. 우리가 모두 뒤쪽 현관과 베란다 아래에 있는 수영장에서 물속을 첨벙거리며 놀 때나 일광욕실에서 햇볕을 쬐며 웅크리고 있을 때는 정말 최고의 시간이었다. 나탈리는 가끔 이렇게 말하곤 했다. "할아버지, 전 항상 아빠가 보여요. 아빠가 항상 보여."라고 말하곤 했다. 헌터는 내 가슴에 누워서 햇볕을 쬐다 잠이 들곤 했다. "아빠 냄새가 나네." 어느 날 오후 그 아이가 내 가슴에 머리를 얹은 채 말했다. "할아버지는 떠나지 않을 거죠? 그렇죠?"

그 일이 있고 난 뒤, 나는 결정하는 게 간단해질 거라고 생각했다. 내 슬픔은 그 자체만으로도 그만의 무게가 있었고, 8월 말에도 조금도 가벼워지지 않았다. 또한, 힘들었던 경험상 두 번째 해가 어떤 면에서는 가장 힘들다는 것을 알고 있었다. 사랑하는 사람이 떠나고 첫 명절과 첫 기념일, 첫 생일을 모두 지내고 나면 낯선 삶이 끝나는 것처럼 그 충격도 사라진다. 그리고 떠난 사람이 영원히 돌아오지 않는다는 거부할 수 없는 현실이 고착되기 시작한다. 만약 내가 다음 여름에 공천을 받는다면, 우리는 총선 중반에 그 새로운 단계의 슬픔을 견디며 애쓰고 있을 것이다. 지금 해야 할 일은 나를 지키고 있는 사람들이 다른 선거 운동에서 자기 자리를 차지하러 갈 기회가 있을 때 지금 당장 의사를 밝히는 것이었다. 하지만 계속 보의 말이 들려왔다. "약속해 주세요, 아버지, 괜찮을 거라고 약속해 주세요."

질은 내게 경선에 나서라고 재촉하지는 않았지만, 내가 확신이 서기도 전에 결정을 내리기 바라지 않았다. 그녀는 내가 겪고 있는 일이 어떤 건지, 그리고 내가 얼마나 상처를 받고 있는지 정확히 이해했다. 그녀도 같은 걸 겪고 있기 때문이었다. 그녀는 계속 말했다. "어깨를 쭉 펴요, 조. 어깨를 쭉 펴 봐요. 보 얘기를 할 때는 좀 웃어요." 스티브와 마이크는 나에게 시간을 조금 더 가지라고, 회복되면 그것이 나를 돋보이게 할 거라고 말하고 있었다.

노동절날 피츠버그 시내에서 벌어진 한 퍼레이드에서, 무언가 일이 벌어지고 있는 것 같은 느낌이 들었다. 나는 나를 환영해 주는 사람들한테 놀랐다. 나와 함께 있던 레오 제라드^{Leo Gerard} 철강 노조 위원장과 리치 트럼카^{Rich Trumka} AFL-CIO(미국 노동 총연맹

산업별 조합회의) 대표도 마찬가지였다. 반응은 압도적이었다. 수천 명의 사람이 거리에 줄지어 서 있었다. 천 명 이상이 행진을 하고 있었다. 대규모 군중들이 소란스럽고 흥분해 있었다. 젊은이와 노인들, 백인과 흑인, 히스패닉계, 슈퍼맨 티셔츠를 입은 여덟 살 소년, 밝은색 머리띠를 한 10대 소녀들, 위민 오브 스틸Women of Steel 동상이 그려진 셔츠를 입은 일 하는 엄마들, 손주를 어깨에 짊어진 중년 남성들, 스케이트보드를 탄 사람들, 자전거를 탄 사람들, 휠체어에 앉은 사람들 등 다양한 사람들이 있었다. 이것이 미국이라는 생각이 들었다.

"출마하세요, 조, 출마하세요!"라는 구호도 있었다. '바이든을 대통령으로'라고 손으로 쓴 표지판을 들고 있는 사람들도 보인다. 나는 그 열정이 언론의 허를 찔렀다고 생각한다. 예전의 모습으로 돌아온 기분이었다. 이것은 지난 6주 동안 쌓여가고 있다고 느꼈던 기세가 처음으로 눈앞에 확실히 나타난 순간이었다. 사람들이 너무 많아서 인사를 다 하지는 못했지만 상체를 당당히 펴고 도로 이편저편을 왔다 갔다 하면서 최대한 더 많은 사람에게 다가가려고 노력했다. 날은 더웠지만 살아 있다는 느낌이 들었다. 기분이 좋았다. 정말 좋았다.

〈ABC 월드 뉴스 투나잇ABC World News Tonight〉은 그날 밤 내 이야기로 방송을 이끌었다. "화가 난 조 바이든……. 이 사람이 출마한 사람인가?" 그리고 그때부터는 모든 것이 굴러가기 시작했다. 사흘 후, 나는 새로운 〈스티븐 콜베어 레이트 쇼Late Show with Stephen Colbert〉의 첫 주 특별 게스트로 출연했다. 콜베어는 처음부터 보와 그가 나에게 무엇을 의미하는지에 대해 많은 이야기를 하게 했다.

그것은 좋은 시험이었다. 난 내가 너무 감정에 빠지지 않고 꽤 잘했다고 생각했다. 어쩌면 고비를 넘기고 있었던 걸지도 모른다. 광고 송출 시간이 끝나면서 우리가 돌아오자 방청객들은 "조! 조! 조! 조!"라고 외치고 있었다.

"앞으로 계획에 대해서 말씀해 주시겠습니까?" 그가 물었다.

"저는 이런 사람들은 누구든 대통령에 출마하지 않아야 된다고 생각합니다. 첫 번째로 자기가 왜 대통령이 되고 싶은지 모르는 사람들입니다. 두 번째는 밖으로 나가서 이렇게 말하지 못하는 사람들입니다. '저는 약속합니다. 제 온 마음과 제 온 영혼, 제 에너지와 열정은 여러분의 것입니다' 하지만 제가 그 수준에 있다고 생각한다고 말한다면, 그건 거짓말일 겁니다. 저는 완전히 솔직하게 말하고 있습니다. 제 생각에는 자기 자신의 110퍼센트를 내줄 생각이 없다면 그 직책을 탐내서는 안 됩니다. 저는 우리가 가는 방향에 대해 낙관적이고 긍정적입니다. 하지만 저는 이런 저자신을 발견합니다." 나는 다시 감정적으로 되기 시작했다. "때때로" 나는 간신히 말을 이었다. "그게 당신을 그냥 압도하는 겁니다." 그리고 나는 어느새 목이 메게 했던 덴버 공군 기지의 이야기를 그에게 들려주고 있었다.

세트장에서 나오면서 나는 정신을 잘 차렸다고 안심했지만, 맥이 풀리고 말았다. 헌터는 그것이 얼마나 어려운 일이었는지 모두 지켜보았다. 집에 도착하자 그가 말했다. "아버지, 대단하셨어요. 그런데 이제는 보의 죽음에 대해서는 더 이상 말하지 말아야겠어요. 우리는 보가 성취한 모든 것과 미래에 관해 이야기해야 해요."

다음 날 〈콜베어〉와의 인터뷰에 대한 리뷰는 '바이든을 대통령으로'에 대한 이야기를 과장하고 있었다. 마이크 바니클^{Mike Barnicle}은 〈모닝 조^{Morning Joe}〉의 1면 기사에 이렇게 썼다. "오늘날 우리의 문화와 정치로 볼 때 그것은 극히 드문 광경이었다. 그것은 실제 인간의 모습이었다." 나는 쿠오모 주지사가 9 · 11 추모 행사를 하는 것을 돕기 위해 그날도 뉴욕에 있었다. 앤드루는 이미 자기 주의 전 상원의원인 힐러리 클린턴을 대통령 후보로 지지했지만, 그래도 계속 출마에 대해 열심히 생각하라고 나를 몰아붙이고 있었다. '후회할 결정을 하지 마세요.' 그는 나에 대한 칭찬을 아끼지 않았다. 그는 초동대응단 회의에서 이렇게 말했다. "오늘은 인간과 인격에 관한 날입니다. 이분은 진실한 사람입니다. 이분은 진심 어린 사람입니다. 그와 함께 있으면 그는 당신의 눈을 바라보고 자기가 당신과 함께 있다고 말합니다. 이 분은 온 마음을 다 쏟습니다. 그런 분이 옳은 일을 위해 여기에 오셨습니다. 그는 좋을 때나 나쁠 때나 친구가 되어주는 사람입니다."

나흘 후, 보수적인 〈뉴욕타임스〉 칼럼니스트 데이비드 브룩스^{David Brooks}는 그 쇼에서 나를 보고 나서 마음을 바꿨다고 썼다. 그는 이제 내가 나서야 한다고 믿었다. 그는 이렇게 썼다.

"모든 예비후보자들은 자신의 인격이 어떻게 형성됐는지를 설명해 줄 서사가 필요하다. 스티븐 콜베어와 함께 그는 스토리를 공개했고 감동적이고, 설득력 있고, 그 순간과 조화를 이루는 선거 운동을 제안했다."

이틀 후, 부통령으로서의 공식 비행 거리 100만 마일을 넘긴 출장에서 만난 로스앤젤레스 시장은 내가 경선에 나설 거라 기대했다. 더욱 놀라운 것은 연예 산업의 한 임원이 할리우드에서 힐러리보다 나에게 더 많은 지지를 보내고 있다고 한 것이었다. 그는 내가 그곳에서 후원금을 모으는 데 문제가 없을 거라고 말했다. 그 직후 조지 클루니 George Clooney가 스티브 리체티에게 연락을 해 왔다. "저는 조 바이든을 사랑합니다. 그분이 나서기로 결정하면, 제가 제공할 수 있는 모든 것을 가지고 나가겠습니다. 보셔서 아시겠지만 저는 꽤 모금을 잘 합니다. 그래서 모든 사람이 저한 테 부탁을 하지만 저는 여기에 투자하겠습니다. 원하신다면 기꺼이 선거 운동을 돕겠습니다." 그는 그렇게 말했다.

마이크는 나에 대한 호감이 사라지지 않고 있다고 계속 말했다. 사실 내 숫자는 점점 더 좋아지고 있었다. 그는 나의 개인적인 성격과 메시지, 그리고 나의 역사를 정치적인 문제로 놓고 봤을 때, 대선 출마를 해야 할 근거가 점점 더 커지고 있다고 말했다. 유권자들에게 진정성이 점점 더 중요해진 것이다. 누군가 현장에서 중산층과 대화해야 할 필요성이 더욱 절실해졌고, 당파를 초월해 일할 수 있는 누군가가 있어야 한다는 요구는 더욱 거세졌다. 마이크는 9월이 되자 7월보다 더 확고하게 내가 후보가 될 수 있다고 믿고 있었다.

내가 캘리포니아에서 돌아오자 빌 브래들리가 다시 전화를 해 왔다. 지금 내게 때가 왔다고 그는 주장했다. 그는 커피숍에서 내가 경선에 나서야 한다고 어떤 여자가 말하는 걸 우연히 들었다고 했다. 그녀는 친구에게 이렇게 이야기했다고 한다. "그리고 나는 부통령이 공격당하는 것을 보고 싶지 않아. 그는 너무 많은 일을 겪었잖니."

"조, 가끔 남자는 때를 만난다네." 나의 오래된 동료가 내게 말했다. "그 비극이 자네를 대중과 결속시켰네. 자네라면 그 위에 쌓을 수 있을 게야. 조, 지금이 자네의 때라네. 자네가 일어서면 온 나라가 자네와 함께 갈 걸세." 그는 나에게 압력을 넣으려고 하는 게 아니라며 시간을 갖고 이 일에 대한 준비를 확실히 해 보라고 말했다. 그는 커피숍에 있던 그 여자가 맞는다면 아직 늦지 않았다고 말했다. "자넨 특별한 경우야."

힐러리와 힘겹게 겨루게 될 거라는 건 알고 있었지만, 나는 이길 수 있을 것 같았다. 그녀도 출마 결정을 내리는 게 매우 힘들었을 것이다. 왜냐하면 자기를 혐오하는 사람들이 쫓아다닐 거라는 걸 알고 있었기 때문이다. 실제로 그들은 그렇게 했다. 공화당원들의 가차 없는 공격과 비판적인 언론 보도 앞에서 그녀의 숫자는 하락하고 있었다. 뉴햄프셔에서는 버니 샌더스 상원 의원이 11포인트 앞섰고 아이오와에서는 동점자가 됐다. 그녀는 자신의 이메일과 월가의 연설료에 대한 관심을 피할 수 없었다. 그것이 얼마나 중요한지는 확실치 않았지만, 나는 현장에서 그녀보다 더 강력하게 공화당원들과 정면으로 대결하고 있었다. 몬머스 Monmouth 대학교 여론조사 연구소장은 "경선에 나서지 않은 사람으로서 바이든이 선두 주자에 맞서 확실하게 전진하고 있다"라고 말했다. 소방관 노동조합은 내가 결정을 내릴 때까지 그녀에 대한 지지를 보류하고 있었다. AFL-CIO의 수장은 나에 대해 호의적인 말을 하는 바람에 힐러리의 본부를 경악시켰다. 클린턴 선거캠프에서 나의 입성을 매우 경계하고 있는 것은 분명했다.

갑자기 분위기가 새로워지고 있었다. 스티브와 마이크는 클린턴 캠프의 친한 친구들과 오바마 대통령 팀에서 함께 일했던 사람들로부터 몇 달 동안 전화를 받아왔다. 그들은 유리한 정보를 얻으려 했다. "그래서 뭐 하는 거야? 이건 사실이 아니잖아, 그렇지?" 그런데 그러한 전화에 새로운 날카로움이 생긴 것이다. 클린턴 캠프는 나의 자기 파괴적이고 돈키호테 같은 사명에 대해 그들이 던지고 있던 옛 서술을 다시 생각하기 시작했다. 이제 그들은 내가 출마하면 당을 반으로 쪼개거나 힐러리로부터 너무 많은 표를 빼앗아 버니가 공천되는 말도 안 되는 일이 벌어질 정도로 강력한 세력이 될 거라고 말하고 있었다. 그렇게 되면 총선은 망할 게 분명했다. 오바마의 몇몇 측근들은 여전히 스티브와 마이크에게 우리가 이길 수 없다며 이렇게 말하고 있었다. "어째서 그걸 이해 못 하나?"

사실 다른 팀원들도 그랬지만, 나는 경선 초반에 우리의 위상이 약하다 해도 그게 불편하지 않았다. 점점 반대편의 공세가 늘어나자 약간 화가 난 우리 팀 사람들은 마음을 단단히 먹게 되었다. 스티브는 건물 안에서 들어주는 사람이면 아무나 붙잡고 나에게는 내 문제를 결정할 권리가 있다고 주장했다. 그리고 그 누구도 1차 투표가 실시되기 전에 민주당 후보 경선을 섣부르게 판단해서는 안 된다고 주장했다. 10월 초에 들어서면서 우리 팀 사람들이 자신이 치룰 게임이 어떻게 전개될지에 대해 알아가기 시작했다고 말할 수 있었다.

우리는 10월 5일 회의를 소집해 현장에 일류 팀을 투입하고 필요한 자금을 조달할 수 있는지에 대해 최종 결론을 내렸다. 스티브와 마이크가 7월부터 밑 작업을 하고 있던 그렉 슐츠 Greg Schultz 와 마이클 슈럼 Michael Schrum 과 함께 참석했다. 질과 발, 헌터가 그들과 함께 했다. 그리고 테드 코프먼$^{Ted Kaufman}$도 참석했다. 그러나 이제는 팀의 규모가 더 커져서 오바마 팀의 핵심 선수였던 밥 바우어$^{Bob Bauer}$와 아니타 던$^{Anita Dunn}$ 같은 사람들까지 합류했다. 백악관 법률 고문이었던 밥은 내가 이 결정을 하는 과정에서 개인적으로 조언자의 역할을 할 수 있도록 회사로부터 양해를 받았다.

그들이 일의 순서에 대해 이야기할 때 나는 거의 기절한 듯 거기 앉아 있었다. 우리에게 모든 주정부의 서류 마감일을 맞출 시간이 충분한 것은 분명했다. 우리는 처음 4개 주에서 경선을 치르려면, 돈이 얼마나 필요한지 정확히 알고 있었고 그것을 조달할 수 있는 방법도 가지고 있었다. 심지어 부유한 개인들로부터 후원금을 무제한 받을 수 있는 슈퍼 PAC를 이용하지 않기로 결정했음에도 말이다. 50명 이상의 특정 개인들로부터 후원 약속을 받았다. 그들은 각각 오바마-바이든을 위해 최소 25만 달러를 모금한 실적이 있었다. 이제는 그들이 2016년 바이든을 위해 기꺼이 다시 그 일을 하려고 했다. 우리는 그냥 부탁하기만 하면 됐다.

그렉 슐츠는 아이오와와 뉴햄프셔, 네바다, 사우스캐롤라이나 주의 이사들을 지명하고 펜실베이니아와 오하이오, 플로리다와 같은 경합 주에는 최고의 기획자들을 배치했다. 확실히 승선할 준비가 된 인재가 많이 남아 있었다. 오바마 대통령의 전 홍보국장 아니타 던은 이미 그 자리에 와 있었다. 오바마의 대통령 비서실장 대행이었던 피트 루즈$^{Pete Rouse}$도 우리와 함께하기로 했다. 오바마 대통령 선거 운동 팀 인력들과 그의 백악관 참모들, 심지어 그의 내각 구성원들까지 나를 돕는 데 기꺼이 동참하는 것을 보니 정말 자랑스러웠다.

우리는 인상적인 지지자 목록을 작성했다. 아니타는 2주 후, 아니 3주 후에 경선 참가 발표를 위한 미디어 계획을 세웠다. 이제 윌밍턴에서 본부로 쓸 사무 공간을 찾을 준비도 모두 완료되었다. 회의가 끝날 때쯤 거기 있던 사람들은 모두 우리에게 일급 현장 작전을 수행할 수 있는 인력과 처음 네 번의 경선을 치르기 위한 자금을 조달할 수 있는 능력이 있다는 것을 확신하게 되었다. 7월 초에는 전혀 확신할 수 없었지만, 10월 5일에는 확신이 생겼다. 나를 막을 수 있는 것은 단 하나였다. 바로 나였다.

다음 날인 10월 6일, 〈폴리티코〉의 한 기사가 나를 정말 내동댕이쳐 버렸다. 참모들은 내가 그 헤드라인을 읽지 않으면 할 정도였다.

특종: 바이든 본인이 아들의 마지막 소원을 흘렸다.

〈폴리티코〉는 '조 바이든 전 부통령이 지난 8월부터 2016년 계획을 모두 죽은 아들에 대한 이야기로 만들고 있었다.'라고 전했다. "8월 1일, 정확히 말하면, 이날 유명한 힐러리 클린턴 평론가 모린 다우드Maureen Dowd가 대통령 선거 공론에 전환점을 만든 칼럼을 실었던 그날 바이든은 〈뉴욕타임스〉에 효과적으로 광고를 낸 것이다."

이런 일이 생길 거라는 걸 예상했어야 했다. 그러나 그 〈폴리티코〉의 기사는 상대편이 어떻게 나올 것인지 내가 예상한 최악의 시나리오조차 뛰어넘은 것이었다. 아들의 죽음을 정치적으로 이용하는 건 생각만 해도 역겨운 일이었다. 아무도 그러한 의혹을 믿지 않을 거라고 생각했지만 화가 치밀어 올랐다. 그리고 그 화가 위험하다는 생각이 들었다. 특히, 당시의 감정 상태로는 더 그랬다. 만일 어디선가 보에 대해 그런 말을 하는 소리가 귀에 들어왔을 때 분노를 억제할 수 없을까 봐 두려웠다. 잘못하면 나는 후회할 만한 말을 하거나 행동을 할 수도 있는 상태였다.

10월 20일 화요일, 우리의 마지막 선거대책 회의가 밤늦게까지 이어졌다. 참모들이 계속 경선 출마 선언의 세부 사항을 검토하고 있는데, 마이크 도닐런이 나를 지켜보고 있다는 게 느껴졌다. 마이크는 나를 30년 동안 알고 지냈다. 그는 우리가 2016년 메시지를 개발할 때 내 편에서 서서 모든 반대 의견을 강하게 밀어붙였다. "이걸 그에게서 뺏으면 안 됩니다."라고 그는 말하곤 했다. 마이크는 그날 밤, 0시경 내가 턱을 더 굳게 다무는 걸 봤다고 나중에 내게 말했다. 그는 내 얼굴에서 도를 넘은 고통을 읽었다. 마이크는 또한 질이 경선 출마 결정을 지지할 거로 알고 있었지만, 질의 눈에서 두려움을 본 것 같았다. 나는 그가 나를 바라보는 걸 보고 몸짓으로 말했다.

'왜 그래, 마이크?'

"부통령님, 출마하시면 안 될 것 같습니다." 그가 말했다.

우리가 내 출마에 대해 이야기를 해오던 2년 동안 그가 출마를 반대한 건 그것이 처음이었다. 마이크가 정치 전략가로서 말하는 게 아니라는 걸 알았다. 왜냐하면 마이크는 내가 입후보할 것을 굳게 믿고 있었고, 나처럼 여전히 우리의 승리를 굳게 확신하고 있다는 걸 알고 있었기 때문이었다. 그는 친구로서 말하고 있었다.

그날 밤, 나는 사람들을 모두 집으로 돌려보냈다. 내가 결정할 시간이었다. 그리고 그렇게 했다. 가장 먼저 질에게 결정에 대해 말했고, 그다음에는 헌터와 애슐리에게 알렸다.

다음날 아침 나는 자리에서 일어나 오바마 대통령에게 전화를 걸어 내 결정을 알렸다. 그리고 스티브와 마이크에게 전화를 걸었다. 백악관 비서실장과 통화한 스티브는 대통령이 나를 돕기 위해 할 수 있는 모든 것을 할 거라고 전했다. 내가 발표를 할 때 버락은 기꺼이 내 옆에 서 있겠다고 제안하며, 우리를 대통령 집무실 뒤편에 있는 로즈 가든으로 초대해 거기서 발표를 하도록 했다. 마이크와 스티브는 그날 아침 일찍 해군 천문대로 차를 몰고 와 나를 태우고 백악관으로 가는 짧은 시간 동안 내 발표 내용에 대해 이야기를 나눌 수 있었다. "이게 가족에게 옳은 일이라네." 나는 오는 길에 마이크에게 말했다. "그게 바로 나를 위해 옳은 일이지."

대통령은 질과 나를 대통령 집무실로 불러 그날 아침 내가 하려는 말을 거기서 검토할 수 있게 해 주었다. 그는 최선을 다해 지원해 주었다. 경선에 나서는 데 필요한 일에 전념할 수 없다고 설명하기 위해 질과 버락을 양편에 두고 로즈 가든으로 들어가면서 나는 내가 올바른 결정을 내렸다고 생각했다. 시간이 다 되었다.

"애도의 시간은 마감 시간이나 토론회, 예비 선거, 전당 대회 같은 것을 중요하게 생각하지도, 크게 신경 쓰지도 않습니다." 나는 그렇게 말했고 여전히 슬픔에 잠겨 있었다.

나는 어깨를 펴고 미소를 지으며 긍정적인 모습을 보여 주려 했다. 연설이 아니라 그저 메모만 준비했지만, 내가 이 나라의 미래에 대해 여전히 낙관적이며, 계속 발언하는 것을 멈추지 않을 것이라는 점을 분명히 하고 싶었다.

"저는 이 나라를 산산조각 내고 있는 분열적인 당리당략을 종식시켜야 한다고 믿으며, 그럴 수 있다고 생각합니다. 그것은 비열하고 옹졸한 일입니다. 그리고 너무 오랫동안 계속되어 왔습니다. 저는 일부 사람들이 그러듯 공화당원들과 대화하는 것이 순진한 것이라고 믿지 않습니다. 저는 공화당을 우리의 적으로 여겨서는 안 된다고 생각합니다. 그들은 우리의 적이 아니라 우리의 반대편입니다. 우리는 나라를 위해서 함께 힘을 합쳐야 합니다. 이런 식의 치고받는 전투를 치르며 다시 4년을 보낸다면, 이 나라는 그보다 더 오랜 시간 동안 그 여파를 감당해야 할지도 모릅니다." 그리고, 거의 말미에, 나는 한 가지 후회스러운 일이 있다고 말했다. "만약 제가 무엇이든 될 수 있었다면, 암을 종식시키는 대통령이 되고 싶었을 것입니다. 왜냐하면 그것은 가능한 일이기 때문입니다."

그날 로즈 가든에서 이것을 보고만 있었던 마이크는 나중에 이렇게 말하곤 했다. "조 바이든은 좀 덜 고통스러워 보였습니다. 그리고 좀 더 생기 있어 보였습니다."

에필로그

⬡
⬡
⬡

　12월 6일, 부통령으로서 비행한 100만 마일에 또 거리를 보태면서 키이브를 향해 다시 하늘을 날고 있었다. 우크라이나 의회 라다^{Rada}의 의원들로부터 연설을 해 달라는 부탁을 받고 가는 길이었다. 이번 연설은 내가 유럽에서 했던 연설만큼이나 중요하다고 생각했다. 우크라이나는 2015년 말 역사의 갈림길에 서 있었다. 나는 그러한 순간이 왔다는 걸 알려주고, 라다에 앉아 있는 사람들에게 그들이 인생에서 가장 가치 있는 일처럼 특별하고 몹시 부서지기 쉬운 어떤 일의 정점에 서 있다는 것을 상기시키고 싶었다. 몇 주 동안, 연설의 큰 주제에 대해 열심히 연구했을 뿐만 아니라 말의 표현과 그것을 전달할 때 드러내고 싶은 분위기까지 집중적으로 살폈다. 그리고 유럽을 향해 동쪽으로 날아가면서도 계속 내용을 고치고 있었다.

　내 마음속에 가장 먼저 떠오르는 것은 거의 2년 전 키이브에서 일어난 존엄 혁명 시위에서 살해된 우크라이나 민간인 백여 명이었다. 나중에 '천상의 백인'으로 알려지게 된 그들은 이미 자유와 독립이라는 대의의 순교자로 추앙받고 있었다. 하지만 그들은 희망을 품고 행복해야 할 이유가 있었던 살과 피와 뼈가 붙어 있던 사람들이었다. 그래서 나는 남편이나 아버지, 아들, 아내, 어머니, 딸을 잃은 그 백 명의 가족들과 그들의 소중하고 친밀한 친구 수천 명의 사람들이 겪고 있는 현실적인 고통을 염두에 두었다. 그 수천 명의 우크라이나인들은 이 나라의 영광스러운 새로운 시작으로 잃어버린 생명이 구원될 수 있다는 가능성에서 여전히 위안을 찾을 수 있었다. 내가 작성하고 있던 연설의 내용은 이러했다.

'불과 얼음 가운데, 지붕 위의 저격수 '천상의 백인'들은 애국자들이 보여줄 수 있는 궁극의 값을 전 세계에 치렀습니다. 우크라이나 국민에게 두 번째 자유의 기회를 가져다 준 그들의 피와 용기, 그들의 희생은 솔직히 말해 이제 여러분의 의무가 되었습니다.'

우크라이나 정부는 상황을 바로잡기 위한 시간이 많지 않았다. 블라디미르 푸틴이 에너지 공급과 채권시장, 우크라이나의 경제와 정치에서 오랫동안 만연해 온 부정부패 등 가장 취약한 지점에 압력을 가하면서 이 나라 경제는 파괴되고 있었다. 부패로 인해 군이 공동화되고 정부에 대한 신뢰가 무너지면서 경제 성장도 질식하고 있었다. 라다는 국가 반부패국을 신설하고 감시원들을 배치했지만, 새 기관이 기소한 사람은 아직 아무도 없었다. 그리고 여전히 양대 정당에는 부정부패가 만연해 있었다. 보도에 의하면 검찰 총장마저도 부패로 얼룩져 있었다. 개혁 운동에 헌신한 사람들은 실의에 빠져 있었다. 그 지도자들 중 한 명은 우크라이나가 생존 가능한 국가에서 무너져 버리지나 않을지 걱정하고 있었다. '천상의 백인'의 희생은 물론, 그 이후 전투에서 사망한 수천 명의 다른 우크라이나인들의 희생이 수포로 돌아갈 가능성이 커 보였다. 1년 전 추수감사절 직전 내가 우크라이나에 처음 왔을 때 걸어 들어갔던 바로 그 상황이었다.

12월에 북대서양을 넘어 동유럽으로 비행하는 길에 아래를 내려다보면 맑은 날에는 아일랜드 땅이 보인다. 그곳은 내 개인사와 가족사에 있어 결정적인 시금석이 되어온 곳이다. 상원의 동료 중 한 명인 다니엘 패트릭 모이니핸^{Daniel Patrick Moynihan}은 우리 아일랜드인에 대해 단순하지만 심오하게 관찰한 적이 있다.

"삶이 당신을 쓰러뜨릴 거라는 사실을 이해하지 못하는 것은 삶의 아일랜드스러움을 이해하지 못하는 것이다."

모이니핸 상원의원이 큰소리로 말하는 것을 듣기 전부터 나는 그 말이 무슨 의미인지 알고 있었다. 모이강^{Moy River}이 넓어지다가 북대서양으로 흘러나가는 지역인 메이요 카운티^{County Mayo} 블러위츠^{Blewitts}와 아일랜드해로 변덕스럽게 물이 흘러들어가는 작은 해협에 있는 루 카운티^{County Lough} 피네건스^{Finnegans}의 후손들이 그러하듯이. 그때쯤 나는 생명의 아일랜드스러움을 이해할 만큼 심하게 녹초가 된 적이 있었다. 그리고 지난 1년 동안 그 모든 것을 다시 떠올리게 되었다.

그러나 그것이 아일랜드에 대한 모든 이야기는 아니었다. 심지어 절반도 아니었다. "믿음을 지키거라, 조이." 내가 문을 나설 때마다 할아버지 피네건은 말씀하시곤 했다. "기억하거라, 네 안에 있는 최고의 피 한 방울은 아일랜드 것이란다." 내가 사람들에게 말하고 싶은 것은 우리 아일랜드 사람들은 이 세상에서 유일하게 미래에 대한 향수를 느끼는 사람들이다. 나는 꿈을 꾸기를 멈춘 적이 없다. 가능성을 믿지 않는 것을 거부한다. 에어포스 투를 타고 북대서양 위를 지나며 라다에서 할 연설을 준비하면서 그 모든 것이 다시 생각났다.

전 세계의 정치인들, 국가 지도자들과 함께 일하면서 알게 된 한 가지 사실은 그들이 나와 다른 점보다 닮은 점이 훨씬 많다는 것이다. 우리는 대부분 같은 것을 열망한다. 결과적으로 국가를 위해 진정 의미 있는 무언가를 창조하는 데 일익을 담당할 수 있는 기회와 역사적 순간의 일부가 될 수 있는 기회, 그리고 행동으로 나타난 자신의 용기와 비전이 기억되는 기회를 열망한다. 그래서 나는 어떻게 정치적 연설을 해야 우크라이나 국회의원들을 감동시킬지 알고 있다고 믿었다. 내가 겨우 10대였을 때, 어머니는 내가 커서 무엇을 하고 싶은지, 아니면 되고 싶은 게 무엇인지 물으셨다. 나는 그때 단 한 가지만은 확실하게 알고 있었다. 역사적으로 중요한 변화의 일부가 되기 위해 변화를 만들고 싶었다. 그때 시민의 권리에 대해 생각을 하고 있었기 때문에 더욱 그랬던 것 같다.

이 욕구는 거부할 수 없는 강력한 힘이다. 그리고 그것을 선한 일을 하는 원동력으로 활용하는 것이 미래를 위한 최고의 희망이라고 믿는다. 연설을 준비하면서 나는 단순히 우크라이나 국회의원들에게 미국이 추가로 1억 9,000만 달러 규모의 직접적인 원조를 제공하겠다고 발표한다거나, 미국과 동맹국들이 푸틴의 군사적, 경제적 압박에도 그들을 계속 지원하겠다고 약속한다거나, 주권 국가로서 스스로 결정하고 자신의 동맹을 선택할 수 있는 그들의 권리를 계속 보호해 주겠다고 약속한다거나, 그들이 계속 국내 정치에 만연한 부패를 뿌리 뽑아야 한다고 상기시키는 것 이상을 해야만 한다고 생각했다. 그중 어떤 것도 당면한 일을 처리하는 데 충분하지 않다. 그들이 자신에게 더 고귀한 목적이 있다는 걸 깨달을 수 있게 해 줘야 한다고 느꼈다.

12월 7일 라다의 강단에 올라섰을 때 나는 그들의 사리사욕을 넘어선 것, 즉 수 세기 동안 그들이 가져본 적이 없었던 자유와 민주주의를 자신의 자녀와 손주들에게 물려줄 수 있는 기회에 호소하기로 마음먹었다. 그래서 그들에게 200여 년 전 미국의 혁명적 순간과 비슷하게 우크라이나에 독립적이고 지속 가능한 진정한 민주주의를 이룰 수 있는 순간이 왔다고 말했다.

"그것은 옳다고 믿는 대로 행동하는 양심 있는 사람들이 식민지 시대 아메리카 지역이자 서로 이해관계가 달랐던 매사추세츠, 펜실베이니아, 버지니아 지역을 대표하는 입법기관의 형태로 일어나 각 지역에서 자유로운 인간이라는 생득권, 자유로워야 한다는 생득권을 선언하면서 시작되었습니다."

"그들은 광대한 대륙과 우리 건국의 아버지 중 한 분인 존 애덤스John Adams 대통령이 '다루기 힘든 기계'라고 불렀던 다양한 사람들에게 영향을 주었습니다. 그 다루기 힘든 사람들을 자신을 먼저 미국인으로 여기고, 그다음에 그 지역의 시민으로 여기는 통합적인 대의 민주주의라는 틀 안에 넣었습니다." 이것의 성과로 워싱턴과 애덤스, 제퍼슨Jefferson, 프랭클린Franklin, 매디슨Madison, 해밀턴Hamiton, 그리고 다른 수십 명의 사람들이 역사책에 나올 수 있게 된 것이다.

"여러분에게는 여러분의 민족이 그렇게 오랜 세월 동안 염원했던, 그리고 갈망했던 자유라는 기둥을 마침내 영구히 제자리에 세운 라다로서 기억될 수 있는 역사적인 기회가 있습니다." 나는 우크라이나의 모든 선출직 인사들에게 말했다. "지금은 여러분의 순간입니다. 그것은 여러분의 책임입니다." 그들은 당파적이고 편협한 일은 제쳐두고 에드먼드 버크Edmund Burke가 '공중의 이익'이라고 부르는 것을 위해 노력해야 했다. 만약 그들이 성공한다면, 그들의 손주들이 조용하고 경건한 어조로 그들의 이름을 부를 것이라고 믿었다.

"이 모든 것이 여러분의 능력 안에 있습니다. 여러분의 손안에 있습니다. 그 누구도 아닌 여러분의 손안에 있는 것입니다" 나는 라다의 의원들에게 말했다.

아무도 나에게 정치와 공직에서의 삶이 쉬울 것이라고 말한 적이 없었다. 인생에서와 마찬가지로 정치를 하면서 실망할 일이 없거나 마음의 고통으로부터 자유로울 거라는 기대를 결코 하지 않았다. 하지만 항상 그것이 노력할 만한 가치가 있다고 믿어 왔다. 그리고 스물일곱 살 때부터 선출직과 공직 생활을 하면서 선한 일을 하는 건 모두 힘들고 그 결과를 보는 데 시간이 걸린다는 걸 알게 되었다. 우크라이나의 존엄 혁명이 정말로 성공했는지 알 수 있으려면 한 세대 혹은 그 이상의 시간이 필요할지 모른다. 온두라스와 과테말라, 엘살바도르 등 북부 삼각지대 국가들에 대한 미국의 투자로 그들 국가가 경제 확대와 교육 수준 높은 중산층의 번창과 함께 안전하고 안정적인 민주 국가로 탈바꿈할 것인지 알아보는 데 한 세대 이상이 걸리는 것과 마찬가지다. 우리가 소비한 모든 피와 귀중한 자원이, 그리고 보와 수십만 명의 다른 이라크 주둔 미군들이 쏟아 부은 모든 노력이 자유와 종교적 관용을 바탕으로 한 포용적이고 통일된 민주주의를 탄생시킬 것인지 확인하는 데 한 세대 이상이 필요한 것도 같은 이야기다. 나는 임기 마지막 해에도 일이 제대로 돌아갈 수 있게 할 수 있는 일을 다 하기로 마음먹었다. 그리고 일은 제대로 돌아갔다.

내가 키이브에서 돌아온 지 약 일주일 후, 의회는 내가 엄청난 양의 개인적인 시간과 그동안 쌓아온 명성을 투자했던 북부 삼각지대 국가들에 7억 5,000만 달러 규모의 예산 지출을 승인했다. 이는 지난해 지출 금액의 세 배에 달하는 금액으로, 북부 삼각지대 정치 지도자들이 치안을 강화하고 기회를 늘릴 뿐만 아니라 시민들에게 관심을 가지고 봉사할 수 있는 시민 정부를 세우는 것을 돕는 데 충분한 금액이다. 그리고 12월 마지막 주에는 미군 훈련 교관의 지원과 ISIL 목표물에 대한 600여 차례의 연합 공습으로 이라크 보안군이 라마디를 지하디스트들로부터 탈환했다. 아바디 총리의 시아파와 수니파 연합 전투원들이 도시를 탈환해 장악한 것이다. 아바디 총리의 지휘관들은 이미 안바르에 있는 다른 주요 도시에서 ISIL을 소탕하기 위한 계획을 세우고 있었고,

결국에는 모술로 이동할 것이다. 아바디 총리가 9개월 전에 전화를 걸어 "조, 당신 도움이 필요합니다."라고 했을 때, 그를 도와주기로 한 사실이 자랑스러웠다. 그리고 그것이 이런 차이를 만들었다고 생각한다.

오바마 대통령은 2016년 1월 마지막 국정연설에서 나를 깜짝 놀라게 했다. 그는 연설 25분여 만에 이렇게 말했다.

"지난해 바이든 부통령은 새로운 혁신적 프로젝트를 추진해 미국이 암을 치료할 수 있다고 말했습니다. 오늘 밤, 저는 그것을 완수하기 위한 새로운 국가적 노력에 대해 발표하겠습니다. 그리고 지난 40년 동안 조가 수많은 문제에 있어 우리 모두를 위해 일해왔기 때문에 저는 그에게 이 임무의 통제권을 부여합니다. 우리가 잃은 사랑하는 사람들과 아직은 구할 수 있는 가족을 위해 미국을 암을 정복하는 나라로 만듭시다. 어때요, 조?"

나는 이 나라의 다른 사람들과 동시에 이 소식을 듣고 있었다. 대통령이 내게 몸을 돌려 고개를 끄덕일 때 통로 양쪽에서는 전직 동료들이 일어서서 박수를 치고 있었다. 그걸 보니 우리가 뭔가 중요한 일을 해낼 수 있겠다는 희망이 생겼다.

오바마 대통령은 지난 몇 년 동안 우리 가족이 겪은 힘든 시간뿐만 아니라 MD 앤더슨 암 센터 의료진의 천재성과 노력이 우리에게 진정한 희망을 주었던 시간들을 지켜봐왔다. 그는 몇 달 전에 백악관 로즈 가든에서 내가 경선에 나서지 않는 데 있어 가장 아쉬운 점 중 하나가 현존하는 암의 종말을 관장한 대통령이 되지 못하는 것이라고 말하는 걸 들었다. 대통령이 나에게 임무 통제권을 넘겨 주었다는 것은 연방 정부 조직의 모든 관료에게 내가 정부 내의 모든 자산을 처분할 수 있고, 국내외 전문가 집단과 교류할 수 있는 그의 권한을 모두 가지게 되었다는 걸 의미한다. 대통령이 한 개인에게 업무를 위임한 것은 이번이 처음이었다. 그는 나에게 놀라운 기회를 주고 있었다. 우리가 방금 겪은 일로부터 다른 가족들을 구할 수 있는 기회를 준 것이다.

지난 몇 년간 암과의 싸움에 속도를 내기 위해 노력해 왔다. 우리가 실질적이고 중대한 돌파구의 정점에 있다고 믿고, 다음 두 가지 일에 전념하고 있다. 그것은 싸움에 긴박감을 더하고 암의 예방 및 연구 시스템과 암 환자 치료 시스템에서 21세기 과학과 기술을 최대한 활용할 수 있도록 설계하는 것이다. 우리는 초 당 10억 회의 계산 성능을 가진 슈퍼컴퓨터의 출현을 눈앞에 두고 있다. 만약 우리가 수천, 수백만 환자의 데이터를 모을 수 있다면 새로운 답을 찾을 수 있는 기회가 늘어날 것이다.

나는 팀 과학을 존중하는 시스템을 권장하고, 국내 외 여러 암 센터의 임상의와 연구원, 의료 전문가들 간의 협업과 데이터 공유를 증대시켜 왔다. 그리고 우편번호에 관계없이 어느 지역에서나 연구 결과물의 혜택을 볼 수 있도록 모든 지역사회에서 최상의 예방과 치료가 가능하도록 작업하고 있고, 임상시험에서 더 많은 병용 요법을 시도할 수 있도록 제약회사들의 상호 협력을 촉진할 인센티브를 찾는 것을 돕고 있는 중이다. 그 모든 것의 중심에는 환자와 그 가족의 이익을 가장 우선시하는 제도와 문화를 장려하고자 하는 나의 욕구가 있다.

나는 강인한 가족이더라도, 그리고 그들이 아무리 좋은 상황에 있더라도 암을 극복하는 것이 얼마나 두렵고 비용이 많이 드는 시련인지 가장 힘들게 먼저 배운 사람이었다. 우리는 그렇게 고통받는 사람들 앞에 놓인 장애물을 모두 찾아내 용납할 수 없는 것으로 규정하고 없애기 위해 노력해야 한다. 그러한 노력은 의회로부터 초당적인 지지를 받았다. 그리고 전국에서 기업들이 도움을 주고 있다. 게다가 다른 많은 나라가 현존하는 암을 종식시키기 위해 우리와 함께 노력하겠다고 약속하고 있다. 목표가 우리 손길 닿는 곳에 있으며, 그 목표를 이루면 이 나라가 잊고 있는 무언가를 상기시켜 줄 것이다. 미국인으로서 우리는 마음만 먹으면 이루지 못할 것이 없다. 우리가 해결하지 못할 문제는 없다. 내가 스물아홉 살짜리 애송이 상원의원으로 선출되었을 때보다 오늘 우리가 가진 기회에 더 낙관적이다. 21세기는 또 다른 미국의 세기가 될 것이다.

2017년 여름, 이 글을 쓰면서 나는 여전히 버락 오바마가 2015년 1월 집무실 바로 옆에 있는 자신의 개인 식당에서 내게 한 질문들을 떠올린다.

"조, 여생을 어떻게 보내고 싶으세요?" 그가 물었다. 그때 나의 대답은 오늘도 여전히 유효하다. 사실 공직생활을 시작할 때도 같은 대답을 했을 것이다. 미국 상원의원 선거에 출마할 때마다 같은 대답을 했을 것이다. 서른여섯 해 동안의 상원의원 생활을 떠나 부통령이 됐을 때도 같은 대답을 했을 것이다. 보가 암 진단을 받기 전과 그가 암 투병을 하던 내내, 그리고 그 이후로도 매일 대답은 똑같았을 것이다. 지금 다른 점은 내 머릿속에 또 다른 목소리, 차분한 목소리와 고집스러운 목소리가 모두 존재한다는 것이다.

"아버지, 무슨 일이 생겨도 괜찮을 거라고 약속해 주세요. 약속해 주세요, 아버지. 괜찮을 거라고."

낸터킷에서 우리의 마지막 추수감사절을 함께 보내기 불과 몇 주 전, 그날 밤 저녁 식사 자리에서 보가 내게 그 약속을 해 달라고 했을 때 아들은 터놓고 말하지 않았다. 그래도 상관은 없었다. 우리는 항상 서로의 생각을 알 수 있었기 때문이다. 보가 의미한 것은 분명했다. 그는 또한 내가 약속을 지킬 수 있도록 헌터가 곁에 있어 줄 거라 기대하고 있었다. 보가 떠난 후, 나는 보가 나에게 기대했던 것을 잊지 않기 위해 매일 보의 묵주를 손목에 차고 있다. 나는 남편으로서, 아버지로서, 그리고 할아버지로서 해야 할 일을 해야 했다. 그리고 할리가 나탈리와 헌터를 돌볼 수 있도록 내 역할을 해야 했다. 나는 질과 헌터와 애슐리를 위해 존재해야 했다. 그러나 가족이 전부는 아니었다. 보는 자기 가족이 굳건하다는 것을, 그것을 무너뜨릴 만큼 강한 물살은 없다는 것을 알고 있었다. 아들은 우리 가족이 견딜 거라 믿었다. 가족을 넘어서 내가 할 일은 너무나 많았다. 아들은 내가 더 넓은 세상에 대한 의무에서 멀어질까 염려했다. 보는 내가 몇 년 동안 해 온 모든 일과 나 자신에게 충실해야 한다고 강조하고 있었던 것이었다. 아들은 나에게 이 나라와 세계를 위한 공적 활동에 계속 참여할 것을 약속하라고 하고 있었다.

"홈 베이스요, 아버지, 홈 베이스."

그렇다면 나는 남은 인생을 어떻게 보내고 싶어 하는가? 가능한 가족과 함께 많은 시간을 보내고 싶고, 이 나라와 세상을 더 나은 방향으로 바꾸는 데 도움이 되고 싶다. 그 의무는 내게 목적을 주는 것 이상의 역할을 한다. 그것은 내게 희망을 준다. 그리고 미래에 대한 향수를 불러일으킨다.

<u>보의 선물</u>

우리 가족은 2017년 추수감사절을 지내러 낸터킷으로 돌아왔다.

질과 나는 손주 다섯을 모두 데리고 있었다. 그리고 푸짐한 저녁 식사라든가 우리가 좋아하는 상점을 들르며 오랫동안 시내 거닐기(할아버지한테 선물 하나씩 받기), '스콘셋 해변' 산책하기, 크리스마스트리 점등식 보러 가기, 그리고 물론 크리스마스 선물 목록 만들기 같은 우리 가족이 해마다 해오던 의식을 모두 다 하기로 마음먹었다. 우리는 그냥 모두 함께 있다는 친숙한 기쁨을 즐겼다. 거기에다 낸터킷에서의 첫날밤에 새로운 소식이 더해졌다.

이 책이 그 주 미국에서 가장 많이 팔린 논픽션 도서가 된 것이다. 나는 부통령직을 떠난 9개월 동안 예상했던 것보다 훨씬 만족스러운 삶을 살았다. 그동안 결과물을 내며 바쁘게 지냈고 목적으로 충만한 삶을 살았다. 나는 델라웨어 대학의 '바이든 연구소Biden Institute'와 '바이든 재단Biden Foundation', '바이든 캔서 이니셔티브Biden Cancer Initiative', 그리고 내게 가장 충만감을 주는 '보 바이든 아동 보호 재단Beau Biden Foundation For the Protection of Children'을 설립해 운영하고 있었다. 그리고 '펜 바이든 외교 관계 센터Penn Biden Center for Diplomacy and Engagement'도 설립해 운영하고 있다. 그러고 나서 바로 책을 홍보하기 위해 38개 도시 투어를 이제 막 시작했다. 가족들 모두가 매일 조금씩 나아지고 있었고, 조금 더 강해지고 있었다.

사실 우리는 휴가를 하루 더 연장했다. 덕분에 나는 낸터킷의 메리 워커Mary.P. Walker 강당에서 도서 행사를 할 수 있었다. 그래서 추수감사절 다음 날인 토요일에 시내에서 커피를 마시고 있는데 한 노인이 내 쪽으로 걸어왔다.

"당신은 저를 모르실 겁니다." 그가 공손하게 말했다. "그렇지만 저는 4년 전쯤 여기 이 거리를 걷다가 약국 바로 앞에서 문제가 생긴 적이 있었어요. 그런데 그때 아주 착한 청년이 멈춰 서서 '그 짐 제가 들어드릴까요, 선생님?' 하고 묻더니 제 가방을 들고 저 모퉁이까지 나와 함께 걸어가 주더군요. 제가 그때 길을 잃었었거든요. 알고 보니 그 사람이 당신 아들 보였습니다."

갑자기 아들의 이름을 들으니 가슴이 철렁했다. 일주일 전에 내슈빌에서 열린 도서 행사의 사회자였던 편집자 겸 역사학자 존 미챔Jon Meacham이 거의 2천 명에 가까운 청중 앞에서 내게 고개를 돌리며 말했다. "저는 보를 조금 알고 있습니다. 뉴욕에서 그와 커피를 마시며 '이 사람이 대통령이 되겠구나.'라고 생각했던 기억이 납니다." 내가 어디를 가든, 무엇을 하든 사람들은 보에 대해,

혹은 보에 대한 자신의 연결 고리에 대해 말하고 싶어 했다. 심지어 코소보에서 복무하던 중 보와 함께 일했던 남자도 있었다. 그해 가을에 책이 출간된 후 내가 잘 아는 사람들과 생전 처음 보는 사람들이 거의 매일 내게 연락을 해 보에 대한 이야기를 했다. 그들은 보가 낯선 사람들에게 개인적으로 보였던 친절한 행동에서부터 델라웨어의 법무부 장관으로서 유권자를 대신해 보였던 강인함과 범상치 않은 가능성에 이르기까지 온갖 이야기들을 다 들려주었다. 예를 들면, "그는 대통령이 될 사람이었습니다."라고 말이다.

보가 떠난 지 3년이 넘었지만, 그가 없다는 게 아직도 선명하다. 오늘까지 적어도 그동안 적어도 하루의 25퍼센트는 잠에서 깨어나 가장 먼저 생각나는 것, 가장 먼저 느끼게 되는 것은 보가 없다는 것이었다. 아침에 아들을 그리워하며 잠에서 깬다. 깨어나 가장 먼저 드는 생각은 그냥 전화기를 들고 그에게 전화해 목소리를 들을 수 있었으면 하는 것이다. 그리고 여전히 마음이 아프다.

내가 잠에서 깨자 '그는' 달아났다. 그리고 낮이 다시 나의 밤을 데려다 놓았다.

하지만 나는 보와 한 약속을 확실히 지키고 있다. 북 투어는 처음 시작할 때 쉽지 않았다. 그리고 침착함을 잃지 않고 보를 잃은 것에 대해 이야기하기도 힘들었고, 정말로 그냥 보와 의견을 나누고 싶었던 우리 정치의 현주소와 국제 관계, 그리고 보가 대변했던 그 모든 선한 일들에 대해 너무나 많은 질문을 받아넘기는 것도 힘든 일이었다. 하지만 놀랍게도 나는 그런 일을 겪으면서 카타르시스를 느꼈다. 마치 가치 있는 일을 하고 목적 있는 삶을 살면서 아들과의 약속을 지키고 있다는 느낌이 들었다. 가장 놀랍고 만족스러운 것은 정치 때문이 아니라 위안이 필요해서 도서 행사에 온 사람들의 수다였다. 참가자들과 유대감을 느끼기 위해 나는 가끔 소중한 누군가를 잃었거나 암이나 다른 치명적인 질병과 싸운 적이 있는 사람들에게 손을 들어달라고 부탁한다. 내 기억에는 대부분 행사에서 적어도 참가자의 75퍼센트가 손을 들었던 것 같다.

그리고 맨 마지막 순서로 항상 사람들이 내가 서명한 책을 받아들고 나와 사진을 찍으려고 줄을 서서 기다렸다. 행사 때마다 한 시간 정도 머물며 사람들을 만나곤 했다. 이 많은 사람이 짧은 악수와 책장이나 액자에 넣어둘 수 있는 기념품 이상의 것을 찾고 있음을 알 수 있었다. 어느 날 밤 로스앤젤레스에서 아주 차분해 보이는 한 여자가 내게 다가오더니 묻지도 않고 나를 껴안았다. 나는 당황해서 물러서려 했다. 하지만 그러기도 전에 어느새 그녀가 나만 들리게 조용히 속삭이는 소리로 말했다.

"죄송합니다. 죄송해요." 그녀가 갑자기 눈물을 글썽이며 말했다. "5일 전에 딸을 잃었어요. 교모세포종으로. 잠깐만 안아 주세요. 죄송하지만 제발, 제발 잠깐만 안아 주세요."

흔히 받는 질문 중 하나는 이것이다. "제가 안아 봐도 될까요?" 남녀를 불문하고 모두 그렇게 묻곤 했다. 며칠 전만 해도 누군가를 잃었다고 말하는 사람들이 적어도 여섯 사람은 됐고, 아주 가까운 미래에 그 끔찍한 현실을 맞게 될 것 같다고 말하는 사람들은 더 많았다. 그들은 각자 아무리 희망이 없어도 붙잡고 갈만한 감정의 작은 구명보트를 찾고 있었다. 그 순간 어떤 기분인지를 이해해 줄 수 있는 사람을 찾고 있었다. 자신의 끔찍한 미래를 뒤집어 놓지는 못하더라도 적어도 견딜만한 것으로 만들어 줄 어떤 부적을 찾고 있었다. 그들은 이렇게 말하곤 했다. "당신은 어떻게 이런 일을 두 번이나 겪어내셨나요?" 정말로 그들이 알고 싶어 했던 것은 바로 이것이었다. '내가 괜찮을까? 내가 해낼 수 있을까?'

개인적인 경험상 그들이 찾고 있는 진정한 확신을 주기 위해 내가 할 수 있는 말은 아무것도 없다. 말만으로는 충분하지 않다. 내 경험으로 알 수 있는 것은 기본적으로 슬픔과 고통을 견디는 것, 그것은 기댈 친구와 지지자들이 아무리 많아도, 그리고 믿음이 아무리 강해도 한 개인이 혼자 감당해야 할 일이라는 것이다. 하지만 그곳에 내가 있는 것만으로도, 실제로 거기 여전히 서 있는 내 모습을 보여 주는 것만으로도 그들에게 변화를 줄 수 있다고 믿는다. 다른 사람에게 위로를 주는 그 단순한 행위는 내가 공직에서 물러난 후에 실천한 가장 보람 있는 일이었다. 요즘은 그것이 많이 필요한 것 같다. 그리고 사실 내가 고통받는 사람들에게 작은 치료약을 줄 수 있다는 느낌은 나를 치유하는 데도 도움이 되었다.

2018년 4월 말, 존 매케인John McCain을 보기 위해 애리조나를 찾은 것은 그를 위한 것인 만큼 나를 위한 일이었다. 내 오랜 친구는 병이 깊어져서 회복될 것 같지 않았다. 나는 몇 번의 공개 행사에서 그를 도울 수 있었다. 그가 올해 뮌헨 안보회의에서 정말 의미 있는 상을 받게 되었을 때, 나는 그를 대신해 소감을 말했다. 그리고 그가 '우리나라에 대한 평생의 헌신, 개인적 인격 그리고 뛰어난 공헌'을 인정받아 미국 해군사관학교의 유공자상을 수상했을 때도 다시 한번 그 일을 맡았다. 해군사관학교 시상식 후에 나는 존과 통화할 수 있었다.

"존, 그들은 자네를 사랑하네. 전 군단이 자네에게 기립박수를 보냈다네."

애리조나에 있는 존의 목장으로 간 여행은 나의 옛 상원 동료이자 친구와 함께 활동적인 시간을 보낼 수 있는 기회였다. 그를 꼭 껴안고 내가 그를 생각하고 있다는 것을 그에게 직접 알려 주고 싶었다. 존과 그의 가족이 무슨 일을 겪고 있는지 너무 잘 알고 있었다. 왜냐하면 그는 보가 싸워야 했던 바로 그 지독한 질병인 4기 교모세포종과 싸우고 있었기 때문이다. 그의 예후는 보를 포함해 같은 진단을 받은 다른 사람들과 똑같았다. 교모세포종 치료에 기적 같은 돌파구를 마련하지 못한 채 1년 반이나 1년 반 이상 삶을 지속하는 환자는 많지 않다.

나는 존을, 그리고 그가 진단을 받고 9개월 동안 어떻게 살았는지를 생각할 때마다 보를 생각하지 않을 수 없었다. 그러나 이 두 사람이 공통적으로 겪었던 의학적 운명에 대해서는 별로 생각하지 않았다. 그보다 사형선고를 받은 것과 다를 바 없는 상황에서도 그들이 공통적으로 보여준 사명감에 대해 생각했다. 존은 가능한 한 오랫동안 관직에서 물러나지 않겠다고 고집했다. 그는 2017년 7월에 진단을 받고 수술을 받은 지 며칠 만에 직무를 수행하겠다고 워싱턴으로 돌아왔다. 주치의들이 여행을 하지 말라고 주의를 주었는데도 말이다. 그리고 존은 비록 더 이상 상원에 참석하러 정기적으로 워싱턴으로 갈 수는 없었지만, 그가 그토록 격렬하게 사랑하고 옹호해왔던 이 나라에 전하는 자신의 용기 있는 메시지를 담은 새로운 책을 완성하기 위해 미친 듯이 열심히 일하고 있었다. 특히, 그 책의 이 한 줄에 감명을 받았다. "나는 유언장을 지니고 살아왔다. 나는 나 자신의 즐거움이나 이익보다 더 큰 목적을 위해 봉사해 왔다."

그 구절도 역시 보를 생각나게 했다. 존처럼 보 역시 목적의식을 끝까지 지켰다. 존처럼 보도 진정한 용기를 발휘했다. 나는 보가 업무를 시작하기 전에 몇 시간 동안 필라델피아까지 가서 몇 시간 동안 작업 치료와 언어 치료를 받겠다고 했을까, 그리고 심지어 동생 애슐리에게 나가달라고 해야 할 정도로 힘들고 좌절할 때조차도 그럴 수 있었을까, 그것에 대해 다시 생각해 보고 있었다. 그는 델라웨어주 법무부 장관의 임기를 마칠 수 있을 만큼 강한 육체적, 정신적 상태를 유지하기 위해 무엇이든지 하겠다고 결심하고 그것에 끝까지 매달렸다. 그는 우리 사회에서 가장 취약한 사람들, 특히 아이들을 더 잘 보호하기 위해 진정성 있는 열정을 발휘했다. 그러한 열정, 그러한 목적이 그를 몰아붙인 것이다. 그리고 그는 우리 주, 그리고 우리나라를 더 나은 곳으로 만든다는 임무를 수행하기 위해 주지사 선거에 출마할 계획까지 세우고 있었다. 그러한 목적의식이 그를 아침에 침대에서 일어나게 했고, 계속 전진하게 했다. 존이 말한 것처럼 보는 끝까지 '나 자신의 즐거움이나 이익보다 더 큰 목적'에 봉사하겠다고 결심했던 것이다.

그런 말은 우리 모두가 지키며 살아가야 할 말이자, 보가 "아버지, 저한테 약속해 주세요. 무슨 일이 생겨도 괜찮으셔야 해요."라고 한 말의 의미를 내게 다시 한번 일깨워 준다. 아들이 설명하지 않았어도 그 순간 그가 내게 말하려고 하는 게 무엇인지 이해했다. "참여하세요, 아버지, 경기에 남으셔야 해요. 믿음을 위해 계속 싸우세요. 포기하지 마세요." 그가 말하고 있었다.

당시에도, 그리고 2017년 봄에 이 책의 원고를 완성했을 때도 내가 언제나 보의 의미를 포착한 것은 우리의 개인적 친밀감, 즉 공통된 사고방식 때문인 것 같았다. 사람들이 친밀하면, 특히 부모와 아이가 친밀하면, 말없이 전달하고 이해할 수 있는 것이 아주 많다. 그러나 지난 1년 동안, 보의 삶과 그의 유산에 대해 사람들에게 이야기하면서, 그리고 그가 우리와 함께한 시간의 의미와 살아 있는 우리들에게 그가 남긴 메시지를 되돌아보면서 다른 무언가를 깨달았다. 아들은 자기가 떠난 후에도 어떻게 계속 가야 하는지, 혹은 나에게 무엇을 기대하는지에 대해 말을 많이 하지 않았다. 그는 단지 보여 주었다. 보는 말이나 생각이 아니라 훨씬 더 오래 지속되고 훨씬 더 묵직한 무언가로 나를 앞으로 나가게 이끌고 있었다. 그것은 바로 직접 보여주는 것의 힘이었다. 보는 병에 걸리기 전부터, 그리고 확실히 뇌종양과의 싸움을 통해, 나와 우리 가족 그리고 자신의 친구들에게 가장 힘든 역경에 맞서 목적의식을 버리지 않고 사는 게 얼마나 가치 있는지 직접 보여 주었다. 그가 세워 놓은 본보기에 따라 사는 것은 우리 모두에게 영광으로 남는다.

보를 위한 추도사
2015년 6월 6일

애슐리 바이든

오빠를 향한 사랑과 감탄과 동경을 어떻게 표현해야 할지 모르겠습니다. 어떤 말로도 오빠가 저에게, 그리고 우리에게 어떤 의미였는지 제대로 표현하지 못할 겁니다.

특정한 기억만 따로 떠올리려고 하니 무슨 말을 해야 할지 모르겠습니다. 제 삶은 여러 기억들과 순간들이 모여서 하나가 된 것이기 때문입니다. 그리고 보는 제 삶에 언제나 변함없이 존재하는 사람이었습니다.

1학년 때, 저를 행복하게 해 주는 것에 대해 그림으로 그렸습니다. 그것은 두 오빠와 손을 잡고 있는 제 모습이었습니다. 저는 이렇게 썼습니다. "행복은 오빠들과 함께 있다." 그건 사실이었고, 평생 변함없었습니다. 저는 세상에서 가장 운이 좋은 여동생 같습니다. 특별한 두 남자가 저를 길러 놓았으니까요. 하지만 남편도 가끔 말하지만, 오빠들은 사사건건 간섭하지 않았습니다.

헌터에 대해 이야기하지 않고서는 보에 대해서 이야기할 수 없습니다. 그들은 떼려야 뗄 수 없는 사이였고, 조건 없는 사랑을 나누었습니다. 비록 나이는 보가 일 년 하고 하루 더 많았지만, 헌터는 보의 날개 아래로 부는 바람이었습니다. 그는 보에게 하늘을 날 수 있는 용기와 자신감을 주었습니다. 보는 누구보다 헌터를 믿고 신뢰했습니다. 헌터는 자신의 지혜와 동정심, 그리고 독립적인 정신으로 보에게 영감을 주었습니다. 그는 보에게 힘과 위로와 용기를 준 사람입니다.

헌터가 먼저 의견을 내지 않은 결정은 한 번도 없었습니다. 그들이 대화를 하지 않고 보낸 날이 하루도 없었으며, 운전을 할 때는 항상 서로의 조수가 되어 주었습니다. 헌터는 보의 절친한 친구이자 그의 집이었습니다.

제가 태어났을 때부터 평생 사랑스럽게 불렸던 이름인 보이와 헌티는 저를 두 팔 벌려 꼭 안아 환영해 주었습니다. 오빠들이 제 이름도 지어 주었죠. 저는 오빠들의 것이었고, 저도 오빠들이 제 것 같았습니다. 헌터와 우리 가족과 함께 있는 곳이 보가 유일하게 머물고 싶어 하던 곳이었습니다. 그는 영원히 우리와 함께 있습니다.

어린 여동생이었던 저는 항상 오빠 곁에 있고 싶었습니다. 오빠가 고등학교와 대학교를 다닐 때 저는 그레이트풀 데드 Grateful Dead 의 '파이어 온 더 마운틴 Fire on the Mountain'을 불러야만 주변에서 얼쩡거릴 수 있었습니다. 여덟 살짜리 여동생을 대학 아파트에 데려가 하룻밤 재워주는 게 정말 흔치 않은 일인데도, 그는 저를 펜실베이니아 대학교로 데려가곤 했습니다.

하지만 보는 신경 쓰지 않았습니다. 우리는 그냥 그런 식으로 지냈습니다. 보의 친구들이 저에게 '벼룩'이라는 별명을 붙여줄 만큼 저는 오빠들을 많이 따라다녔습니다.

보는 제가 도움이 필요할 때마다 처음 전화하는 사람이었습니다. 솔직히 오빠가 어머니, 아버지보다 더 우선적인 제 첫 번째 방어선이었습니다.

우리는 부엌 식탁에 앉아 수없이 많은 논쟁을 벌였습니다. 보는 거기서 내가 자기가 하는 말이 옳다는 걸 깨달을 때까지 몇 시간 동안이고 저를 설득하며 고문을 하곤 했습니다.

그는 결코 판단하지 않았습니다. 그저 귀 기울여 주고, 손과 어깨를 빌려주고, 현명한 조언과 사랑을 주었습니다. 그냥 오빠를 바라보기만 해도 그는 제가 무슨 생각을 하고 있는지 금방 알아챘습니다. 그리고 언제나 고개를 끄덕이며 나를 안심시켰습니다.

보는 가족과 함께 있는 시간을 가장 좋아했습니다. 부모님 집의 현관에 그냥 앉아 있을 때나 나탈리, 헌터와 함께 낚시를 할 때나, 부엌 식탁 주위에서 식사할 때도 그는 항상 우리더러 곁에 있으라고 했고, 우리도 항상 곁에 있고 싶었습니다.

그는 우리 가족 여행, 특히 낸터킷에서 보내는 추수감사절 여행을 사랑했습니다. 거기서 일주일 동안 책을 읽기도 하고, 이야기를 나누기도 하고, 마을을 산책하기도 하고, 그냥 난롯가에 오순도순 모여 있기도 했습니다.

추수감사절 주간이 기억납니다. 오빠들이 학교에 와서 수업 중인 저를 데리고 갔습니다. 우리는 지프에 끼여 탄 채 7시간을 달렸습니다. 저는 그 자동차 여행을 정말 좋아했습니다. 보는 낸터킷을 정말 좋아했습니다. 그가 할리에게 청혼한 곳도, 그 둘이 결혼한 곳도 그곳이었지요.

보는 저와 헌터, 아버지, 어머니에게 영원한 닻이었습니다. 그는 우리의 보호자이며 중재자였습니다. 그리고 우리 배의 선장이었습니다. 오빠는 저의 첫사랑이었습니다. 그가 얼마나 아름다운 사랑의 본보기가 되었는지 모릅니다.

오빠들이 남편을 제게 데리고 왔습니다. 2008년 후원금 모금 행사에서 그를 처음 만난 헌터가 집에 와서는 보와 자기가 믿을 수 없을 정도로 재미있고, 잘생기고, 착하기까지 한 남자를 만났다고 했습니다. 그때는 그냥 흘려들었습니다. 하지만 2년 후 석사 졸업식을 마치고 석사모와 가운을 입은 채 보의 병실에서 제 남편이자 보와 헌터의 형제가 될 그를 만났습니다.

보는 하워드를 우리 가족으로 만들어 주었습니다. 그는 우리가 자기를 필요로 할 거란 걸 알고 있었고, 자신의 놀라운 재능을 우리에게 주었습니다.

보는 또한 제 언니 할리를 우리 가족에게 선물했습니다. 그는 온 마음을 다해 할리를 사랑했고, 그녀의 믿을 수 없는 힘과 결단력을 보고 결혼을 결심했습니다. 저는 저녁 식사를 마치고 그 자리에 계속 남아 있기도 했습니다. 오빠 부부가 서로 놀리다 다투면 그걸 중재해야 했거든요. 저는 그렇게 수많은 밤을 보냈습니다. 그들은 쉽게 서로 이해하고 사랑했습니다. 밤이 깊어지면, 그들이 항상 소파에 웅크리고 앉아 좋아하는 텔레비전 프로그램을 함께 보았습니다. 종종 보가 할리에게 손이 발이 되게 빌고 있기도 했지요.

보는 우리에게 나탈리와 헌터도 선물했습니다. 조카들은 보면 보를 보고 있는 것 같습니다. 그 아이들은 아버지처럼 용감하고, 똑똑하고, 동정심이 많습니다. 나탈리는 타고난 리더이고, 헌터는 어린 보안관이자 보호자입니다.

보는 삶을 사랑했습니다. 그는 이 단 한 가지를 빼고는 불평을 하지 않았지요. 그건 사람들이 자기를 걱정하는 것이었습니다. 보는 그걸 가장 싫어했습니다. 그는 남들의 고민을 사심 없이 떠맡으며, '우리는 이 문제를 헤쳐나갈 것이다.'라는 태도를 보여 주었습니다. 그는 우리에게 자기 자신이나 서로를 절대 포기하지 말라고 가르쳐 주었습니다.

저는 격주 금요일마다 보가 화학 요법 치료를 받으러 가는 데 동행하는 슬픈 특권을 누렸습니다. 우리는 항상 치료를 받고 아침을 먹으러 나가거나, 가끔 시내를 산책하거나, 그의 머리를 자르러 가곤 했습니다. 저는 우리가 함께 한 시간을 영원히 소중히 간직할 겁니다. 우리가 인생에 대해 나눴던 그 많은 대화들. 아침 식사 중에 그는 종종 제가 그의 주제곡이라고 생각했던 뉴 레디컬스New Radicals의 '당신은 당신이 준 것을 받는다You Get What You Give'를 들려주곤 했습니다. 보는 끝까지 싸웠고 다른 사람들보다 삶에 대한 의지가 강했지만, 저는 오빠가 이 날이 올지도 모른다는 걸 알고 있었다고 생각합니다. 그 노래 가사는 이렇습니다.

이 망할 놈의 세상이 전부 무너질 수도 있어요.
당신은 괜찮을 거예요, 당신 마음대로 하세요.
당신은 위험에 처해 있어요.
그렇지만 내가 바로 뒤에 있답니다.

돌이켜 보면, 보가 그 노래를 아침 식사 시간마다 불러주었던 건 자기를 위해서가 아니라 저를 위해서였던 것 같습니다. 포기하거나 슬픔이 나를 먹어치우게, 우리를 먹어 치우게 그냥 두지 말라고 그랬던 것 같습니다. 제가 어렸을 때부터 보위는 전화를 끊을 때 '끊어'라고 하지 말고 언제나 '또 만나, 사랑해'라고 말하라고 했습니다.

보이, 우리는 매일 아침에 일어날 때마다 오빠의 얼굴을, 오빠의 눈을 보게 될 거예요. 우리는 오빠의 웃음소리를 듣게 될 거예요. 오빠의 미소를 보게 될 거고 오빠의 손길을 느낄 거예요. 우리가 무언가 결정을 내리는 순간, 슬프고 힘이 드는 순간, 그리고 축하하고 기뻐하는 그 모든 순간에 오빠는 우리와 함께할 거예요.

우리는 어디에서나 오빠를 볼 수 있을 거예요. 아름다운 자연 속에서, 낯선 이의 미소 속에서, 그리고 오빠가 우리를 돌본 것처럼 우리가 돌볼 오빠의 아름다운 아이들에게서 오빠를 보게 될 거예요. 오빠는 우리 모두의 마음에 새겨져 있어요. 오빠는 우리의 뼈 중의 뼈요, 살 중의 살이며, 피 중의 피예요. 오빠는 우리 삶 속에 언제나 존재할 거예요. 오늘도, 내일도, 그리고 영원히.

오빠가 우리에게 주었고, 앞으로 계속 우리가 오빠를 기리며, 오빠가 바라는 대로 살아갈 때 오빠가 우리에게 줄 모든 것에 감사해요.

그러니까 보위……, 또 만나. 정말 많이 사랑해.

헌터 바이든

안녕하십니까? 저희 가족을 대표해 형의 삶을 기리기 위해 여기 계신 모든 종교 지도자 분들께 감사드립니다. 장군님, 오늘 와주셔서 감사합니다. 보는 이 나라에 봉사하는 걸 자랑스러워했고,

장군님의 지휘 아래 복무하는 데 자부심을 느꼈습니다. 대통령님, 힘들었던 요즘 저희 가족을 위해 배려해 주신 모든 것에 감사드립니다. 그리고 보에게 보내 주신 놀라운 헌사에 감사드립니다. 저희가 얼마나 당신을 사랑하는지 아실 겁니다.

애슐리, 보는 널 아주 자랑스러워했어. 그는 네가 사람을 아끼는 모습에 감동받았단다. 네 깊은 심성에 감동받았지. 형은 네가 우리 가족뿐만 아니라 수많은 사람의 삶에 기쁨을 가져다 주는 걸 보았단다. 그는 네가 웃는 모습을 좋아했어. 너의 미소를 사랑했단다. 형은 너와 함께 델라웨어의 사람들에게 봉사할 수 있다는 걸 자랑스럽게 여겼어.

형은 네가 하워드와 결혼하는 걸 기뻐했어. 형이 하워드를 우리 가족에게 데려와 나한테 형을 한 명 더 안겨준 장본인이었지.

나탈리와 헌터, 네 아빠는 항상 우리와 함께 있을 거라고 우린 이미 얘기했지? 너희 아빠는 언제나 너희 곁에 있을 거야. 너희 아빠는 항상 너희를 사랑할 거야. 내가 약속하마. 너희는 항상 사랑받을 거야. 우리는 사랑이 무한한 가족이란다.

아빠는 너의 일부분이란다.

나탈리, 아빠는 네가 그렇게 세심하고 동정심을 가질 수 있게 해준 너의 한 부분이란다. 아빠가 너한테 그랬던 것처럼, 그리고 아빠가 나한테 그랬던 것처럼, 그렇게 똑같이 네가 동생을 아끼는 이유가 바로 아빠란다.

헌터, 로버트 헌터 바이든 2세. 아빠가 너와 나를 영원히 묶어 놓았단다. 너는 침착하고 집중력 있는 네 아빠의 장점을 그대로 물려받았더구나. 네가 아빠랑 둘이 부두 끝에서 물고기 잡는 걸 봤는데, 둘이 너무 닮아서 마치 같은 사람 둘이 있는 것 같았단다.

발레리 고모가 항상 무조건적인 사랑으로 아빠와 내 곁에 있어주셨던 것처럼, 우리에게 지미 삼촌, 프랭키 삼촌, 잭 삼촌, 존 삼촌 그리고 할머니와 할아버지가 계셨던 것처럼 너희에게는 애슐리 고모랑 리즈 이모, 캐슬린 숙모, 그리고 할아버지랑 할머니가 계시단다.

우리는 그들과 똑같은 사랑, 너무나 크고 아름다운 사랑으로 너희를 감싸줄 거야. 네 아빠와 나를 키운 그 사랑이 너희를 키울 거란다.

네 아빠가 너희에게 주었던 사랑은 아빠가 엄마한테 주었던 것과 같은 사랑이란다. 아빠는 엄마를 아주 많이 사랑했어. 아무도 엄마만큼 아빠한테 그렇게 많은 자신감과 용기를 준 사람은 없었단다. 너희 엄마는 내가 아는 사람 중에서 가장 충실하고 다른 사람을 아끼는 분이란다. 너희 엄마가 너희를 위해서라면 뭐든 할 수 있다는 건 두말할 필요도 없어.

너희 엄마는 이 세상 누구보다도 아빠에게 헌신적이었단다. 아빠를 위해서라면 무엇이든 하려고 했고, 정말로 무엇이든 했단다. 엄마가 아빠에게 너무 많은 사랑을 주어서 아빠가 만나는 사람마다 사랑을 줄 수 있었던 거야.

너희 엄마는 아빠를 세상과 나눠가져야 했어. 그리고 이 작은 아빠한테 가장 중요한 건 아빠의 인생 중 거의 절반 동안 친한 친구이자 함께 일한 동지인 캐슬린 숙모와 네 사촌 나오미와 피네건, 메이시에게 아빠를 나눠주신 거란다. 우리 식구는 항상 아빠를 우리의 일부라고 생각해.

아빠가 이 삼촌의 일부분이라는 건 알고 있지? 그러니까 난 항상 너희의 일부분이 될 거야. 우리는 모두 항상 너의 일부가 될 거란다. 우리는 항상 한 가족으로 지낼 거야. 왜냐하면 우리는 항상 한 가족이었기 때문이지. 너희는 너희가 알게 될 가장 위대한 사랑의 중심에 있는 거란다.

어머니……. 당신은 저희 마음을 한 번 모두 고쳐주신 적이 있으시잖아요. 어머니가 우리 셋을 온전하게 만들어 주셨어요. 그리고 저희가 상상할 수 있는 최고의 선물, 애슐리를 저희에게 주셨습니다. 어머니는 보에게 강인함과 꾸준함을 주셨습니다. 그리고 어머니들만이 줄 수 있는 사랑을 주셨습니다. 당신은 그를 진심으로 사랑하셨습니다. 그리고 우리는 이 세상에 어머니가 그보다 더 자랑스러워했던 사람은 없다는 걸 알고 있었습니다.

어머니는 보를 사랑하셨고, 보는 어머니를 사랑했습니다. 이 가족을 하나로 묶어주는 건 어머니의 강인함과 꾸준함입니다. 그리고 전 어머니가 우리를 다시 온전하게 만들어 주실 거란 걸 압니다.

제가 기억하는 가장 오래된 기억은 병실에서 형의 옆 침대에 누워 있던 것입니다. 그때 저는 거의 세 살이었습니다. 저는 저보다 한 살하고도 하루 더 나이 많은 형이 제 손을 잡고 눈을 똑바로 보면서 '사랑해, 사랑해.'라고 계속 되풀이해 말하던 게 기억납니다.

그리고 그 후 42년 동안 형은 제 손을 놓지 않았습니다. 그는 계속 저에게 자기가 얼마나 저를 사랑하는지 말해 주었습니다. 하지만 그가 잡아준 손은 제 손만이 아니었습니다. 보의 손은 모두가 어려울 때 손을 뻗어 잡을 수 있는 손이었습니다. 보의 손은 여러분이 부탁하기도 전에 여러분을 잡고 있는 손이었습니다.

그것이 제 형의 이야기입니다. 업적이라고는 할 수 없지만, 형이 한 일은 많습니다.

- 연방 법원 서기
- 미 법무부 장관 특별보좌관
- 전후 코소보 법률 고문
- 소속 주에서 가장 인기 있는
  선출직 공무원이 된 법무부 장관
- 육군 주방위군 소령

하지만 형을 그의 특별한 이력서로 규정할 수는 없습니다. 그는 그의 인품으로 알 수 있습니다. 항상 여러분을 꼭 붙들어 주던 그 소년. 항상 당신을 안전하게 느끼게 해 주었던 사람. 항상 당신이 실제보다 더 용감해진 기분이 들게 했던 사람. 당신이 의지할 수 있게 특별한 친절함을 베풀어 주었던 사람. 당신의 이야기를 들어주었던 사람. 당신이 그를 가장 필요로 할 때 항상 곁에 있어 주었던 사람. 항상 당신에게 자기가 하는 일에 대한 신뢰를 주었던 사람.

그는 나서겠다고 하지 않고, 절대로 판단하지 않고, 모범을 보이며 우리를 격려하기만 하는 우리의 지도자였습니다.

그는 투명했습니다. 그 때문에 당신은 힘들이지 않고 그를 알 수 있었습니다. 그는 해 뜰 때의 스캐니틀리스^{Skaneateles} 호수처럼 맑고 투명했습니다. 그것은 당신이 그 속을 헤엄쳐 다닐 수 있는 투명함과 다른 사람에게 전염되는 투명함이었습니다. 그는 그저 가족뿐만 아니라 자신이 친구라고 부르는 모든 사람에게 맑고 투명했습니다.

그는 친구도 아주 많았습니다. 그들은 보가 부탁받지 않고도 수없이 자기를 도우러 왔다고 말해 줄 수 있을 겁니다. 그래서 어렸을 때 우리는 그를 보안관이라고 불렀습니다.

형이 엄격하거나 용서를 잘 하지 않는 사람이라서가 아니었습니다. 그는 누구보다 저희를 많이 웃게 해 주었습니다. 그리고 사실 우리 중에 가장 재미있는 사람은 형이었습니다. 형을 보안관이라고 불렀던 건 우리가 곤경에 처했을 때, 기댈 사람이 필요할 때, 정답을 찾아야 할 때면 모두 보에게 의지할 수 있었기 때문입니다.

자라면서, 우리 어머니들은 우리가 보와 함께 있으면 문제없을 거로 생각하셨죠. 우리를 구해 주고, 안전하게 지켜 주고, 집으로 가는 길을 알려준 사람은 바로 그 보안관이었습니다. 그는 우리 모두를 지켜봤습니다.

우리 중 누구도 그에게 부탁할 필요가 없었습니다. 그는 우리에게 그가 필요할 때 항상 곁에 있어 주었고, 그 어떤 대가도 바라지 않았습니다. 그러나 우리는 결코 그의 그림자 속이 아니라 항상 그의 날개 아래에 있었습니다.

우리가 어렸을 때부터 저지른 실수는 용서받을 수 없을 만큼 크지도 위로가 필요 없을 만큼 작지도 않았습니다. 여러분의 문제는 보의 문제였습니다.

그러나 그는 그것들을 힘들어하지 않고 지고 가는 것 같았습니다. 그가 우리의 그 많은 비밀을 지켜 주었던 것처럼 말입니다. 여러분은 그가 믿음을 저버리지 않을 거라는 걸 알기 때문에 자신의 비밀이나 걱정을 보에게 털어놓았거든요.

그는 여러분을 울고 웃게 하는 사람이라는 걸 알기 때문에 그냥 곁에 있고 싶은 사람이었습니다. 그는 여러분을 그냥 생긴 대로 살 수 있게 해 주었습니다. 그는 여러분의 모습과 상관없이 여러분을 사랑하려 했을 뿐만 아니라 그것 때문에 여러분을 더 사랑하려 했습니다.

오늘 이 교회와 온 나라에는 '보는 나의 가장 친한 친구였다'라고 당당히 말할 수 있는 사람들이 아주 많습니다. 그리고 그는 정말로 그러했습니다. 그는 누구에게나 가장 친한 친구였습니다. 셰익스피어는 이런 말을 했습니다. "그는 훌륭한 분이셨어. 어느 모로 보나 이 세상에 둘도 없는 분이실거야."

마치 여러분에게 가장 중요한 것이 자기한테도 가장 중요한 것인 것처럼 그가 한 그 모든 일에 드러난 것이 한 남자로서 그의 모습이었습니다. 그리고 그는 정말 그렇게 행동했습니다.

형이 내리는 모든 결정은 그런 이타심이 이끈 것 같았습니다. 그는 군복 한 번 입어보겠다거나 이력서에 한 줄 더하려고 군대에 간 게 아닙니다. 그는 굳이 그럴 필요가 없었습니다. 그는 그것이 옳은 일이라고 생각했기 때문에 군대에 간 겁니다. 그는 청동성장Bronze Star을 받으려고 이라크에 간 게 아니라, 그것이 옳은 일이라고 생각했기 때문에 간 것입니다.

그가 청동성장을 받았다고 여러분 중 누구한테 말한 적이 있나요? 그의 가장 가까운 친구 한 사람이 얼마 전에 제게 "보가 청동 성장을 받은 걸 전혀 몰랐다는 게 믿기지 않는다."라고 말한 적이 있습니다. 보는 복무하는 것이 단지 하나의 특권이라고 생각했을 뿐입니다.

형을 잘 몰랐던 사람들은 조 바이든이라는 이름 자체가 바로 직업을 의미한다고 생각하기 때문에 형이 정치에 입문했다고 생각했습니다. 하지만 형은 정치가 자신이 해야 할 옳은 일이었기 때문에 정치에 입문한 것입니다. 그것이 그가 가능한 한 많은 사람을 도울 수 있는 가장 분명한 길이었던 것입니다.

저는 형이 그것을 어디서 배웠는지 압니다. 그는 아버지에게서 그것을 배웠습니다. 그는 공직에 몸담는 것이 자신을 위해서가 아니라, 자신을 돌볼 수 없는 사람들을 위해서 봉사하는 특권이라는 걸 알게 된 것입니다. 어떤 사람이 이렇게 말했습니다. "아들이 위인이 되기를 기다리지 말라. 그를 훌륭한 소년으로 키워라."

저희가 퇴원할 때부터 아버지는 가능한 모든 시간을 저희와 함께하셨습니다. 아버지와 함께하기에 너무 크다거나 너무 사소한 일은 없었습니다. 저희는 아버지와 함께 여러 주와 전 세계를 여행했습니다.

저희는 수천 개의 연설 현장과 승리를 축하하는 만찬, 토론회에 참석했습니다. 아버지와 함께 수천 킬로미터의 기차 여행을 하며 어디든 갔습니다. 저희는 그저 세상 누구보다도 아버지와 함께 있고 싶은 게 정상이라고 생각했을 뿐이었습니다. 저희는 아버지의 모습을 본보기 삼아 배웠습니다. 심지어 그분의 작은 몸짓도 커다란 의미가 되었습니다.

제 생각에 저희는 다른 상원의원의 자녀들보다 더 자주 아버지와 함께 상원에 가곤 했습니다. 지하철을 타면 차장이 "너희 아빠는 우리가 제일 좋아하는 사람이야"라고 말하곤 했습니다. 저희가 엘리베이터에 타면 도우미가 이렇게 말하곤 했습니다. "저기, 우리는 너희 아빠를 사랑한단다."

저희는 자랑스러웠습니다. 우리는 아버지가 상원의원이라는 게 멋지다고 생각했습니다. 하지만 아버지가 차콜 핏Charcoal Pit에서 일하는 사람들을 모두 알고 있다는 게 더 멋졌습니다. 그렇게 보의 진정한 지표 즉 그의 성실성과 성격, 자존심은 아버지의 사랑에서 싹튼 것입니다.

저는 사랑에 무게가 있다고 믿습니다. 그것은 한 사람이 주고받을 수 있는 사랑의 양을 결정하는 균형입니다. 하지만 보에게는 그런 한계가 없는 것 같았습니다. 보가 아름다운 건 그가 얼마나 많은 사랑을 받았는지가 아니라 그가 얼마나 많은 사랑을 줄 수 있는가에 있었습니다. 그리고 그는 그 사랑을 너무나 거리낌 없이 주었습니다. 그 사랑을 자신의 웃음에 담아, 자신의 손길에 담아, 자신의 말에 담아 주었지만, 무엇보다도 행동으로 그 사랑을 주었습니다. 그것은 그의 사랑을 특별하게 만들었으며, 결코 부담을 주지 않고 언제나 기쁨을 주었습니다.

그 사랑은 우리 모두의 마음에 살아있습니다. 때로는 아주 깊이 남아있습니다. 우리의 가장 어두운 그림자를 밝혀 주는 사랑처럼 말입니다. 하지만 아주 많은 사람에게 그의 사랑은 조용하고 미묘한 사랑이기도 했습니다. 그가 곁에 있을 때 우리가 느꼈던 것처럼 단순하게 표현된 순수한 사랑, 그가 당신의 손을 그냥 잡기만 해도 될 만큼 풍성한 사랑이었습니다. 그는 이렇게 너무나 많은 사람의 손을 잡았습니다.

- 학대 생존자들
- 전사한 군인들의 부모들
- 그가 사랑하는 도시 윌밍턴에서 폭력 범죄를 당한 사람들

이것이 제 형의 이야기입니다. 지금 수천 명의 사람들이 그런 이야기를 하고 있습니다. 그들은 모두 보 바이든이 그들의 손을 잡아줬을 때 어땠는지 그 이야기를 하고 있습니다. 형에 대한 제 유일한 권리는 그가 제 손을 가장 먼저 잡았다는 것입니다.

42년 전 저는 하느님이 우리에게 선물을 주셨다고 믿습니다. 하느님은 우리에게 제 형을 살려주는 선물을 해 주셨고, 그가 수천 번 사랑을 베풀 수 있을 만큼 오래 살려주셨습니다. 하느님은 우리에게 끝없이 사랑의 무게를 견딜 수 있는 소년을 보내 주셨던 겁니다. 그리고 왔을 때처럼 그는 떠났습니다. 가족들이 그를 둘러싸고 있었습니다. 우리는 각자 필사적으로 그를 붙들고 있었습니다. 그가 마지막 숨을 거두었을 때 저는 그의 손을 잡았습니다.

저는 제가 사랑받았다는 것도 알고, 형이 제 손을 놓지 않을 거라는 것도 알고 있습니다.

버락 오바마 대통령

아일랜드의 한 시인은 '모든 선한 사람에게 알려진 진리를 말할 때 그 사람은 진짜다.'라고 했습니다. 보 바이든은 진짜였습니다. 그는 선한 사람이었습니다. 그는 인격자였고, 깊이 사랑했고, 그 보답으로 사랑받았던 남자입니다.

추기경님, 귀빈 여러분, 오디에르노 장군님 그리고 여러 기품 있는 조문객 여러분, 할리와 나탈리와 헌터, 헌터와 캐슬린, 애슐리와 하워드, 그 외 보의 아름다운 친지와 친구, 동료분들, 그리고 질과 조, 우리는 여러분과 함께 슬픔을 나누기 위해 여기 있습니다. 하지만 더 중요한 것은 우리가 여러분을 사랑하기 때문에 여기에 있다는 것입니다.

사랑이 없으면 삶은 냉정하고 잔인해질 수 있습니다. 때때로 잔인함은 고의적이기도 합니다. 괴롭힘이나 편견, 또는 타인의 고통에 무관심한 자의 침묵이 그것입니다. 그러나 종종 잔인함은 인간의 이해할 수 있는 능력을 넘어 단순히 운명이나 신의 의지 문제가 되어 삶에서 태어납니다. 그렇게 아무렇게나 가해지는 것처럼 보이는 정체불명의 잔인함은 아주 부드러운 마음을 딱딱하게 만듭니다. 아주 굳건한 마음도 위축시킬 수 있습니다. 그것은 한 사람을 비열하게 만들거나, 더 모질어지게 하거나, 자기 연민으로 가득 차게 만들 수 있습니다. 혹은 옛 속담에 비유하자면, 짐을 덜어 달라고 애원하게 만들 수도 있습니다.

그러나 여러분이 아주 강한 사람이라면, 그것은 또한 여러분을 하느님에게 더 넓은 어깨를 빌려달라고 할 수도 있습니다. 그것은 자신의 짐뿐만 아니라 다른 사람들의 짐도 견딜 수 있을 만큼 충분히 넓은 어깨를 말합니다. 절박하게 피난처가 필요한 사람들을 보호할 수 있을 만큼 충분히 넓은 어깨를 말합니다.

보 바이든을 알려면 그가 인생에서 어떤 선택을 했는지 보면 됩니다. 조와 바이든의 가족들을 알려면 보가 왜 그렇게 살았는지 이해하면 됩니다. 보에게는 잔인한 운명이 일찍 찾아왔습니다. 아주 어린아이였던 보와 헌터는 교통사고로 어머니와 여동생을 잃고 크리스마스에 병실에 누워있어야 했습니다.

그러나 보는 바이든 가 사람이었습니다. 그는 어렸을 때 이미 바이든 가족의 규칙을 배웠습니다. '네가 도움을 요청해야 한다면 이미 늦은 것이다.' 그것은 당신이 결코 혼자 있지 않다는 것을 의미했습니다. 무슨 말이냐 하면, 당신이 누군가 필요할 때 항상 그들이 곁에 있기 때문에 도움을 요청할 필요조차 없다는 말입니다.

그래서 사고 후 발레리 고모가 아이들을 돌보기 위해 달려왔고, 그 후로도 아이들을 키우는 걸 도와주었던 겁니다. 조는 공직 생활을 계속했지만, 워싱턴에서 편하게 지내는 걸 마다하고 대신 매일 집과 의회를 오가며 수십 년 동안 자신이 가장 아끼는 이들을 위해 의무를 다했습니다. 그는 학교에 가는 아이들을 배웅하고 밤에는 키스를 해 주면서 세상은 안전한 곳이며, 그들이 단단한 땅에 발을 딛고 있다는 것을 가르쳐 주었습니다.

조가 저에게 고백했듯이 그는 단지 아이들이 자기를 필요로 했기 때문이 아니라 자신에게 아이들이 필요했기 때문에 그렇게 한 것입니다. 그리고 어찌 된 일인지 보는 그것을 알고 있었습니다. 자기 가족과 아버지가 얼마나 견디기 힘든 깊은 상처를 입었는지 알아차렸던 것입니다. 그래서 그 아주 어린 소년은 어린 시절의 트라우마를 자기 연민이나 자기중심적 삶을 정당화하는 데 이용하지 않고 아주 어른스러운 결정을 내렸습니다. 그는 의미 있는 삶을 살려고 했습니다. 그는 다른 사람을 위해 살려고 했습니다. 그는 하느님에게 더 넓을 어깨를 달라고 기도하기로 했습니다.

보는 자신의 남동생을 이끌어주고 돌보려 했습니다. 그는 새어머니를 안아주려 했습니다. 듣자 하니 두 소년은 아버지에게 언제 그들 모두가 질과 결혼할 수 있는지 조용히 물어보기도 했다더군요. 그가 살아있는 동안 아무도 질에게 그렇게 큰 웃음을 준 적이 없었습니다. 그는 여동생 애슐리를 돌봐주려고 했고, 가족이나 친구들이 걱정할 일을 만들지 않도록 조심하면서 영원히 옳은 일을 하는 사람이 되려고 했습니다.

보를 만든 것이 많은 부분 아버지에 대한 사랑과 존경이라는 것은 누구나 다 아는 사실입니다. 그는 아버지처럼 법학을 공부했습니다. 심지어 같은 법대를 선택했지요. 그는 공직이 고귀하고 중요한 것이라 믿으며 아버지처럼 공직에 몸담으려 했습니다. 그는 아버지로부터 삶이 그를 쓰러뜨렸을 때 일어나는 법을 배웠습니다. 그리고 자신이 다른 사람들보다 더 높거나 더 낮은 곳에 있지 않다는 것을 알게 되었습니다. 그것은 조가 자신의 어머니에게서 물려받은 것입니다. 그리고 그는 중요하지 않은 사람은 한 사람도 없다고 가르친 아버지로부터 모든 사람이 자기가 중요하다고 느끼게 하는 법을 배워 알고 있었습니다.

보가 조 2.0으로 업그레이드된 사람이라는 것은 조가 가장 잘 알고 있다고 생각하지만, 보는 심지어 조와 외모와 목소리까지 닮았습니다. 하지만 보가 아버지를 생각나게 하는 것만큼이나 보에게는 특별한 자신만의 것이 있었습니다. 그는 누구와도 비교할 수 없는 진짜였습니다.

여기 훌륭한 가문의 자손 한 사람이 있었습니다. 그는 혼자 힘으로 얻을 수 있는 건실한 보상을 위해 그 특권을 버렸습니다. 여기 칭송받는 걸 마다하고 진정 겸손했던 군인이 있었습니다. 힘없는 사람을 보호해 주었던 검사, 적보다 팬이 더 많은 희귀한 정치인, 그 무엇보다 사생활에 우선순위를 매긴 보기 드문 공인이 있었습니다.

보는 원칙을 지키는 사람이었습니다. 그는 공정하게 그 자리에 오르기 위해 델라웨어 법무부 장관에 임명되기를 거절했습니다. 상원의원에 출마할 수 있는 게 확실한 데도 그는 그 대신 법무부 장관 임기를 마치는 쪽을 택했습니다. 그는 냉소적인 대중으로부터 호감을 얻으려고 그런 일들을 한 게 아니었습니다. 보가 20대 때 한 번은 친구와 스크랜턴^{Scranton} 외곽을 달리다 과속으로 저지 당한 적이 있었습니다. 면허증에 적힌 이름을 알아본 경관은 조가 치안 유지를 위해 한 일을 지지했기 때문에 보에게 경고만 하고 그냥 보내 주고 싶었습니다. 하지만 보는 그에게 위반 딱지를 끊게 했습니다. 보는 자기 이름을 가지고 거래를 하지 않았던 겁니다.

9/11 이후, 그는 국가 방위군에 입대했습니다. 그것이 자신의 의무라고 느꼈습니다. 더 넓은 어깨들이 존재할 수 있는 것은 일부분 그런 이유 때문입니다. 그는 국가에 대한 의무를 다하고 이라크에 배치되었으며, 오디에르노 장군이 바이든 소령의 복무에 대해 한 말은 그를 투명하게 보여 줍니다. 제가 할 수 있는 말은

그가 도버로 출항하기 위해 짐을 싣고 있을 때, 그를 인터뷰하고 싶어 하는 언론이 많았다는 것입니다. 그런데 보는 모두 거절했습니다. 그는 그저 한 명의 군인이었을 뿐입니다.

제가 이라크를 방문했을 때 본 그는 한결같이 처신하고 있었습니다. 지난 14년 동안 많은 가족에게 그랬던 것처럼 그의 이라크 배치는 할리와 아이들에게 가혹한 일이었습니다. 조도 힘들었고 질도 힘들었습니다. 질이 그렇게 열심히 군인 가족과 관련된 일에 헌신하는 것은 그런 이유 때문이기도 합니다. 조가 연설할 때마다 '하느님께서 우리 군대를 보호해 주시길'이라고 외칠 때 그에게 깊은 뜻이 있다는 걸 여러분은 잘 알고 있습니다.

자기 아버지처럼 보도 모난 구석이 없는 사람이었습니다. 살면서 그가 겪은 끔찍한 일이 그를 냉정하게 만든 게 아니라 동정심을 갖게 했습니다. 그렇지만 남을 괴롭히는 사람들은 혐오하게 만들었습니다.

조의 아버지인 보의 할아버지는 자기가 가진 권력을 남용해 다른 사람에게 고통을 주는 것이 가장 지독한 죄라고 믿었습니다. 그래서 보는 그런 학대로부터 사람들을 보호하기 위해 넓은 어깨를 펴고 있었던 겁니다. 그는 사기를 당한 집주인과 노인들을 위해 싸웠습니다. 그는 심지어 약자를 괴롭히는 범죄 자체를 몰아내려고 했습니다. 그가 만든 '아동범죄근절 대책위원회Child Predator Task Force'는 취약한 어린이들을 대상으로 범죄를 저지른 사람 200명에게 유죄 판결을 내렸습니다. 그리고 그는 아동과 그 부모들이 더 큰 트라우마를 겪지 않도록 전문가를 투입시키는 등 모든 일에서 다른 사람들의 고통을 세심히 돌보아 주었습니다.

보는 바로 그런 사람이었습니다. 여러분을 배려했던 사람. 여러분을 매료시키고, 여러분의 마음을 누그러뜨려 주고, 여러분을 안심시켜 주었던 사람이었습니다. 너무 심각한 사람들과 함께하는 화려한 모금 행사에 참석하면, 그가 여러분에게 다가와 귀에 대고는 그와 도통 어울리지 않는 말을 속삭이곤 했습니다. 상원의원의 아들, 육군 소령, 델라웨어에서 가장 인기 있는 선출직 공무원으로서 말입니다.

미안합니다 조, 하지만 그는 사랑하는 사람을 큰소리로 웃게 할 수 있다면 추수감사절에 솜브레로(챙이 넓은 멕시코 모자)라도 쓰고 반바지 차림으로 춤을 추는 것도 마다하지 않았습니다. 그리고 그는 언제나 뒷주머니에 노트를 꽂고 다니는 완벽한 공무원이었습니다. 만나는 사람마다 그들의 문제를 적어두었다가 사무실로 돌아가 그것을 고치려 했던 거지요.

그는 바이든 가문 사람이었기 때문에 가족에 따라오는 이름인 남편, 아버지, 아들, 형제, 삼촌, 그런 역할들을 무엇보다 소중하게 여겼습니다. 민주당 전당대회에서 이 사람은 후원자들과 함께 뒷방에 물러나 있거나 호들갑스럽게 인사를 하러 다니느라 시간이나 보내는 그런 사람이 아니었습니다. 대신 그는 아들과 함께 경기장에서 에스컬레이터를 타고 한창 오르락내리락하며 조가 배웠던 것처럼 궁극적으로 인생에서 가장 중요한 게 무엇인지 알게 되었습니다.

리얼리티-TV 프로그램이 유행하는 이 시대에, 특히 요즘 정치계에서는 누구나 이름을 날릴 수 있습니다. 목소리가 크거나 논란이 많으면 어느 정도 주목을 받을 수 있습니다. 하지만 자기 이름이 무언가를 의미하게 만들거나 자기 이름에 존엄성과 청렴함이 연상되게 하는 것, 그것은 쉽지 않은 일입니다. 그것을 이루는 지름길도 없고, 돈으로 살 수도 없습니다. 하지만 만약 여러분이 당신의 아이들을 공정하게 대한다면 아마도 그것을 물려줄 수 있을 겁니다. 더 훌륭한 유산이라면 어떤 게 있을까요? 위대한 부모가 되는 것의 의미를 물려주는 것, 진정한 시민이 되는 것의 의미를 물려주는 것, 보답을 바라지 않고 주저하지 않고 마음을 다해 베푸는 것의 의미를 물려주는 것보다 더 큰 유산이 있을까요?

보와 같은 사람들, 그 위에 우리나라가 세워진 것입니다. 이런 가족들, 그들이 바로 이 나라를 만든 것입니다. 우리 중에는 왕도 여왕도 영주도 없습니다. 우리는 영향력을 갖기 위해 돈을 갖고 태어날 필요도 없고, 성공하기 위해 서로를 짓밟을 필요도 없습니다. 우리는 우리가 다른 누구보다 더 높거나 낮지 않다는 것을 알고 삶에서 일군 것을 자기가 가져갈 수 있는 놀라운 특권을 가지고 있습니다. 그것이 단지 우리의 건국 문서에 있어서가 아니라 바이든 같은 가족들이 그렇게 만들었기 때문에, 보와 같은 사람들이 그렇게 만들었기 때문에 이 사실을 알고 있는 것입니다.

그는 우리 대부분이 146년 동안 한 개도 할 수 없는 일들을 46년 만에 해냈습니다. 그는 자신의 능력을 다 발휘했습니다. 그는 수단이 목적만큼이나 중요한 삶을 산 사람이었습니다. 사람들은 모범적인 그를 본보기로 더 나은 아빠, 더 나은 아들, 또는 더 나은 형제나 자매가 되고 싶어졌고, 자기 일을 더 잘하고 싶어졌고, 더 나은 군인이 되고 싶어졌습니다. 한 마디로 그는 여러분을 더 나은 사람이 되고 싶게 했습니다. 결국, 그것이 한 인간의 척도,

즉 삶이 그에게 무엇을 던져주든지 그것과 상관없이 그가 살아가는 방식, 그가 다른 사람을 대하는 방식이 아니겠습니까?

우리는 얼마나 오래 이 세상에 머물게 될지 모릅니다. 언제 운명이 우리를 방해할지도 모르고 신의 계획을 분별할 수도 없습니다. 우리가 아는 것은 오직 매 순간 아무것도 당연하게 여기지 않고 주어진 삶을 살 수 있다는 것입니다. 우리는 깊이 사랑할 수 있고 도움이 필요한 사람을 도울 수 있습니다. 우리는 아이들에게 중요한 게 무엇인지 가르칠 수 있고, 공감과 연민, 이타심을 물려줄 수 있습니다. 우리는 아이들에게 넓은 어깨를 갖도록 가르칠 수 있습니다. 이 활기차고 친밀한 사람들, 바이든 가족에게 보의 죽음은 커다란 빈자리를 남겼습니다.

할리, 나는 지난 몇 년 동안 당신이 어깨에 짊어졌던 짐의 무게를 상상으로밖에 알 수 없습니다. 그것은 그가 우리에게 줄 수 있었던 모든 것을 당신이 그에게 줬기 때문입니다. 그리고 당신이 그를 위해 곁에 있었던 것처럼 우리도 당신 곁에 있겠습니다.

나탈리와 헌터, 아빠가 너희를 얼마나 사랑했는지, 엄마를 얼마나 사랑했는지 다 설명해 줄 만한 말이 없구나. 하지만 이 말을 하고 싶습니다. 미셸과 저, 사샤와 말리아, 저희는 바이든 가족의 일원이 되었습니다. 저희는 이제 명예 가족입니다. 그리고 바이든 가족의 규칙을 따를 겁니다. 저희는 지금 여러분 곁에 있고 앞으로도 그럴 겁니다. 바이든 가의 한 사람으로서 하는 말입니다.

조와 질, 여기 있는 다른 사람들처럼 미셸과 저는 당신을 저희 삶에 있게 해 주신 하느님께 감사드립니다. 당신과 함께 이 길을 가는 것은 저희 삶의 커다란 기쁨 중 하나입니다. 조, 당신은 제 형제예요. 그리고 저는 당신이 그렇게 넓은 마음과 커다란 정신, 그렇게 넓은 어깨를 가진 걸 매일 감사합니다. 저는 더 이상 존경할 수 없을 정도로 당신을 존경합니다.

저는 조의 어머니 캐서린 유지니아 피네건 바이든Catherine Eugenia Finnegan Biden을 그녀가 돌아가시기 전에 알게 되었습니다. 우리가 처음 당선되었을 때 그녀는 우리와 함께 무대에 서기도 하셨습니다. 그리고 나는 그녀가 당신에게 나쁜 일이 일어났을 때 그게 무엇이든 그걸 충분히 열심히 바라본다면 그중에서도 뭔가 좋은 게 있을 거라고 말씀하셨던 게 기억납니다. 그녀는 오늘 제가 처음에 말씀드렸던 같은 아일랜드 사람이자 시인인 패트릭 카바나Patrick Kavanagh를 알고 계셨던 듯합니다. 그는 이렇게 썼습니다.

"그리고 나는 말했다. 슬픔이 그날 새벽녘에 떨어지는 낙엽이 되게 하라."

지금 당장은 힘들겠지만, 눈물 흘리고 마음 아파하면서, 보 때문에 어떠했는지 어떠했을지도 모르는지를 생각하는 게 아니라 보 때문에 어떠한지를 생각하는 것이 보에 대한 우리의 의무입니다. 보 때문에 더 안전해진, 보 때문에 삶이 더 충만해진 아이들을 위한 날이 밝은 걸 생각해 봅시다. 휴가를 내는 게 더 쉬워진 부모들과 하고 싶은 것을 더 할 수 있게 된 가족들을 위한 날이 온 것에 대해 생각해 봅시다. 어떤 사람들은 보 바이든 덕분에 자신의 삶이 더 나아졌다는 것을 결코 모를 수도 있습니다. 하지만 그래도 괜찮습니다. 보에게 있어 찬사를 받는 것이 결코 공직에 몸담은 이유가 아니라는 것은 분명했습니다.

하지만 일주일 내내 여기에 줄 서 있던 지지자들, 그들은 알고 있습니다. 사람들의 편지가 쇄도하고 있는 백악관 우편물실, 그 사람들은 압니다. 보와 함께 복무한 병사들과 보를 본받아 주 방위군에 입대한 병사들, 보 덕분에 아직도 집을 지니고 있는 베르디^{Verdi}의 노동자들과 바쁜 어느 날 밤 테이블을 치우는 걸 도와준 것에 감사 인사를 한 노동자들 그리고 연설을 한 후에도, 심지어 주 방위군 체력 테스트를 받은 후에도 여러 시간 동안 지치지 않고 이야기를 나눴던 시간을 기억하는 뉴어크^{Newark}의 학생들, 5년 동안 그에게서 받은 친절한 음성 메일을 저장해 두었다가 "저는 그가 그의 가족을 사랑하는 것만큼 그를 사랑했습니다."라고 써서 보낸 르호봇^{Lehoboth}의 여인 그리고 이 위대한 나라 반대편에서 "우리가 바랄 수 있는 유일한 것은 세상을 변화시킴으로써 우리 아이들이 우리를 자랑스럽게 여기도록 하는 것뿐입니다. 보는 그것을 했고, 그 이외에도 많은 일을 했습니다. 세상은 그걸 알아봤습니다."라고 편지를 쓴 이방인까지 모두 알고 있습니다.

질과 조, 할리, 헌터 그리고 나탈리, 이 세상이 알아봤습니다. 그들은 알았습니다. 그들은 그것을 느꼈고, 그의 존재를 느꼈습니다. 보는 다른 사람들의 삶에 살아 있습니다. 그것이 우리가 여기 모인 가장 큰 이유가 아닐까요? 우리가 사랑하는 이 나라를 나탈리나 헌터, 나오미, 피네건, 메이지, 말리아, 사샤뿐만 아니라 모든 아이에게 더 공정하고 정의로운 나라로 만들어 주기 위해서가 아닐까요? 우리가 걸어온 이 놀라운 여정은 바로 다음 세대의 삶을 더욱 빛나게 해 주기 위한 것이 아닐까요?

보는 아주 일찍 그걸 깨우쳤습니다. 보는 우리에게 유산을 남겼고 본보기가 됐습니다. 올리버 웬들 홈스 2세^{Oliver Wendell Holmes Jr}

는 이런 말을 했습니다.

"어릴 때 커다란 행운이 주어지면, 우리의 마음은 열정에 넘친다. 그러나 무엇보다 행운이 주는 삽을 받아들고 아래를 내려다보며 땅을 파든지, 아니면 열정이 주는 도끼와 노끈을 받아들고 얼음을 깨고 오르든지 그가 유일하게 이룰 수 있는 성공은 크고 강한 마음으로 자신의 일을 하는 것이다."

보 바이든은 자신의 일을 크고 강한 마음으로 했습니다. 그는 자기 가족에게 크고 강한 마음을 선사했습니다. 그가 얼마나 좋은 사람이었는지, 얼마나 진짜였는지 모릅니다.

하느님께서 그의 기억과 그의 손이 닿은 모든 이의 삶을 축복하시길 기도합니다.

감사의 말씀

이 이야기를 하는 게 쉬운 일은 아니었습니다. 그 시절로 다시 돌아가 기억을 더듬기 힘들었던 날도 많았고, 여러 사건에 대한 제 기억이 때때로 희미하기도 했습니다. 많은 분이 제가 기억해내고, 연대표를 재구성하고, 용기를 잃지 않도록 도와주셨습니다.

그 모든 것과 그 이상을 해 주신 캐시 청Kathy Chung과 마크Mark, 리비 지텐슈타인Libby Gitenstein, 콜린 칼Colin Kahl, 마이클 카펜터Michael Carpenter, 후안 곤잘레스Juan Gonzalez, 제프리 프레스코트Jeffrey Prescott, 그리고 토니 브린켄Tony Blinken에게 감사드립니다.

스티브 리체티Steve Ricchetti, 마이크 도닐런Mike Donilon, 대니얼 카니발Danielle Carnival, 돈 그레이브스Don Graves 그리고 밥 바우어Bob Bauer에게도 감사의 마음을 전합니다. 케빈 오코너Kevin O'Connor와 존 플린John Flynn에게도 이 마음을 전합니다.

MD 앤더슨 암 센터의 최고의 의료진, 알프레드 융Alfred Yung 박사와 레이먼드 사와야Raymond Sawaya 박사, 데이비드 퍼슨David Ferson 박사, 프레드릭 랑Frederick Lang 박사, 에바 루 리Eva Lu Lee, 크리스 헤거먼Chris Hagerman 그리고 욜란다 하트Yolanda Hart는 너무나 감사한 분들입니다.

이 책의 출판을 도와준 CAA의 리처드 로베트Richard Lovett와 크레이그 거링Craig Gering, 몰리 글릭Mollie Glick, 데이비드 라라벨David Larabell과 이 책을 독자들에게 전달해 준 플래티론 북스Flatiron Books의 밥 밀러Bob Miller와 콜린 디커만Colin Dickerman, 그레그 빌리피크Greg Villepique, 제임스 멜리아James Melia 모두 고맙습니다.

이 책은 마크 주우닛저^{Mark Zwonitzer}의 재능과 인내심, 고된 노동이 없었다면 존재할 수 없었을 것입니다. 뭐라 감사를 해야 할지 모르겠습니다.

며느리 할리와 딸 애슐리, 아들 헌터, 사위 하워드, 그리고 동생 지미에게 고맙단 말을 하고 싶습니다. 그리고 특히 여동생 발레리는 너무 고마운 사람입니다.

그리고 마지막으로 가장 중요한 질, 고마워요.

조 바이든
약속해 주세요, 아버지

초판 1쇄 발행 2020년 10월 16일
초판 2쇄 발행 2020년 11월 16일

지은이 | 조 바이든
옮긴이 | 김영정
펴낸이 | 박수길
펴낸곳 | ㈜도서출판 미래지식
편 집 | 김아롬
디자인 | 이창욱

주 소 | 경기도 고양시 덕양구 통일로 140 삼송테크노밸리 A동 3층 333호
전 화 | 02-389-0152
팩 스 | 02-389-0156
홈페이지 | www.miraejisig.co.kr
전자우편 | miraejisig@naver.com
등록번호 | 제2018-000205호

* 이 책의 판권은 미래지식에 있습니다.
* 값은 표지 뒷면에 표기되어 있습니다.
* 잘못된 책은 구입하신 서점에서 바꾸어 드립니다.

ISBN | 979 -11-90107-86- 0   03300

이 도서의 국립중앙도서관 출판예정도서목록(CIP)은 서지정보유통지원시스템 홈페이지(http://seoji.nl.go.kr)와
국가자료종합목록 구축시스템(http://kolis-net.nl.go.kr)에서 이용하실 수 있습니다.
(CIP제어번호 : CIP2020041747)

미래지식은 좋은 원고와 책에 관한 빛나는 아이디어를 기다립니다.
이메일(miraejisig@naver.com)로 간단한 개요와 연락처 등을 보내 주시면
정성으로 고견을 참고하겠습니다. 많은 응모 바랍니다.